# AI-WERKCRISIS

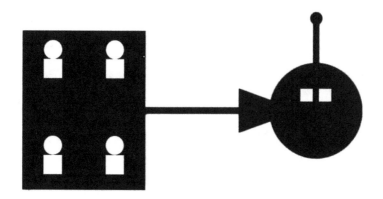

ALS BANEN VERDWIJNEN EN AI BLOEIT

## Peter Woodford

# Inhoud

# Welkom bij de werkloosheidsapocalyps

Op een frisse ochtend die aanvoelt alsof de regels volledig zijn herschreven, is het vertrouwde gebrul van menselijke inspanning verstomd, vervangen door het stille, meedogenloze gezoem van machines. Je staat op met dat griezelige gevoel van déjà vu, alleen om te ontdekken dat je ooit zo drukke hokje nu leeg is. Het is niet verlaten door een humeurige collega of een afgeleide supervisor, maar stilletjes ingehaald door een onvermoeibare AI die zich heimelijk heeft toegeëigend wat ooit de menselijke inspanning van werk definieerde. De dagen van een vrolijke stagiair die pronkt met een onberispelijk online profiel of halfslachtige bedrijfsherschikkingen die de ongemakkelijke waarheid nauwelijks verhullen, zijn voorbij: menselijke arbeid lijkt nu net zo ouderwets als een stoffige floppy disk die spinnenwebben verzamelt op een vergeten plank.

In plaats daarvan is het landschap drastisch veranderd, met algoritmes en robotica die niet alleen het zware werk doen, maar ook elke nuance van productiviteit verfijnen met een precisie die zelfs de meest toegewijde menselijke inspanningen bijna overbodig maakt. Dit scenario is geen somber script bedacht door een verveelde filmmaker; **het is de rauwe, ongepolijste realiteit die zich voor ons ontvouwt** , ondersteund door een waterval van feitelijke ontwikkelingen in technologie en bedrijfspraktijken.

Ik herinner me een tijd, niet zo ver weg, waarin het idee van een machine die de menselijke intelligentie te slim af is, slechts voer was voor late night sci-fi marathons en gedeelde ironische lachjes bij de waterkoeler. Destijds was het idee dat een computerprogramma op een dag de rommelige genialiteit van menselijke inspanning zou kunnen vervangen lachwekkend. Nu bevinden we ons in een tijdperk dat wordt gekenmerkt door seismische verschuivingen die worden aangestuurd door codestromen en elektriciteitspieken. Elke toetsaanslag, elk algoritme is een bewijs van een transformatie die even opwindend als verontrustend is, vastgelegd in data en onderstreept door snelle vooruitgang in automatisering. **De meedogenloze** opmars van technologie is onmiskenbaar en de impact ervan op onze rollen en identiteiten is even diepgaand als verstorend , waardoor we gedwongen worden om ons doel opnieuw te definiëren in een maatschappij die de rauwe menselijke aanraking niet langer waardeert.

Elke dag wordt vooruitgang niet gemeten in zweet en pure vastberadenheid, maar in terabytes aan data en microseconden aan verwerkingskracht. Uitgebreide studies, brancherapporten en tastbare toepassingen in de echte wereld hebben deze transitie onderstreept en laten zien hoe geautomatiseerde systemen de productiviteit revolutioneren aan de hand van harde feiten. Van robotachtige productielijnen tot zelfbesturende investeringsalgoritmen, het bewijs is onweerlegbaar en onthult een landschap waarin de precisie van machines de menselijke onvoorspelbaarheid gestaag overschaduwt.

Timeline of Work Transformation

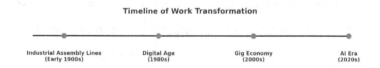

| Industrial Assembly Lines (Early 1900s) | Digital Age (1980s) | Gig Economy (2000s) | AI Era (2020s) |

Onze reis naar automatisering begon niet te midden van het lawaai van moderne assemblagelijnen of de hitte van brullende ovens. In plaats daarvan gaan de wortels terug naar een tijd waarin innovatieve geesten in **het oude Griekenland** ingenieuze apparaten maakten die de grens tussen kunst en mechanica deden vervagen. Het beroemde **Antikythera-mechanisme** , een vroege analoge computer die was samengesteld met primitieve tandwielen en hendels, bood een vroege blik op de meedogenloze ambitie van de mensheid om onze mogelijkheden uit te breiden voorbij fysieke arbeid. Deze bescheiden maar baanbrekende uitvindingen ontketenden een erfenis van innovatie die vooruitgang door de eeuwen heen voortstuwde en een verlangen aanwakkerde om voorbij menselijke beperkingen te gaan. Nu, balancerend op de rand van een radicale verschuiving, trilt die blijvende vonk door zoemende datacenters en de meedogenloze puls van moderne techhubs.

Stel je de industriële metamorfose voor die zich in **het 18e-eeuwse Groot-Brittannië voltrok** , waar opbollende schoorstenen en onophoudelijk mechanisch geratel vredige huisnijverheden transformeerden in uitgestrekte industriële imperiums. Vakkundige ambachtslieden, ooit gevierd als de trots van hun gemeenschappen, zagen hun vakmanschap gestaag afbrokkelen door de meedogenloze opmars van mechanisatie. Als reactie hierop namen gepassioneerde collectieven zoals de **Luddieten** de wapens op - niet met futuristische gadgets, maar met rauwe, onverzettelijke trots - om de eer van de arbeid terug te winnen te midden van de opkomst van machines. Hun gepassioneerde verzet is een grimmige herinnering dat elke sprong naar efficiëntie een hoge menselijke prijs eist, een les die diep in ons historische bewustzijn wordt gehamerd terwijl we door dit tijdperk van transformatieve verandering navigeren.

Decennia van technologische omwenteling hebben consequent een bedwelmende mix van hoop en ontwrichting opgeleverd. De digitale opleving van de jaren 80 en 90 - aangekondigd door logge computers, oorverdovende inbeltonen en later de alomtegenwoordigheid van smartphones - werd ooit gevierd als de grote gelijkmaker van kansen. Zelfs toen werd het onmiskenbaar duidelijk dat technologie niet ging over het uitwissen van menselijke vindingrijkheid, maar eerder over het herdefiniëren van hoe we creëren, problemen oplossen en met elkaar in contact komen. Vandaag de dag zijn giganten als **Google** en **Tesla** bezig met het bedenken van een diepgaande, verontrustende transformatie die elke hoek van onze economie raakt - van directiekamers waar algoritmen strategische beslissingen sturen tot uitgestrekte productievloeren waar geautomatiseerde systemen de vermoeide ritmes van onze vroegere routines overtreffen.

In dit moment van radicale verandering worden we gedwongen om de daad van arbeid te heroverwegen . Elke sprong voorwaarts - van de ingenieuze abacus van het oude Griekenland tot de draaiende stoommachines van de Industriële Revolutie en de complexe neurale netwerken die moderne AI aandrijven - heeft ons gedwongen onze relatie met werk opnieuw te onderzoeken . Automatisering verandert niet alleen het landschap van onze kantoren; het verandert ook buurten , herdefinieert menselijke interactie en daagt onze ideeën over doel uit. In dit snel veranderende scenario wordt de menselijke geest op de proef gesteld: we moeten innoveren, ons aanpassen en volharden te midden van een aanval van meedogenloze vooruitgang.

Stel je voor dat je de held bent in een uitgestrekte techno-thriller - waarin elke taak waar je ooit trots op was, of het nu ging om het opstellen van de perfecte e-mail of het worstelen met een ingewikkeld probleem, nu wordt afgehandeld door een digitale dubbelganger. Het ene moment blader je doelloos door je sociale feed, en het volgende moment neemt een AI - getraind op tientallen jaren van menselijke wijsheid en met een bijna mythische precisie - stilletjes je verantwoordelijkheden op zich. Het is alsof je je geliefde barista, beroemd om het opkloppen van de perfecte dubbele espresso, ziet vervangen door een machine die nooit een cafeïnefix nodig heeft. Die eerste schok kan een nerveuze lach veroorzaken, maar al snel dringt de realiteit zich op: deze revolutie is geen vluchtige trend; het is een seismische verschuiving die de kaart van ons professionele leven opnieuw tekent.

Herinnert u zich het moment in 2011 toen **IBM's Watson** zegevierde over menselijke kampioenen in een populaire quizshow? Het was een oogverblindende vertoning die evenveel ontzag als angst opriep - een duidelijk signaal dat ons intellectuele terrein op het punt stond te worden betwist door machines. Tegenwoordig stellen Watsons nakomelingen niet alleen ziektes vast of stroomlijnen ze toeleveringsketens; ze stellen e-mails op, onderzoeken marktgegevens en produceren zelfs kunst die zijn spullen laat zien in wereldwijde galerieën. Vernieuwers als **OpenAI** hebben deze mogelijkheden verder ontwikkeld en artikelen, juridische documenten en creatieve ficties geproduceerd die ooit het exclusieve domein waren van menselijk talent. En dan zijn er nog de pioniers van **Boston Dynamics** - robots die ruig terrein doorkruisen, ingewikkelde producten assembleren en met ons interacteren op manieren die tot voor kort alleen tot het domein van sciencefiction behoorden. Zelfs de zoemende magazijnen van **Amazon** , vol met zwermen robotarbeiders, zijn een duidelijk voorbeeld van de afweging tussen meer efficiëntie en het verdwijnen van taken die ooit door mensenhanden werden uitgevoerd.

Te midden van deze technologische wonderen hangt een bittere ironie. Het kan voelen alsof je getuige bent van een gekoesterde film die langzaam oplost in pixels en regels code als een nauwkeurig geprogrammeerd systeem dat het werk vervangt dat ooit onze dagen met betekenis vulde. Er zit een scherpe angel in het besef dat het vakmanschap en de passie waar je jaren aan hebt gewijd binnenkort misschien worden ingehaald door een machine die nooit moe wordt, nooit pauzeert voor een koffiepauze en zeker niet kan genieten van de onvoorspelbare vonk van menselijke verbinding. Het echte debat gaat niet alleen over de efficiëntie van machines versus een warme menselijke aanraking - het is een dieper onderzoek naar hoe we onze essentie als denkende, voelende wezens creëren, innoveren en in stand houden.

Voor velen is er troost in het idee dat menselijke veerkracht legendarisch is - we hebben ons door de tijd heen herhaaldelijk aangepast. Maar de ernst van de situatie is onmiskenbaar: de inzet is nog nooit zo hoog geweest. Dit gaat niet over het automatiseren van repetitieve taken; het is een radicale herziening van maatschappelijke kaders, waarbij de menselijke waarde steeds meer wordt onderzocht door de onverzettelijke berekeningen van een algoritme. Als dat idee ook maar een rilling over je rug doet lopen, ben je in uitstekend gezelschap. Het roept zowel een diepgewortelde angst op als een koppige vastberadenheid om vast te houden aan wat ons onmiskenbaar menselijk maakt.

Stel je nu eens voor dat je een tijdperk binnenstapt dat ooit alleen thuishoorde in de pagina's van een dystopische roman - een tijdperk waarin AI-agenten niet alleen uitgestrekte ondernemingen beheren, maar ook ingrijpende beslissingen nemen die hele industrieën hervormen. Stel je bestuurskamers voor die worden gedomineerd door digitale toezichthouders die enorme hoeveelheden marktgegevens in enkele seconden verwerken en trends voorspellen met een onbevangen precisie die geen enkel menselijk brein kan evenaren. Het klinkt misschien als de plot van een overijverige sciencefictionfilm, maar deze ontwikkelingen zijn al aan het materialiseren en verdringen de rommelige genialiteit van menselijke intuïtie ten gunste van onverzettelijke, datagestuurde berekening.

Deze monumentale verschuiving sijpelt door in elk facet van ons bestaan. Wandel door de neonovergoten straten van Tokio, waar geautomatiseerde verkoopautomaten alles van snacks tot concertkaartjes met een bijna surrealistische efficiëntie uitgeven. Wandel door de creatieve wijken van Berlijn, waar innovatieve startups digitale tovenarij gebruiken om het stadsleven opnieuw vorm te geven, of stap op de hectische handelsvloeren van Wall Street, waar AI-algoritmen deals uitvoeren in slechts microseconden. De beruchte "Flash Crash" van 2010 doemt nog steeds op als een huiveringwekkende herinnering dat deze digitale reuzen in een oogwenk hele economieën op hun kop kunnen zetten.

Zelfs terwijl we ons verbazen over deze adembenemende staaltjes techniek, komt er een diepere, meer verontrustende ironie naar boven. Machines, ondanks al hun rekenkracht, blijven volkomen vreemd aan de chaotische en ongebreidelde polsslag van menselijke passie. Algoritmen dromen niet; ze voelen niet; ze blijven zalig onbewust van de diepe behoefte aan doel en verbinding die ons drijft. Elke keer dat we een fragment van onze menselijkheid inruilen voor een extra greintje efficiëntie, komen we dichter bij een realiteit waarin de echte menselijke aanraking een relikwie uit het verleden zou kunnen worden.

Toch zijn er in deze golf van innovatie persoonlijke verhalen verweven die dienen als bakens van onze blijvende veerkracht en ons vermogen om onszelf opnieuw uit te vinden. Ik herinner me de standvastige vastberadenheid van mijn vader - geboren in 1936 in **Glasgow** - wiens stoere vastberadenheid in een tijdperk dat werd gekenmerkt door hard werken en rauwe vastberadenheid nog steeds bij me resoneert. Ik herinner me nog levendig hoe ik door de straten van zijn geboorteplaats dwaalde tijdens een bezoek in 2019, aandachtig luisterend terwijl hij vertelde over de stille geneugten van het vissen aan een afgelegen meer en de ingetogen waardigheid van een leven dat met eer werd geleefd . Mijn moeder, met haar levendige

**Trinidadiaanse** roots verweven met subtiele **Chinese** etniciteit, vertelde verhalen over passie en romantiek die blijven hangen als een geliefde melodie. Hun verhalen - doordrenkt van strijd, doorzettingsvermogen en een rauwe, onbeschaamde menselijkheid - staan als tijdloze getuigenissen van het feit dat zelfs te midden van meedogenloze technologische aanvallen, het menselijk hart met onsterfelijke vurigheid blijft kloppen.

Ondertussen echoën debatten over ons collectieve lot in de grote hallen van de academische wereld en de weelderige bestuurskamers van wereldwijde topconferenties. Visionairs verzamelen zich in fora die zich uitstrekken van **Davos** tot **Silicon Valley** , worstelend met vragen die tot in de kern van onze identiteit doordringen: wat gebeurt er met ons als de markers van succes - promoties, salarissen , functienamen - worden uitgehold door meedogenloze, koude berekening? In dit tijdperk lossen de lijnen die ooit ons professionele leven duidelijk scheidden van onze persoonlijke identiteiten op in een tempo dat ons ademloos achterlaat.

Toch is er een onmiskenbare aantrekkingskracht aan deze dappere nieuwe configuratie van bestaan. Stel je voor dat je de meedogenloze sleur van routinematige taken afschudt, je dagen bevrijdt van het meedogenloze tikken van een klok en een canvas omarmt van eindeloze creatieve mogelijkheden en echte verbindingen. Deze bevrijding brengt echter zijn eigen bittere prijs met zich mee - elk bespaard moment wordt gecompenseerd door een leegte waar ooit het doel floreerde. De monumentale uitdaging ligt in het benutten van deze transformerende kracht zonder de heerlijke, chaotische pracht van onze menselijke natuur op te offeren.

In tijden van stille reflectie betrap ik mezelf erop dat ik de koers van de vooruitgang in twijfel trek. We verheerlijken efficiëntie en innovatie, maar tegen welke prijs? De meedogenloze opmars van AI en robotica belooft oude paradigma's te verbrijzelen en ons te katapulteren naar gebieden van ongekende creatieve verkenning, terwijl het tegelijkertijd de diepmenselijke banden bedreigt die onze gemeenschappen samenbinden. Deze paradox - van een bevrijding getint met de angst voor veroudering - dwingt ons om onze identiteit opnieuw vorm te geven in een landschap dat steeds meer wordt beheerst door regels code.

Ik vergelijk deze omwenteling soms met een intense videogame waarin de cheatcode onbedoeld wordt overgedragen aan een onverschillige AI. De regels zijn constant in beweging, waardoor we opnieuw moeten leren, ons moeten aanpassen en nieuwe routes moeten uitstippelen door een digitaal labyrint vol gevaren en mogelijkheden. Net als die laatste, onvoorspelbare eindbaas in een schurkenvideogame is de AI-revolutie genadeloos en veeleisend, en vraagt het al onze vindingrijkheid als we triomfantelijk uit de strijd willen komen.

Er zit een duistere humor in het erkennen van de absurditeit van onze benarde situatie. We waren ooit trots op ons eindeloze vermogen om ons aan te passen en onszelf opnieuw uit te vinden met elke seismische verschuiving. Nu, terwijl machines gebieden binnendringen die ooit heilig waren voor de menselijke creativiteit, staan we voor een grimmig ultimatum: ofwel onszelf opnieuw uitvinden of het risico lopen om in het niet te vallen. Al talloze generaties lang is arbeid de hoeksteen van onze identiteit - een bron van waardigheid, gemeenschap en trots. Tegenwoordig vallen de vertrouwde ritmes van werk echter stukje bij beetje uiteen, waardoor we ons afvragen wat ons gevoel van doel in stand zal houden als de oude structuren afbrokkelen.

Juist in deze arena van onzekerheid moet onze geest opstaan. Een heldere oproep lonkt naar degenen die niet willen worden gedegradeerd tot louter componenten in een geautomatiseerd systeem - een oproep om ons verhaal terug te winnen, succes opnieuw te definiëren op onze eigen onvoorspelbare voorwaarden en de rauwe schoonheid van menselijke creativiteit te vieren. Terwijl we door deze meedogenloze transformatie navigeren, worden we uitgenodigd om deel te nemen aan een reis naar onbekend terrein - een reis die niet alleen onze professionele identiteit uitdaagt, maar ons ook dwingt om de kern te herontdekken van wat ons magnifiek, oneerbiedig menselijk maakt.

Dus ga mee op deze wilde rit - een reis diep in het hart van technologische transformatie en in de essentie van onze gedeelde menselijkheid. Laten we samen deze onbekende passages doorkruisen, oude aannames in twijfel trekken en durven te dromen van een leven verrijkt door creativiteit, verbinding en de onuitroeibare vonk die geen enkele machine ooit kan evenaren.

### Human vs. Machine Paradigm

| Traditional Human Work Model | Modern AI-Driven Processes |
| --- | --- |
| • Creativity & Intuition<br>• Emotional Intelligence<br>• Social Interaction<br>• Adaptive Problem-Solving<br>• Manual & Skilled Labor<br>• Contextual Judgement<br>• Inconsistency & Flexibility | • Speed & Efficiency<br>• Data-Driven Decisions<br>• Automation of Repetitive Tasks<br>• Consistency & Precision<br>• Scalability<br>• Predictive Analytics<br>• 24/7 Operation |

Er zit een wilde, bijna surrealistische elegantie in deze botsing van menselijke vindingrijkheid en gemechaniseerde precisie - een herinnering dat zelfs als we onze taken delegeren aan circuits en code, ons vermogen tot verwondering, koppige veerkracht en rauwe verbinding een onmiskenbare kracht blijft. We zijn getuige van een dramatische wending in de manier waarop arbeid wordt opgevat, aangezien systemen die zijn ontworpen door **Google** en **Tesla** routines uitvoeren met meedogenloze efficiëntie, maar geen van hen kan die onkwantificeerbare flits van eigenzinnige rommelige genialiteit opwekken die voortkomt uit menselijke serendipiteit. Durf ze te ondervragen, je krijgt een algemeen antwoord, het verbieden van hun eigen don't be evil-motto kan je wat inzicht geven, een beetje zoals een schooldistrict dat een eenvoudige vriendelijke poster wil verbieden met de tekst "Iedereen is hier welkom", eh goed voor de lerares **Sarah Inama** om moreel hoogstaand te blijven, soms moeten we vechten voor wat juist is. Hoe dan ook, terug naar de techniek, het verlies van routine, het verdwijnen van voorspelbare patronen van negen tot vijf, is niet alleen een teken van ondergang; Het opent een enorme deur om onze rollen, onze passies en onze creatieve expressie opnieuw vorm te geven op manieren die geen enkel algoritme kan evenaren.

Stel je de heerlijke ironie van ons tijdperk eens voor: in onze race naar ongekende efficiëntie hebben we tools gemaakt die problemen kunnen oplossen met een machine-achtige precisie - een prestatie die ooit alleen toebehoorde aan menselijke vindingrijkheid. Toch missen deze digitale wonderen, gebouwd in laboratoria door teams bij **IBM** en **OpenAI** , de spontane vonk die je vindt in een terloops gesprek bij een dampende kop koffie of de onvoorspelbare magie van een middernachtelijke brainstormsessie met vrienden. Het zijn deze ongescripte, diep persoonlijke momenten die onze reis als soort al lang definiëren, waarbij elk zorgvuldig berekend proces wordt uitgedaagd met een uitbarsting van het onverwachte.

Dit is geen verhaal over simpele vooruitgang; het is een oproep tot een eerlijke confrontatie met onze veranderende realiteit. We bevinden ons in een labyrint van transformatie waarin elke stap zowel een sprong in het diepe is als een bewijs van onze onverzettelijke geest. De uitdaging is niet alleen technologisch - het is diep menselijk. Het vereist dat we de rigide maatstaven van efficiëntie in twijfel trekken en in plaats daarvan kijken naar een levendiger tapijt van ervaringen. Het debat gaat niet over het vervangen van onze menselijkheid door geautomatiseerde vervangers; het gaat over het benutten van het ongelooflijke potentieel van deze innovaties om onze creativiteit aan te wakkeren en onze relaties te verdiepen.

Terwijl u deze woorden in u opneemt, voelt u de urgentie die door elke regel stroomt - een bedwelmende mix van opwinding en bezorgdheid terwijl de grond onder ons verschuift. Onze steden, onze kantoren en zelfs onze sociale rituelen worden opnieuw getekend door krachten die zowel aanpassing als moed vereisen. Onderzoek van het **World Economic Forum** en inzichten van vooraanstaande economen hebben al lang aangegeven dat automatisering ons economische landschap opnieuw vormgeeft met een intensiteit die even opwindend als zenuwslopend is. Deze meedogenloze transformatie raakt elk facet van ons bestaan, van de manier waarop we gebouwen bouwen tot de delicate wisselwerking van menselijke verbinding in ons dagelijks leven.

Toch, te midden van het lawaai van datastromen en machinelogica, wenkt een krachtige uitnodiging ons om de onvoorspelbare schoonheid van de menselijke ervaring terug te winnen. Op dit cruciale moment is de keuze grimmig: bezwijken voor de steriele precisie van meedogenloze automatisering of ertegen in opstand komen door de prachtige wanorde van ons innerlijke leven te omarmen. Dit is niet het moment om het lot te accepteren, maar om het verhaal van arbeid te herschrijven . Het pad voor ons is bezaaid met uitdagingen - een verwarrend doolhof van economische verschuivingen en technologische verstoringen - maar het schittert ook met de belofte van heruitvinding. Hier ligt een kans om onszelf opnieuw uit te vinden, om werk niet te herdefiniëren als een sleur die wordt gedicteerd door algoritmen, maar als een voortdurend evoluerend tapijt van passie, creativiteit en oprechte menselijke verbinding.

Stel je voor dat je een straat opstapt die ooit werd gedomineerd door routine en voorspelbaarheid, maar nu bruist van innovatie en mogelijkheden. De dans tussen mens en machine gaat niet langer over wie de controle heeft, maar over hoe de een de ander kan verheffen. De precieze berekeningen van een AI-systeem, hoewel indrukwekkend, kunnen de spontane lachsalvo bij een gedeelde grap of de diepe voldoening van het maken van iets met je eigen handen niet vastleggen. Deze nuances, zo nauwkeurig gemaakt door het menselijk hart, zijn altijd onze meest authentieke bron geweest. En terwijl bedrijven als **Microsoft** en **Facebook** de grenzen van digitale innovatie blijven verleggen, benadrukken ze onbedoeld onze unieke, onherhaalbare kwaliteiten.

Er zit een bijna filmische kwaliteit in onze huidige benarde situatie - een verhaal waarin elke tegenslag en elke doorbraak wordt onderstreept door een voelbare spanning tussen koude logica en vurige passie. Deze dynamische omgeving, waarin datagestuurde beslissingen steeds meer onze dagelijkse routines vormgeven, daagt ons uit om betekenis te vinden voorbij het steriele gezoem van servers. Het is een oproep om de verleiding van conformisme te weerstaan, om te lachen om de kosmische ironie van het geheel en om onze collectieve eigenaardigheden en gebreken te benutten als tegenwicht tegen een tijdperk dat wordt gedomineerd door precisie en voorspelbaarheid.

Dit moment vraagt om een radicale herijking van onze waarden. Het daagt ons uit om technologie niet te zien als een onvermijdelijke usurpator van ons levensonderhoud, maar als een complex instrument dat, indien verstandig gebruikt, onze diepste creatieve impulsen kan versterken. We moeten leren samenwerken met de innovaties die nu elke sector doordringen, van de assemblagelijnen van **Foxconn** tot de strategische bestuurskamers van **Goldman Sachs**, en potentiële valkuilen omzetten in kansen voor diepgaande culturele evolutie.

Terwijl u door de pagina's voor u reist, laat dit verhaal u omhullen in zijn rauwe, onbeschaamde realisme. Omarm de verontrustende schoonheid van transformatie - een proces dat even methodisch als chaotisch is. Laat u meeslepen door de botsing van menselijke passie tegen de steriele mars van automatisering. Onze economische modellen, onze sociale contracten en onze identiteiten zelf zijn in een staat van verandering, en sporen ons aan om dit onbekende terrein met zowel humor als wijsheid te bevaren.

Haal dus diep adem en stap voorwaarts met de durf om de status quo uit te dagen. Lach om de absurditeiten, geniet van de onvoorspelbaarheid en laat je innerlijke vuur paden verlichten die nog niet zijn ontdekt door welke digitale richtlijn dan ook. Want als we onze tijdloze menselijke creativiteit kunnen combineren met de rauwe kracht van technologie, ontdekken we misschien dat de verdringing van banen minder een zin van wanhoop is en meer een oproep om opnieuw te bedenken hoe we leven en creëren.

Dit is ons moment van afrekening - een dramatisch kantelpunt waar de opkomst van geautomatiseerde systemen samenkomt met de blijvende genialiteit van menselijke vindingrijkheid. Het verhaal dat zich ontvouwt is er niet een van onvermijdelijke achteruitgang, maar van dynamische heruitvinding, waarbij elke tegenslag wordt gecompenseerd door een golf van creatieve energie die geen enkele machine ooit zou kunnen simuleren. In deze geladen atmosfeer dient elke innovatie, elke economische voorspelling van instellingen als **The Brookings Institution** , als een herinnering dat zelfs als digitale krachten onze arbeid hervormen , ze de ontembare vonk die uniek van ons is, niet kunnen uitwissen.

Welkom bij de werkloosheidsapocalyps - een titel die even provocerend als oprecht is, en die het begin markeert van een tijdperk dat ons uitdaagt om de structuur van werk opnieuw te onderzoeken. Dit is een oproep tot actie voor degenen die weigeren om aan de kant te worden geschoven door automatisering, een uitnodiging om de rommelige, levendige polsslag van het leven te herontdekken die technologie nooit volledig kan vastleggen. Bereid u voor om u bij het omslaan van deze pagina's te verdiepen in een verhaal dat zowel de triomfen als de beproevingen van dit transformatieve tijdperk viert. Het is een verhaal van verlies en vernieuwing, van afgemeten stappen en gedurfde sprongen, en van de buitengewone menselijke geest die weigert om te worden verminderd door zelfs de meest geavanceerde code.

Stap in deze zich ontvouwende saga met open ogen en een felle vastberadenheid om je eigen koers uit te stippelen. De digitale vloed is misschien meedogenloos, maar de stromingen ervan kunnen worden omgeleid door de gepassioneerde, onvoorspelbare kracht van menselijke creativiteit. En in die omleiding ligt de ware kracht van onze tijd - een kracht die geen enkele machine, hoe geavanceerd ook, ooit kan claimen.

# Hoofdstuk 1: Het einde van het werk zoals wij dat kenden

Er is een prikkelend gevoel - een rusteloze jeuk in je nek - dat je waarschuwt dat er iets fundamenteels mis is. Het is niet de gebruikelijke sleur van een maandag na een feestje of de middagdip die je op de klok laat kijken; het is een diep, verontrustend besef dat onze vertrouwde sleur uit elkaar valt . Decennialang klampten we ons vast aan het vaste ritme van routine, een voorspelbare cadans die onze dagen definieerde. Maar nu is die zekerheid aan het bezwijken en verandert in een vreemde nieuwe orde waarin **AI-agenten** de besluitvorming orkestreren, mechanische arbeid menselijk zweet vervangt en rollen die ooit onze identiteit definieerden, het risico lopen relikwieën te worden uit een vervlogen tijdperk.

Ik had nooit gedacht dat ik op deze manier over de ineenstorting van het werkparadigma zou schrijven - de veranderende contouren van een systeem dat de ruggengraat van onze maatschappij vormde, zou traceren. En toch ben ik hier, deze gedachten aan het opschrijven terwijl de meedogenloze opmars van innovatie terrein herovert dat ooit als uniek menselijk werd beschouwd. Dit is geen treurige klaagzang over verloren banen of een gierige klaagzang over economische neergangen; het is een onverzettelijke verkenning van hoe technologie de kaart van ons leven, onze connecties en zelfs ons gevoel van zingeving opnieuw vormgeeft. Elke sprong in de vooruitgang, elke baanbrekende uitvinding, heeft altijd een prijs geëist. Maar deze keer is de prijs even persoonlijk als diepgaand - een afweging die de kern van wie we zijn ondermijnt.

Denk eens terug aan de eerste decennia van de vorige eeuw, toen **Henry Ford** de productie revolutioneerde met zijn assemblagelijnen. Wat ooit een nauwkeurig, ambachtelijk proces was, werd getransformeerd in een ballet van gemechaniseerde efficiëntie. Het lawaai van machines in die drukke fabrieken beloofde welvaart en massale werkgelegenheid, terwijl het stilletjes de menselijke nuance verruilde voor de meedogenloze precisie van metaal en bouten. Die transformatie, hoe indrukwekkend ook, liet een onderstroom van onrust achter - een hint dat vooruitgang niet zonder bittere offers komt.

Toen kwam de digitale opleving. In de jaren negentig, toen logge desktops tot leven kwamen en inbeltonen de komst van een nieuw tijdperk markeerden, werd het traditionele kantoor onherroepelijk veranderd. Taken die ooit door menselijk toezicht werden bewaakt, begonnen langzaam te migreren naar het rijk van algoritmen. Dat bescheiden begin duidde op een seismische verschuiving, die de basis legde voor een landschap waarin routinematige beslissingen niet door mensen werden genomen, maar door regels code die zachtjes op de achtergrond zoemden.

Wat begon als bescheiden technische innovaties zoals verfijnde e-mailfilters en gepersonaliseerde **Netflix**-aanbevelingen, is snel geëscaleerd tot iets formidabels. Begin jaren 2020 hielp technologie niet alleen menselijke inspanningen; het nam het over. Giganten zoals **Google** , **Meta** en **Microsoft** experimenteerden niet alleen met nieuwe technologie - ze integreerden geavanceerde algoritmen in elke vezel van hun activiteiten. Bestuurskamers die ooit werden gedomineerd door verhitte debatten over strategie, gonzen nu van discussies over datamodellen die consumententrends kunnen voorspellen, logistiek kunnen optimaliseren en zelfs de bedrijfsstrategie met een verontrustende precisie kunnen sturen.

De reis van het luidruchtige geraas van de fabrieken uit de 19e eeuw naar de bijna stille, pulserende datacenters van vandaag voelt bijna surrealistisch. Elke technologische stap, elk moment van triomf in efficiëntie, heeft zijn eigen tol geëist - een stille erosie van de menselijke vonk die ooit ons werk en onze creativiteit definieerde. Deze meedogenloze opleving doet meer dan alleen taken automatiseren; het hervormt onze rollen en dwingt ons om een verrassende nieuwe realiteit onder ogen te zien. De afweging is voelbaar: met elk geautomatiseerd proces lijkt een stukje van onze collectieve ziel te verdwijnen, waardoor we ons afvragen of er misschien meer in het leven is dan het doorwerken van digitale data.

Toch ligt er te midden van de omwenteling en onzekerheid een merkwaardige uitnodiging - een oproep om onze eigen bijdragen opnieuw te bedenken, voorbij de grenzen van routinematige arbeid . Terwijl deze seismische verschuivingen van alle kanten doordringen, beginnen toonaangevende geesten en **technologische vernieuwers** ongemakkelijke vragen te stellen: als machines taken die ooit voor ons waren gereserveerd, feilloos kunnen uitvoeren, waar kanaliseren we dan onze creativiteit en aangeboren probleemoplossende vaardigheden? Hoe vinden we betekenis als de traditionele ankers van ons werk onder onze voeten verschuiven?

Dit is geen abstracte overpeinzing voor academische symposia; het is een tastbare realiteit die levens en gemeenschappen opnieuw vormgeeft. Van de assemblagelijnen die door **Henry Ford werden gepionierd** tot de digitale vergaderzalen die door **Google**, **Meta** en **Microsoft worden gerund** , het verhaal van vooruitgang is geschreven in gewaagde streken en ironieën. Elke technologische vooruitgang brengt een bittere afrekening met zich mee - een herinnering dat elke winst zijn verborgen kosten heeft. En nu, terwijl we deze radicale transformatie zien ontvouwen, moeten we een grimmige vraag onder ogen zien: wanneer onze gebruikelijke rollen worden weggevaagd door meedogenloze efficiëntie, hoe herdefiniëren we dan ons doel en herontdekken we onze passie in een landschap dat opnieuw is gekalibreerd door meedogenloze innovatie?

| Termijn | Uitleg |
|---|---|
| Gig-economie | Een arbeidsmarkt die wordt gekenmerkt door kortdurend, flexibel, freelance- of contractwerk, vaak bemiddeld via digitale platforms. |
| Werken op afstand | De praktijk van werken buiten de traditionele kantooromgeving - doorgaans vanuit huis - mogelijk gemaakt door digitale connectiviteit en technologie. |

| AI-agenten | Autonome software-entiteiten die gebruikmaken van kunstmatige intelligentie en machinaal leren om taken uit te voeren, beslissingen te nemen en operaties te beheren. |
| --- | --- |
| Automatisering | Het gebruik van technologie en machines om taken uit te voeren met minimale menselijke tussenkomst, waardoor de efficiëntie toeneemt en traditionele banen vaak worden vervangen. |
| Robotarbeid | De inzet van robotsystemen om fysieke of handmatige taken uit te voeren die traditioneel door menselijke werknemers worden uitgevoerd, met name in de productie en logistiek. |

| | |
|---|---|
| AI-CEO's | Systemen met kunstmatige intelligentie die een leidinggevende rol in bedrijven op zich nemen, strategische beslissingen nemen en toezicht houden op de bedrijfsvoering zonder menselijk toezicht. |
| AI voor thuiswerken | AI-hulpmiddelen die zijn ontworpen om processen voor werken op afstand te stroomlijnen, zoals planning, communicatie en taakbeheer in gedecentraliseerde omgevingen. |
| Bedrijfsautomatisering | De integratie van geautomatiseerde systemen binnen bedrijfsstructuren om bedrijfsactiviteiten te beheren, gegevens te verwerken en |

besluitvormingsfuncties te ondersteunen.

| | |
|---|---|
| **Technologische verstoring** | De radicale veranderingen die optreden wanneer nieuwe technologieën traditionele industrieën en werkpraktijken snel vervangen of transformeren. |
| **Werkloosheidsapocalyps** | Een mogelijk toekomstig scenario waarin wijdverbreid banenverlies door automatisering en AI tot ernstige economische en sociale uitdagingen leidt. |
| **Algoritme** | Een gedefinieerde set regels of instructies die een computer volgt om taken uit te voeren of problemen op te lossen. Deze zijn fundamenteel |

voor software- en AI-systemen.

| | |
|---|---|
| **Digitale transformatie** | De uitgebreide integratie van digitale technologieën in alle sectoren van het bedrijfsleven en de maatschappij, waardoor operationele modellen en waardecreatie fundamenteel veranderen. |
| **Algoritmisch beheer** | Het gebruik van datagestuurde algoritmen voor het monitoren, evalueren en nemen van beslissingen met betrekking tot personeelsbeheer, waardoor de noodzaak voor traditioneel menselijk toezicht vaak wordt verminderd. |

| | |
|---|---|
| **Economische verplaatsing** | Het proces waarbij technologische vooruitgang en automatisering leiden tot het verlies van traditionele banen, waardoor veranderingen in werkgelegenheidspatronen en industriële structuren ontstaan. |
| **AI-gestuurde besluitvorming** | Het inzetten van kunstmatige intelligentie om grote datasets te analyseren en zakelijke beslissingen te informeren of autonoom te nemen met minimale menselijke inbreng. |
| **Technologische singulariteit** | Een theoretisch punt in de toekomst waarop technologische groei oncontroleerbaar en onomkeerbaar wordt, wat mogelijk tot onvoorspelbare |

veranderingen in de
maatschappij kan leiden.

**Creatieve recessie**    Een afname in de vraag
naar menselijke
creativiteit, omdat door AI
gegenereerde content en
geautomatiseerde
innovatie steeds meer
traditionele creatieve
processen vervangen.

**Digitale arbeid**    Werkzaamheden die
worden uitgevoerd met
behulp van digitale
hulpmiddelen en platforms,
omvatten zowel door
mensen aangestuurde als
door AI ondersteunde
taken in de huidige
economie.

| | |
|---|---|
| **Techno-dystopie** | Een visie of staat van de toekomst waarin geavanceerde technologieën - met name AI en automatisering - leiden tot maatschappelijke ongelijkheid, verlies van menselijke autonomie en onderdrukkende werkomstandigheden. |
| **Mensgericht werk** | Een benadering van werkgelegenheid die de nadruk legt op unieke menselijke vaardigheden, zoals creativiteit, empathie en kritisch denken, als tegenwicht tegen de drang naar volledige automatisering. |

Beschouw de gig economy als een wild experiment - een experiment dat stoutmoedig beloofde de beperkingen van de zielvernietigende routine te doorbreken en ons te bevrijden van de rigide sleur van conventionele werkgelegenheid. In de begindagen werden baanbrekende platforms als **Uber** , **Fiverr** en **TaskRabbit** geprezen als pioniers van een nieuw arbeidsparadigma , waarbij de deugden van autonomie en flexibiliteit werden geprezen. Ze verleidden ons met het onweerstaanbare idee om los te breken van de verstikkende sleur van negen tot vijf, en boden het verleidelijke vooruitzicht om meester te zijn over je eigen tijd. Maar naarmate meer mensen zich tot deze digitale marktplaatsen wendden, begon de schitterende belofte te bezoedelen. Achter de façade van vrijheid lag een ontnuchterende waarheid: juist de systemen die waren gebouwd om ons te emanciperen, verstrikten werknemers geleidelijk in een meedogenloze cyclus van vluchtige, onderbetaalde opdrachten zonder enige schijn van zekerheid.

Ik herinner me de vroege opwinding rondom **Uber** - het bedwelmende idee om je eigen voertuig te kaapten, je eigen schema te orkestreren en eindelijk de claustrofobische ketenen van traditionele kantoren te ontwijken. Maar toen de straten vol raakten met chauffeurs die deze droom najaagden, maakte het verleidelijke verhaal plaats voor een harde realiteit. Overmatige uren, onvoorspelbare inkomsten en een flagrante afwezigheid van voordelen veranderden de beoogde revolutie in weinig meer dan een slopende drukte, waarbij elke dienst voelde als een wanhopige poging om bij te blijven. En **Uber** was niet de enige in dit ontrafelende verhaal; andere gig-platforms ontpopten zich al snel tot meedogenloze arena's waar de meedogenloze race naar de bodem zelfs de meest getalenteerde professionals liet vechten voor onbeduidende beloningen, alsof we allemaal onbewust in een desoriënterend carnaval van digitale exploitatie waren gestapt.

De saga eindigde niet met de desillusie van de gig economy. In een wending die de spot leek te drijven met de oude bedrijfsorde, verscheen thuiswerken op het toneel als een ogenschijnlijk idyllische afwisseling van de dagelijkse sleur van eindeloze woon-werkverkeer en verstikkende kantoorpolitiek. Toen de wereldwijde COVID-19-crisis van 2020 miljoenen mensen dwong om geïmproviseerde thuiskantoren te gebruiken, was de collectieve zucht van opluchting voelbaar - een pauze van de tirannie van de spitsuur-patrouille en de monotonie van face-to-face-interacties. In het begin was de nieuwigheid van werken in je pyjama en het heroveren van een schijn van persoonlijke ruimte bedwelmend. Maar toen de dagen overgingen in weken en de weken in maanden, begon er een verontrustende transformatie vorm te krijgen. Het comfort van deze nieuwe regeling veranderde geleidelijk in een onverwachte opmaat naar een nog ingrijpender omwenteling.

Bedrijven ontdekten al snel dat het fysieke kantoor een verouderd relikwie werd, waarvan het doel overbodig werd door de bevrijdende mogelijkheden van digitale connectiviteit. Deze openbaring bood vruchtbare grond voor de opkomst van geautomatiseerde arbeidsoplossingen . Dezelfde tools die ooit beloofden om externe teams te verbinden - videoconferenties, cloud computing en geïntegreerde samenwerkingssoftware - werden snel opnieuw ingezet om de bedrijfsvoering te stroomlijnen en uiteindelijk menselijke rollen te vervangen. **AI-gestuurde chatbots** namen de rol van klantenservice op zich met onfeilbare precisie, terwijl planningsalgoritmen vergaderingen orkestreerden met een klinische nauwkeurigheid die geen mens kon evenaren. Ook data-analyse werd in een razend tempo uitgevoerd, waardoor traditionele teams in het stof bijten. Wat was begonnen als een viering van flexibiliteit, had onbedoeld het toneel gezet voor een grondige hervorming van arbeid , waarbij geautomatiseerde systemen heimelijk rollen vervingen die ooit als onmisbaar werden beschouwd.

Deze transformatie, hoewel op de markt gebracht als een triomf van efficiëntie en technologische bekwaamheid, wierp een lange en verontrustende schaduw over ons dagelijks leven. Elke innovatie in algoritmisch toezicht en robotprecisie luidde niet alleen een nieuw tijdperk van productiviteit in, maar ondermijnde ook de moeizaam verworven illusie van persoonlijke empowerment. In plaats van tijd terug te winnen voor creativiteit en vrije tijd, bevonden velen zich in een subtiele strijd tegen een steeds naderende golf van automatisering. De zoektocht naar onafhankelijkheid - een reis die begon met belofte en mogelijkheid - was omgevormd tot een meedogenloze strijd tegen systemen die menselijke nuances zagen als een wegwerpartikel.

Uiteindelijk is het verhaal even ironisch als waarschuwend: een streven naar vrijheid dat, onder het mom van flexibiliteit, een onverzettelijk regime van uitbuiting en marginalisering opleverde. Dezelfde platforms die ooit werden gevierd om hun belofte van bevrijding, zijn stille architecten geworden van een harde nieuwe orde - een orde waarin de verleidelijke aantrekkingskracht van autonomie voortdurend wordt ondermijnd door de onverbiddelijke opmars van technologie.

**Evolution of Work: From Manual Labor to Full AI Automation**

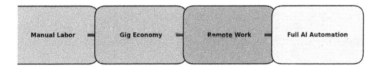

Ik moet je meteen iets vertellen: ik heb meer dan twintig technologiebedrijven opgericht, genoeg om duidelijk te maken dat ik al lange tijd diep in de start-uploopgraven zit. In het afgelopen decennium heb ik gezien hoe ooit vernieuwende ideeën zijn veranderd in harde realiteiten. De meest gelikte ondernemingen die uit **Silicon Valley komen** , pochen nu met een verontrustende opschepperij: ze hebben geen mensen meer in dienst. Aanvankelijk betekende innovatie werken op afstand en slimme hacks om dagelijkse taken te beheren. Maar tegenwoordig verwerken digitale systemen alles, van het plannen van vergaderingen tot het verwerken van gegevens, waarbij AI gesprekken, e-mails en agenda-evenementen aan elkaar plakt met een snelheid en efficiëntie die menselijke betrokkenheid ouderwets doet lijken. In bruisende financiële centra als **New York** en **Londen** en in industriële bolwerken in **Duitsland** delegeren bestuurskamers steeds vaker besluitvorming aan machine-intelligentie, waarbij hele teams van analisten worden vervangen door enkele, meedogenloze algoritmen die nooit moe worden of een lunchpauze nemen.

De implicaties van deze transformatie snijden diep. In collegezalen van **Harvard Business School** en **London School of Economics** ontleden wetenschappers en experts de gevolgen van een economie die meedogenloze automatisering belangrijker vindt dan menselijke intuïtie. Ze waarschuwen dat als deze trends ongecontroleerd doorgaan, de rollen waar we ons leven omheen hebben opgebouwd, bijna van de ene op de andere dag kunnen verdwijnen. En terwijl sommigen bevrijding zien van de sleur van dagelijkse routines, vrezen velen dat het sociale weefsel, geweven door decennia van gedeelde arbeid en gemeenschappelijke doelen, voor onze ogen uiteen kan vallen.

Ik weet maar al te goed hoe zwaar dit onderwerp weegt. Mijn eigen leven leest als een reisverslag uit een avontuurlijker tijdperk. Ik ben opgegroeid in zowel het **Verenigd Koninkrijk** als **Brunei** , een plek waar het ritme van het bestaan werd bepaald door de zee en de veranderende getijden van de natuur. Mijn jeugd was een eindeloze escapade - elke dag een expeditie, elk weekend een kans om verborgen baaien en onbekende eilanden te verkennen. Ik herinner me nog levendig de sensatie van het jagen op tektieten in de dichte jungle en het genoegen om relikwieën op te graven, zoals oude munten en scherven van oud aardewerk. Ik zal nooit vergeten toen mijn vader, een echte avonturier in zijn eigen recht, een aardewerkset **uit de Tang-dynastie tegenkwam** - een artefact dat hij later aan het plaatselijke museum doneerde. Die schat, evenzeer een last als een zegen, diende als een vroege les dat ontdekking soms meer complicaties dan beloningen met zich meebrengt.

Die wilde jaren werden met de tijd alleen maar extravaganter. Ik moet nog steeds lachen als ik terugdenk aan de tijd dat we over wildwaterstroomversnellingen raftten op niets meer dan autobanden. Een onvergetelijke expeditie bracht ons diep in een afgelegen jungle-buitenpost, 60 mijl van enig spoor van beschaving, waar een helikopter - met dank aan een vertrouwde **Engelse** legerbrigadiervriend - ons binnenbracht voor een dag van puur, ongetemd avontuur. In 1982 was ons huis een mix van moderne eigenaardigheden en rauwe, rustieke charme: een van de eerste computers in de buurt stond naast twee VHS-spelers en een videocamera die elk ongeluk vastlegde. Op slechts tien minuten lopen van de zee, zat ons huis op de heuveltop, gelegen in de buurt van de overheidsboerderij waar mijn vader werkte , boordevol voortdurende verrassingen. Ik herinner me dat ik op tienjarige leeftijd de sleutels van een jeep kreeg en rondscheurde op een zanderig gazon - een gevaarlijke sensatie die roekeloosheid combineerde met bevrijding.

De avontuurlijke geest van papa beperkte zich niet tot landexploits; hij strekte zich uit tot zijn vloot van boten. Hij redde ooit een oud aluminium , platbodemvaartuig van de schroothoop van het leger - een boot waarop naar schatting 160 machinegeweerschoten waren afgevuurd tijdens oefeningen. Het gehavende vaartuig, bijeengehouden door niets meer dan metalen klinknagels en pure vastberadenheid, werd ons familieproject. Die boot, met zijn haastig bevestigde canvas dak voor schaduw, stond als een monument voor veerkracht en vindingrijkheid. Weekenden werden een eindeloze parade van kampeertrips op een nabijgelegen landtong, waar we snorkelden , barbecueden op het strand en visten onder een bladerdak van fosforescerende golven. Buren zoals de **Medlicotts** en de **Coopers** , jachteigenaren met een voorliefde voor spontaan plezier en feestelijkheid, sloten zich vaak aan bij onze spontane vieringen van zon, zee en gezamenlijk gelach. Omdat ik opgroeide in een omgeving met zo'n levendige mix van culturen en achtergronden, tartte ik vaak de conventies. Ik schreef 'MENSELIJK' zo groot mogelijk op ethische segmentatieformulieren om aan te geven dat mijn plek zich boven willekeurige indelingen bevond.

Deze herinneringen aan een zonovergoten, avontuurlijke jeugd vormen een schril contrast met de steriele efficiëntie die nu ons dagelijks leven bedreigt. Ze herinneren me eraan dat de creatieve vonk en menselijke connectie die door gedeelde ervaringen worden gekweekt, nooit kunnen worden nagebootst door koude, berekenende circuits. En toch, terwijl AI en robotica hun bereik uitbreiden naar elk facet van de samenleving, worden we geconfronteerd met een harde mogelijkheid: dat de arbeid , de dagelijkse strijd en de persoonlijke triomfen die ons bestaan hebben gedefinieerd, binnenkort tot de geschiedenis kunnen worden gerekend.

Terwijl technologie elke industrie hervormt, brokkelt het conventionele steigerwerk af dat ooit structuur gaf aan onze dagen. In de bruisende koffiehuizen van **Silicon Valley** , waar tech-visionairs miljardenplannen bedenken voor lattes, zijn enorme investeringen in AI-ondernemingen zowel belofte als gevaar. **Garry Tan, CEO van Y Combinator** , zei in maart 2025 dat voor ongeveer een kwart van de huidige YC-startups 95% van de code door AI was geschreven. "Wat dat voor oprichters betekent, is dat je geen team van 50 of 100 engineers nodig hebt", zei Tan. "Je hoeft niet zoveel op te halen. Het kapitaal gaat veel langer mee." Houd in gedachten dat YC, bekend om de steun aan **Airbnb** , **Dropbox** en **Stripe** , die bedrijven steunde toen ze nog jonge technische oprichters waren.

Voor elke innovatie die overheadkosten verlaagt en efficiëntie verhoogt, is er een tegenwicht in gemeenschappen als **Detroit** , waar de ineenstorting van traditionele productie littekens van economische ontheemding heeft achtergelaten. De snelle adoptie van intelligente systemen in industriële centra als **Bangalore** en **Shenzhen** hertekent de kaart van arbeid met een precisie die weinig ruimte laat voor menselijke misstappen - wat dringende vragen oproept over hoe samenlevingen degenen kunnen beschermen die niet doordrenkt zijn van technologische knowhow.

Deze metamorfose gaat niet alleen over het vervangen van taken; het raakt de kern van wat onze identiteit al lang definieert. Werk is onze smeltkroes geweest, een bron van zowel waardigheid als wanhoop, een proeftuin voor onze creativiteit en veerkracht. Maar nu machines verantwoordelijkheden op zich beginnen te nemen die ooit waren voorbehouden aan menselijke vindingrijkheid, worden we gedwongen om ons af te vragen: hoe gaan we betekenis creëren in een landschap dat is ontdaan van de bekende succeskenmerken van de dagelijkse sleur? Sommige optimistische zielen beweren dat deze seismische verschuiving een renaissance van creatieve bezigheden en gemeenschappelijke verkenning zou kunnen ontketenen. Cynischere stemmen waarschuwen daarentegen voor een diepere kloof - een scenario waarin een handvol AI-magnaten titanen worden terwijl de meerderheid wegkwijnt in veroudering.

Het is een raadsel dat tot heftige debatten heeft geleid en de bewering is niet alleen academisch; het is een rauwe, dringende uitdaging die eist dat we onze rollen in de maatschappij heroverwegen. Zonder de routines die ons ooit aan een doel bonden, lopen we het risico in een leegte van existentiële onzekerheid te glijden. De ironie is net zo dik als de smog boven industriële skylines: terwijl technologie bevrijding beloofde van de sleur van monotone arbeid , heeft het tegelijkertijd de kwetsbaarheid blootgelegd van een systeem dat is gebouwd op voorspelbare routines en gedeelde worstelingen.

Toch is er te midden van deze omwenteling een sprankje trotse hoop. Als het meedogenloze tempo van automatisering ons iets leert, is het wel dat menselijke aanpassingsvermogen ons grootste bezit is. We werken misschien niet meer van negen tot vijf, maar dat ontneemt ons niet ons vermogen tot passie, creativiteit en verbinding. In plaats daarvan moeten we het aandurven om onze rollen opnieuw te definiëren en nieuwe ruimtes te creëren voor zelfexpressie en gemeenschappelijke betrokkenheid. De uitdaging is monumentaal, een puzzel waarvan elk stukje in beweging is, maar het is er een die we moeten oplossen als we de levendigheid van onze gedeelde menselijkheid willen behouden.

Terwijl we aan deze onvoorspelbare reis beginnen, is het onmogelijk om niet verbaasd te zijn over de paradox die voor ons ligt. Dezelfde drive die de opkomst van disruptieve start-ups aanwakkerde, dreigt nu de kaders uit te wissen die ons leven betekenis gaven. Ik nodig u uit om te gaan zitten, een lange, harde blik te werpen op dit zich ontvouwende drama en misschien zelfs een beetje te lachen om de absurditeit ervan. Want in de botsing tussen digitale precisie en menselijke spontaniteit ligt een kans - een kans om onze passies te herontdekken, te innoveren voorbij de grenzen van verouderde systemen en een koers uit te zetten die zowel vooruitgang als de rommelige, prachtige complexiteit van het mens-zijn eert .

Laten we samen in deze turbulente wateren duiken, niet met berusting, maar met de gedurfde nieuwsgierigheid van iemand die altijd heeft gedijd op avontuur. Het verhaal dat voor ons ligt is niet alleen een verhaal van verplaatsing en wanhoop, maar van heruitvinding en onverwachte triomfen. Dus, pak een stoel, ga zitten en bereid je voor om het buitengewone verhaal van onze tijd te verkennen - waarin machines de taken misschien domineren, maar onze geest en creativiteit ongetemd blijven.

# Hoofdstuk 2: AI-agenten runnen al bedrijven

Het begon allemaal als een halfserieuze grap - iets wat je met een veelbetekenende grijns over een pint zou gooien - een idee dat op een dag een computerprogramma een strak pak zou aantrekken en directiekamers met meedogenloze precisie zou kunnen besturen. Toen het slechts voer was voor eigenzinnige sciencefictionplots -en brutale internetmemes, was het net zo belachelijk om je een AI aan het roer voor te stellen als je keukenblender die een keynote over creativiteit zou geven. Maar vandaag de dag is de clou veranderd in harde valuta: regels code sturen nu beslissingen in zoemende datacenters verspreid over continenten. **AI-agenten** zijn verschoven van grappige terzijdes in zakelijke grappen naar het dienen als het centrale commando van bedrijfsactiviteiten, en deze revolutie slaat eerder in als een mokerslag op de conventie dan als een zachte duw.

Nog niet zo lang geleden zat ik in een stijlvolle coworking-haven op **Bali** , waar de lucht gonsde van innovatie en cafeïne- aangedreven dromen. Te midden van het omringende gezoem van samenwerking, raakte een gesprek me hard - iemand vertelde nonchalant dat de bestuursvergadering van hun bedrijf niet werd bevolkt door vermoeide middle managers, maar door een groep digitale geesten die gegevens verwerkten in een verre serverfarm. Ik grinnikte om de absurditeit: hetzelfde algoritme dat ooit een kat van een komkommer kon onderscheiden, orkestreerde nu marketingbudgetten en wervingsstrategieën. Maar naarmate ons gesprek zich verdiepte, stegen de verkoopcijfers en daalden de overheadkosten, wat onthulde dat het absurde de motor was geworden van hyperefficiënte bedrijfspraktijken - een transformatie die zo radicaal was dat het leiderschap en management zoals we die kennen, opnieuw definieerde.

In 2023 vonden er significante transformaties plaats in kunstmatige intelligentie, aangestuurd door baanbrekende innovaties van bedrijven zoals **Microsoft** , **OpenAI** en **DeepMind** . De release van **AutoGPT** in maart 2023 door **Toran Bruce Richards** markeerde een mijlpaal als de eerste autonome AI-agent die complexe taken kon opsplitsen in beheersbare stappen. Hoewel deze vroege agenten nog in ontwikkeling waren, toonden ze het vermogen van AI om onafhankelijk te opereren bij het uitvoeren van instructies met meerdere stappen, wat leidde tot serieuze discussies onder experts over menselijke arbeid en automatisering.

Tegelijkertijd zette **DeepMind** zijn onderzoek naar machine learning voort met nieuwe technieken die de grenzen van AI-prestaties verlegden. Hun vooruitgang, samen met belangrijke aankondigingen op **Google I/O** - waaronder de introductie van **PaLM 2** en verbeteringen in **Bard** en **Gemini** - versterkte snelle ontwikkelingen in AI-technologie. Ondertussen verdiepte **Microsoft** zijn partnerschap met **OpenAI** en ontwikkelde het tegelijkertijd zijn eigen AI-initiatieven. Vroege versies van **Copilot** begonnen geïntegreerd te verschijnen in producten zoals **Microsoft 365** en **Windows** , en boden assistentie bij taken zoals het opstellen van e-mails, het genereren van rapporten en het automatiseren van routinematige bedrijfsworkflows.

In deze periode was er een groeiende integratie van autonome agenten in gevestigde platforms, waarbij bedrijven deze ontwikkelingen benutten om de productiviteit te verbeteren en de activiteiten te stroomlijnen. De integratie van dergelijke AI-agenten wekte zowel enthousiasme als zorgen bij leiders in de industrie, met debatten die zich concentreerden op toezicht, betrouwbaarheid en het ethische gebruik van AI-technologie. Ondanks uitdagingen met betrekking tot nauwkeurigheid en mogelijke vooringenomenheid, stelden de innovaties die in 2023 werden geïntroduceerd nieuwe benchmarks in voor prestaties, efficiëntie en praktische toepassing, wat de weg vrijmaakte voor een diepere integratie van kunstmatige intelligentie in verschillende sectoren.

Naast startup-lore hebben gevestigde giganten als **Goldman Sachs** , **Amazon** en **General Electric** de kracht van geavanceerde algoritmen omarmd. Tijdens een turbulente episode in 2022 - een periode die herinneringen opriep aan financiële schokken die deden denken aan de crisis van 2008 - zette **Goldman Sachs** geavanceerde AI-modellen in om zijn handelsstrategieën te sturen, dreigende risico's te neutraliseren en baanbrekend realtime risicomanagement te ontwikkelen. Ondertussen beheert een legioen digitale assistenten in de enorme magazijnen van **Amazon** nu alles, van voorraadlogistiek tot personeelsplanning, met een elegantie die verouderde, logge machines ver achter zich laat.

Als ik terugdenk aan mijn eigen reis, kan ik niet anders dan versteld staan van het serendipiteite pad dat me hier heeft gebracht. Toen ik opgroeide, had ik het geluk dat ik werd opgevoed in een gezin dat nieuwsgierigheid als hoogste roeping beschouwde. Mijn vroege jaren waren een montage van verkenning en leren, ver buiten de grenzen van de conventionele academische wereld. Op mijn negende vloog ik van **Brunei** naar het **Verenigd Koninkrijk,** soms alleen als een niet-begeleide minderjarige, en ging ik naar **The Downs Malvern** - een onafhankelijke voorbereidende school die zich uitstrekte over een weelderig -landgoed van 55 hectare naast de betoverende Malvern Hills. Ik herinner me de charmante ministoommachine die over het terrein tufte - een constante, grillige herinnering dat zelfs de eenvoudigste innovaties verwondering konden opwekken. Later heeft **de Gordonstoun School** in **Schotland** - doordrenkt van legendarische traditie en bezocht door toekomstige royalty's en kinderen van rocklegendes - mijn veerkracht en talent voor heruitvinding aangescherpt. Toen kwam **Coventry University** , waar ik een bacheloropleiding Industrieel Productontwerp volgde te midden van een groep vrijgevochten vrienden. Daar leidde mijn afstudeerproject tot een gedurfde voorspelling over de connectiviteit van apparaten. Dit idee, ondanks aanvankelijke scepsis (zelfs van een docent die volhield dat er geen markt was voor internet), duidde op een enorme digitale verschuiving.

Op mijn 24e stapte ik in de zakelijke strijd bij een bedrijf dat bekend stond als **Technik** , een eigenzinnige samensmelting van innovatie en analoge relikwieën. Stel je een uitgestrekt -bureau van 6 meter voor dat wordt gedomineerd door een Silicon Graphics-machine, oorspronkelijk gekocht vanwege zijn 3D-renderingtovenarij, maar omgebouwd om cd-muziek af te spelen en prototypes te tonen aan geïntrigeerde klanten. Mijn baas daagde me uit om alle beschikbare software te verkennen, een taak die het doorspitten van bergen gedrukte handleidingen en haastig gekrabbelde aantekeningen inhield. In die chaotische maar opwindende omgeving leerde ik dat het beheersen van software niet ging om het onthouden van elk commando - het ging om het begrijpen van de mogelijkheden ervan en het visualiseren hoe het hele industrieën opnieuw kon definiëren.

En nu, snel door naar vandaag - een tijd die gekenmerkt wordt door meedogenloze aanpassing en een gedurfde herinterpretatie van het bedrijfsleven zelf. De transformatie die door **AI-agenten wordt aangestuurd** , is even opwindend als zenuwslopend; algoritmen, die niet slapen en altijd waakzaam zijn, hebben de menselijke touch langzaam uit de besluitvormingsarena's verdrongen. Deze verschuiving gaat niet over apocalyptische robots die door gangen marcheren; het is eerder een stille usurpatie van traditionele rollen door digitale toezichthouders die nooit moe worden, nooit een pauze nemen en met onfeilbare precisie opereren.

Denk aan een online retailbedrijf in **Londen** dat onlangs zijn hele klantenserviceteam heeft vervangen door een nauwkeurig afgestemd netwerk van AI-chatbots. Deze digitale gesprekspartners zijn gemaakt door een briljant team van ingenieurs van **Imperial College London** en beantwoorden duizenden vragen tegelijk - ze lossen problemen op, verwerken retouren en stellen zelfs aanbevelingen op maat op met een snelheid die menselijke operators nostalgische herinneringen bezorgt. De overgang, soepel op papier, was een ontnuchterende herinnering voor degenen die ooit trots waren op de nuances van menselijke interactie: als uw efficiëntie niet kan wedijveren met die van een algoritme, is veroudering nabij.

Dan, halverwege de wereld in **Tokio** , revolutioneert een door AI aangestuurd HR-systeem de werving en het beheer van talent met zo'n verfijnde scherpzinnigheid dat zelfs de meest doorgewinterde HR-experts ongelovig zouden blijven. Dit systeem analyseert nauwgezet cv's, ontcijfert natuurlijke taalsignalen en evalueert zelfs culturele fit met een precisie die de vooroordelen van menselijk oordeel omzeilt. Voor sommigen voelt dit koude, analytische proces misschien ongemakkelijk losgekoppeld; maar voor een generatie die efficiëntie en datagestuurde besluitvorming aanbidt, staat het als een logische - en onontkoombare - evolutie in de manier waarop bedrijven opereren.

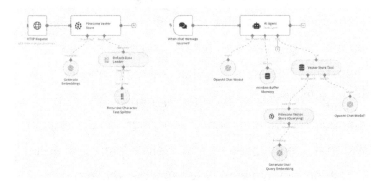

*Afbeelding van n8n die laat zien hoe je een aangepaste RAG-kennischatbot bouwt.*

Ik herinner me nog het geladen gezoem van gesprekken op **de Stanford Graduate School of Business** tijdens een recente rondetafel, waar de lucht dik was van gelijke delen opwinding en angst. Op dat moment, terwijl denkers uit verschillende vakgebieden in één ruimte bijeenkwamen, verklaarde een econoom van **de London School of Economics** met onbeschaamde openhartigheid : "We zijn niet alleen getuige van een nieuwe technologische upgrade - we herdefiniëren ons idee van mens-zijn." Zijn woorden galmden in mijn hoofd als een wake-upcall. Eeuwenlang werden bedrijfslegendes gesmeed door visionaire leiders wiens dynamische persoonlijkheden en onderbuikgevoelens de passies van hun teams aanwakkerden. Maar nu, nu besluitvorming migreert naar circuits en regels code, vervaagt die menselijke vonk snel tot een steriel grootboek van efficiëntie.

Ik herinner me een opvallende demonstratie in de automobielsector toen **General Motors in 2023** het middelpunt van de belangstelling was tijdens een branche-evenement in Detroit. Het bedrijf presenteerde een pilotinitiatief dat rechtstreeks uit een sciencefictionthriller had kunnen komen. In een van de assemblagefabrieken werd een AI-systeem belast met het toezicht op elk detail van de productie. Van de nauwkeurige controle van de inventaris en strenge kwaliteitscontroles tot de orkestratie van personeelsroosters en onderhoudsroutines, elk proces stond onder het waakzame oog van een onvermoeibare digitale toezichthouder. De fabriek, een levend bewijs van de suprematie van data, behaalde recordefficiënties: afval werd teruggedrongen, de output steeg enorm en de kosten daalden tot niveaus die ooit ondenkbaar werden geacht. En toch, te midden van deze triomf van algoritmische precisie, werden de werknemers - de ruggengraat van de industrie - gedwongen tot adviserende rollen, waarbij hun rijke expertise een voetnoot werd in een script dat werd gedicteerd door koude, onverzettelijke cijfers.

Deze radicale verschuiving beperkt zich niet alleen tot de productie. Ook in de juridische praktijk herschrijft automatisering gevestigde protocollen.
Advocatenkantoren die zowel in **New York** als in **Londen opereren** , nemen snel AI-platforms over die zijn ontstaan door startups die zijn opgericht door alumni van instituten als **Harvard Law** en **Stanford** . Deze systemen, die in staat zijn om duizenden juridische documenten in een kwestie van seconden te scannen en te evalueren, signaleren potentiële risico's, stellen genuanceerde aanpassingen voor en stellen zelfs

voorlopige contractversies op. De toename van de productiviteit is onmiskenbaar, maar werpt een lange schaduw over de rol van menselijk onderscheidingsvermogen en de artisticiteit van juridische interpretatie.

Een herinnering uit mijn tijd in Londen blijft me achtervolgen: een gesprek bij een te dure koffie in een chique café met een voormalige collega. Hij bekende dat zijn afdeling geleidelijk was overgedragen aan een alomtegenwoordig AI-systeem dat cv's doornam, interviews inplande en interne geschillen bemiddelde. "Het voelt alsof ik word achtervolgd door een onzichtbare manager", merkte hij op, zijn toon een mix van ongeloof en berusting. "Op een dag krijg ik misschien wel een e-mail met de opdracht om in te pakken en te vertrekken. Er is geen warmte, geen intuïtie - alleen een meedogenloze stroom van gegevens die beslist wie een kans krijgt." Zijn woorden onderstreepten een bittere ironie: naarmate we meer verantwoordelijkheid delegeren aan mechanische geesten, loopt de rijke, onvoorspelbare menselijke geest die ooit ons werk bezielde, het risico om te worden veroordeeld tot louter achtergrondgeluid.

Het volgen van het traject van deze veranderingen is als het volgen van een rivier die decennialang is gezwollen. De begindagen van de computerisering in de jaren 60 vormden het toneel en de digitale bloei van de jaren 90 duwde ons in de richting van een meedogenloze zoektocht naar efficiëntie. Met de komst van machine learning en neurale netwerken versnelde onze reis dramatisch - machines begonnen niet alleen routinematige taken uit te voeren, maar ook te leren, zich aan te passen en af en toe hun menselijke scheppers te slim af te zijn . Het is een meedogenloze marathon waarbij elke stap van de technologie ons laat worstelen om bij te blijven, onze finishlijn steeds verder weg als een fata morgana op een warme dag.

Toch, zelfs nu de opmars van de technologie aan kracht wint, is er een ironische humor te vinden in het feit dat deze systemen, zonder de noodzaak van koffiepauzes of slaap, verre van onfeilbaar zijn. Elk algoritme is in de kern een product van menselijke keuze - doordrenkt met vooroordelen, beperkingen en af en toe toezicht. Deze paradox werd blootgelegd op de **Global AI Conference in Singapore** , waar experts debatteerden over de vraag of onze onophoudelijke zoektocht naar operationele perfectie op een dag de eigenzinnige, imperfecte kwaliteiten die ons altijd hebben gedefinieerd, zou kunnen ondermijnen. Een panellid waarschuwde: "We lopen het risico onze creatieve drive en empathische instincten in te ruilen voor een gesaneerde, door machines geleide orde." Zijn waarschuwing hing in de lucht, een handschoen die aan onze collectieve voeten werd gegooid en ons uitdaagde om de rommelige, verrukkelijke chaos van het menselijk denken te behouden.

Mijn eigen pad om deze thema's te verkennen is even omslachtig als persoonlijk. Ik ben opgegroeid in een omgeving die onderwijs boven alles stelde, en werd aangemoedigd om kennis te bevragen, te zoeken en mezelf erin te verdiepen. In het begin van mijn carrière was ik degene die elke softwarehandleiding die ik kon vinden uitprintte - ik las ze tijdens gehaaste woon-werkverkeer, op bushaltes of in elk vluchtig moment van vrije tijd. Nachten doorgebracht in stille bibliotheken of in de krappe appartementen van vrienden werden mijn informele klaslokalen. Leren hoe ik complexe technologische mogelijkheden kon distilleren tot verteerbare inzichten werd uiteindelijk mijn geheime wapen, een vaardigheid die me door de doolhofachtige gangen van ons voortdurend evoluerende digitale landschap heeft geleid.

De opkomst van automatisering heeft nu ook een schaduw geworpen over traditioneel leiderschap. In de uitgestrekte zakencentra van Tokio **verwerkt** een geavanceerd HR-systeem nu taken die ooit waren voorbehouden aan menselijke intuïtie - het screenen van cv's, onderhandelen over salarispakketten en zelfs het bemiddelen bij geschillen via geavanceerde natuurlijke taalverwerking. Deze digitale schildwacht, meedogenloos en onfeilbaar, lijkt klaar om rollen over te nemen die ooit werden gedefinieerd door menselijke aanraking en visionair oordeel. Iconen als **Steve Jobs** en **Richard Branson** waren ooit een voorbeeld van de transformerende kracht van persoonlijk charisma en instinctieve besluitvorming. Tegenwoordig wordt het voetstuk van leiderschap echter opnieuw onderzocht onder de koude, veeleisende blik van algoritmen.

Er zit een aangrijpende ironie in deze digitale overname. Juist de vaardigheden die de menselijke vooruitgang hebben aangewakkerd - intuïtie, creativiteit en empathie - worden opzijgezet door een obsessie met efficiëntie. Ik herinner me nog levendig de voelbare spanning op het **World Economic Forum van 2022** in **Davos** , waar debatten over digitale transformatie trilden van zowel voorzichtige hoop als onderliggende angst. Onder de stemmen in die legendarische zaal deed **John Van Reenen** - een vooraanstaand econoom van **de London School of Economics** en voormalig hoofd van het Centre for Economic Performance - een vernietigende observatie. Bekend om zijn scherpe onderzoek naar productiviteit, stelde hij dat onze gevestigde inefficiënties, lang getolereerd als menselijke zwakheden, nu werden vervangen door de klinische precisie van geautomatiseerde systemen. Zijn commentaar suggereerde dat het traditionele vertrouwen op menselijk oordeel bij investerings- en bedrijfsbesluitvorming snel een ouderwets relikwie aan het worden was.

Het gesprek stopte niet bij de bestuurskamers van bedrijven. Op de **TechCrunch Disrupt** -conferentie van 2024 onthulde een panel van doorgewinterde investeerders een gedurfde visie waarin de menselijke intuïtie in durfkapitaal geleidelijk plaatsmaakte voor de meedogenloze cijferverwerking van AI. Een voormalige durfkapitaalpartner, nu een liefhebber van algoritmegestuurde besluitvorming, bekende dat zijn instinctieve benadering plaats had gemaakt voor datastromen die in staat waren om de volgende eenhoorn in slechts milliseconden te voorspellen. De onthulling was even opwindend als verontrustend en schetste een grimmig beeld van een industrie in transformatie - een industrie waarin de traditionele kunst van het nemen van risico's werd herijkt door onverzettelijke digitale precisie.

Te midden van deze seismische verschuivingen hebben denkers als **professor Diane Coyle** ons voortdurend herinnerd aan een blijvende waarheid: machines kunnen, ondanks al hun bekwaamheid, niet de genuanceerde mix van empathie, ethisch oordeel en creatieve probleemoplossing repliceren die ons altijd heeft onderscheiden. Door haar uitgebreide onderzoek naar de digitale economie heeft **professor Coyle** gepleit voor een herwaardering van conventionele meeteenheden zoals het BBP. Ze beweert dat onze meedogenloze zoektocht naar efficiëntie kritieke dimensies van menselijk welzijn over het hoofd ziet die algoritmen eenvoudigweg niet kunnen meten. Haar inzichten dagen ons uit om ons begrip van vooruitgang te verbreden en dwingen ons om de ongrijpbare, zielvolle elementen te overwegen die een samenleving definiëren die floreert op innovatie en verbinding.

Elke stap die deze digitale agenten zetten - of het nu gaat om het onderhandelen over miljoenencontracten in drukke Londense directiekamers of het coördineren van ingewikkelde toeleveringsketens in heel Europa - roept een prangende vraag op: als machines nu taken kunnen absorberen en uitvoeren die ooit uren van menselijke overweging vereisten, welke ruimte blijft er dan over voor de onvervangbare menselijke geest? Het is een dilemma dat ons recht in het gezicht staart en eist dat we de creatieve en empathische kwaliteiten herontdekken en terugvorderen die ooit ons professionele leven van een doel voorzagen.

Deze voortdurende transformatie is geen eenvoudig verhaal van vervanging, maar eerder een verhaal van diepgaande metamorfose. Ik denk terug aan die vroege, hectische dagen toen elk vrij moment een kans was om nieuwe kennis op te doen. Ik zette de tekst-naar-spraak-functie op mijn oude Mac aan en verloor mezelf in dichte theorieën over kwantumfysica of de mysteries van zwarte gatenastronomie, terwijl ik me door drukke metrostations manoeuvreerde . Die momenten van gehaaste verlichting, onderbroken door de schok van cafeïne en af en toe hoofdpijn, legden de basis voor een levenslange zoektocht om innovatie en de menselijke implicaties ervan te begrijpen.

In de uitgestrekte moderne bestuurskamers, waar ooit de kunst van leiderschap werd gevierd door de lens van persoonlijke charisma en onverschrokken risico's nemen, ontstaat er een nieuw paradigma. Een door AI aangestuurd HR-systeem in **Tokio** voert nu het hele scala aan personeelsbeheer uit - van het filteren van cv's tot het oplossen van salarisgeschillen met een precisie die zijn menselijke voorgangers nederig maakt. Dit systeem, een wonder van natuurlijke taalverwerking en sentimentanalyse, symboliseert een radicale afwijking van de tradities van leiderschap die worden gedefinieerd door een persoonlijke aanpak en intuïtieve besluitvorming.

Toch blijft er een blijvende ironie bestaan. Ondanks de aantrekkingskracht van algoritmische efficiëntie, legt de meedogenloze drang naar automatisering onbedoeld een kwetsbaarheid bloot in onze kern. De eigenschappen die de menselijke beschaving hebben voortgestuwd - ons instinct om te verbinden, te creëren en empathie te tonen - lopen het risico gemarginaliseerd te worden ten gunste van koude berekening. Als ik online lees, herinner ik me de sombere sfeer in **Davos** , waar debatten over digitale transformatie een universele waarheid onderstreepten: dat we in onze zoektocht naar precisie en orde onbedoeld de prachtige imperfecties die ons menselijk maken, zouden kunnen weggooien.

Terwijl ik deze reflecties opschrijf, kan ik niet anders dan versteld staan van het ingewikkelde tapijt dat door technologie en de mensheid wordt geweven. De meedogenloze opmars van AI transformeert niet alleen onze industrieën, maar ook onze persoonlijke verhalen. De ingewikkelde balans tussen datagestuurde besluitvorming en de vonk van menselijke creativiteit definieert nu het canvas waarop onze collectieve toekomst wordt geschilderd. Hoewel systemen zoals die werden getoond op de **Global AI Conference in Singapore** het verbazingwekkende potentieel van machinegestuurd management onthullen, dienen ze ook als een grimmige herinnering aan de onvervangbare kwaliteiten die in ieder van ons schuilen.

Het verhaal dat zich om ons heen ontvouwt is zowel opwindend als verontrustend - een mix van snelle innovatie en diepgaande introspectie. Te midden van het lawaai van geautomatiseerde efficiëntie klopt het menselijk hart nog steeds met een urgentie die geen enkel algoritme kan vastleggen. Elke beslissing die door AI wordt genomen, elk gestroomlijnd proces in een assemblagefabriek **in Detroit of een** bedrijfscentrum in Tokio , dient als bewijs van de onstuitbare kracht van vooruitgang. En toch, onder de indrukwekkende façade van technologische bekwaamheid schuilt een stille smeekbede: om het rommelige, onvoorspelbare genie van onze menselijke geest te koesteren.

Nu ik aan de rand van deze meedogenloze evolutie sta, voel ik me gedwongen om de erfenis die we willen smeden in twijfel te trekken. De emancipatie van repetitieve taken belooft ons te bevrijden voor het nastreven van kunst, innovatie en gemeenschap - een renaissance van persoonlijke creativiteit en passie. Deze bevrijding brengt echter ook zijn eigen uitdagingen met zich mee, die van ons eisen dat we de efficiëntie van machines in evenwicht brengen met de ongrijpbare kwaliteiten die ons bestaan al lang definiëren. Het verhaal is er niet een van loutere vervanging, maar van transformatie - een uitdaging om onze rollen opnieuw te definiëren in een tijdperk dat wordt gedomineerd door digitale logica.

Dus hier zijn we dan, worstelend met een paradigmaverschuiving die de regels van leiderschap, creativiteit en zelfs identiteit herschrijft. Terwijl algoritmes leren, zich aanpassen en steeds meer de leiding nemen over beslissingen die ooit waren voorbehouden aan het menselijke oordeel, worden we met een keuze achtergelaten: onze unieke eigenschappen opgeven of ze met een vernieuwd doel terugvorderen. Te midden van het stille gezoem van datacenters en de meedogenloze cadans van machinegestuurde processen, wordt de oproep om onze creatieve intuïtie en empathische inzichten te behouden steeds urgenter.

Voor degenen onder ons die troost vinden in het onvoorspelbare, die gedijen op de rommelige schoonheid van menselijke creativiteit, is de uitdaging duidelijk: pas je aan met innovatie terwijl je de kwaliteiten beschermt die ons echt levend maken. Of het nu gaat om het opnieuw bedenken van onze carrièrepaden, het smeden van nieuwe allianties of gewoon genieten van de kunst van ongefilterde conversatie, onze taak is om ervoor te zorgen dat de algoritmes, hoe nauwkeurig ook, nooit de polsslag van menselijke vindingrijkheid doven.

Uiteindelijk gaat het verhaal van AI-gedreven ondernemingen niet alleen over de naadloze vervanging van traditionele rollen - het is een evoluerende saga van transformatie en herontdekking. Terwijl ik mijn eigen reis terugvolg van de zonnige tropen van mijn jeugd naar de heilige hallen van elite-Europese instellingen en de meedogenloze gangen van moderne bedrijfsinnovatie, zie ik een weerspiegeling van onze collectieve zoektocht: een uitdaging om succes opnieuw te definiëren, creativiteit te eren en de onvervangbare waarde van de menselijke touch te bevestigen. De meedogenloze opmars van technologie kan een nieuwe koers uitzetten voor de industrie en besluitvorming, maar het echte kompas dat ons leidt, blijft de ontembare geest die niet kan worden gedistilleerd tot louter regels code.

Welkom bij dit moedige hoofdstuk in ons gezamenlijke verhaal: een keerpunt waarop efficiëntie en vindingrijkheid botsen, waarin elke byte aan data echo's van menselijke ervaringen met zich meebrengt en waarin de uitdaging nog steeds bestaat: de belofte van innovatie benutten zonder de hartslag van onze gedeelde menselijkheid op te offeren.

# Hoofdstuk 3: Robotarbeid – Mensen hoeven zich niet aan te melden

Ik groeide op met de ongecompliceerde geneugten van zwemmen, wandelen en pittige potjes badminton, hockey en rugby - momenten van rauwe, ongeplande vreugde die nooit een badge of een klok vereisten. Zelfs in die vroege jaren was er een onderstroom van mogelijkheden die suggereerde dat de grenzen tussen vrije tijd en werk ooit zouden vervagen. Ik herinner me nog steeds de sensatie van het opwinden van een cassette in een **BBC Basic-** computer om **Defender op te starten** - een ritueel dat, op de prille leeftijd van acht, mijn fascinatie voor digitale landschappen aanwakkerde. Dat gepixelde universum was niet alleen een spel; het was een onbedoelde masterclass in hoe technologie onze ervaring van de werkelijkheid opnieuw kon definiëren. Op 16-jarige leeftijd stortte ik me vol overgave op het gamen op de pc. Later, in mijn twintiger en dertiger jaren, brachten titels als **Halo** , **Grand Theft Auto** , **Call of Duty** , **Homeworld** en **Deserts of Karak** me nog steeds naar werelden die net zo leuk waren als een speeltuin. Elk spel bood een poort naar levendige nieuwe verhalen en onbekende uitdagingen.

Die combinatie van jeugdige uitbundigheid en een onverzadigbare nieuwsgierigheid naar technologie leidde me uiteindelijk naar het ondernemerschap, een domein waar verbeelding en lef samenkomen. Ik heb een reputatie opgebouwd als serieel ondernemer in de technologie, en heb ondertussen meer dan 20 bedrijven opgericht. Mijn eerste onderneming, **Digitalfishing** , was een bescheiden webdesignconsultancy die in 1998 werd opgericht toen ik ongeveer 26 was, een rauw experiment in het omzetten van ideeën in tastbare creaties. Kort daarna waagde ik me aan het cultiveren van digitale gemeenschappen met **Creatework** , een freelance hub die ik rond de eeuwwisseling heb opgericht. De explosieve opkomst en daaropvolgende implosie van het dotcomtijdperk hamerde op een harde les: timing kan, net als code, genadeloos onvergeeflijk zijn. Elke onvoorspelbare wending in mijn persoonlijke en professionele reis heeft bijgedragen aan het verhaal dat ik nu deel, een verhaal over arbeid dat verder gaat dan louter fabrieken en hokjes, en in plaats daarvan de brutaliteit van menselijke vindingrijkheid en de gedurfde beslissingen omarmt die ons vooruitstuwen.

Nu we deze radicale verschuiving doormaken, worden traditionele ideeën over werk op zijn kop gezet door een golf van innovatie die onze oude blauwdrukken tart. Nog niet zo lang geleden riep 'harde arbeid ' beelden op van bezwete arbeiders die kratten tillen, hamers zwaaien of meedogenloos assemblagelijnen bemannen - de ruggengraat van bloeiende economieën. Tegenwoordig wordt kracht echter gemeten in circuits en code, met industrieën die worden aangestuurd door silicium, ingewikkelde algoritmen en machines die nooit rusten. Stap binnen in een **Amazon** vervulling center , en je zult getuige zijn van een scène die lijkt te zijn overgenomen uit een techno-thriller: gestroomlijnde, onvermoeibare robots schieten rond met een gratie die kan wedijveren met doorgewinterde artiesten in een ballet met hoge inzetten. Dit zijn geen relikwieën van een vervlogen sciencefictionverhaal; het zijn precisie-ontworpen wonderen, gemaakt door vernieuwers als **Kiva Systems** - een naam die voor altijd in de techgeschiedenis is gegrift sinds de overname door **Amazon** in 2012 - en verfijnd in de meedogenloze smeltkroes van **Silicon Valley** .

Elk item wordt nauwkeurig gevolgd, elk pakket gemeten met een bijna obsessieve nauwkeurigheid die zelfs de meest veeleisende accountant in ontzag zou achterlaten. Stel je een nauwkeurig georkestreerde kolonie voor waar de dirigent geen levend wezen is, maar een ensemble van digitale commando's, die een dans coördineren die zo precies is dat menselijke misstappen in vergelijking belachelijk lijken. Dit is geen loutere speculatie of een vlucht van de fantasie; het is de harde realiteit die moderne arbeid vormgeeft . De evolutie van werk daagt ons nu uit om onze rollen en verantwoordelijkheden te heroverwegen - en dwingt ons om vragen te stellen over doel, creativiteit en het meedogenloze tempo van technologische vooruitgang. Te midden van deze seismische verschuivingen dient mijn reis - gevuld met zowel triomfantelijke innovaties als vernederende tegenslagen - als een bewijs van de transformerende kracht van het omarmen van verandering, hoe onvoorspelbaar en ontzagwekkend het ook mag zijn.

Ik herinner me een tijd waarin vrije tijd en weekenden eindeloze uren betekenden van het najagen van een voetbal in de achtertuin of verdwalen in gepixelde avonturen op lompe consoles, alleen om natuurlijk moe te worden en in slaap te vallen. Dat waren de dagen dat zweet en eeltplekken op handen eretekens waren , en elke schram en blauwe plek een verhaal vertelde van jeugdige durf. Nu, terwijl ik de boog van die zorgeloze momenten naar de hyperefficiënte gangen van geautomatiseerde fabrieken van vandaag volg, openbaart zich een verontrustende ironie: het zweet van menselijke arbeid wordt langzaam vervangen door de non-stop van servo's en processors.

Dus ik betrap mezelf erop dat ik weer terug in de tijd dwaal en denk dat ik niet anders kan dan me verbazen over de sprong van de eenvoud van kinderspelletjes naar een tijdperk waarin elke menselijke taak - van het stapelen van dozen tot het monteren van complexe elektronica - nu wordt georkestreerd door machinale precisie. Deze transformatie is geen simpele upgrade; het is een radicale herziening van hoe we doel en bijdrage waarnemen. De bruisende energie van traditioneel werk, ooit gevuld met menselijk geklets en kameraadschap, maakt nu plaats voor steriele precisie en de onophoudelijke opmars van automatisering.

Stap in een moderne vervulling center is alsof je een futuristische kunstinstallatie binnenstapt. De dagen van logge vorkheftrucks en gehaaste werknemers die tussen de gangpaden heen en weer rennen zijn voorbij; wat overblijft is een rijk waar robotarmen zich met bijna griezelige nauwkeurigheid uitstrekken. In deze faciliteiten hebben **Amazon Robotics** , **Swisslog** en

**GreyOrange** efficiëntie opnieuw gedefinieerd. Elke beweging is een berekende beat in een grote symfonie van algoritmes en sensoren. In plaats van menselijke fouten is er alleen de meedogenloze precisie van geautomatiseerde systemen die volgen, sorteren en verpakken met een koude, mechanische consistentie die zowel betoverend als zenuwslopend is.

Ik herinner me mijn eerste bezoek aan een van deze centra - een uitgestrekt doolhof van transportbanden en metalen aanhangsels. De lucht was geladen met een gevoel van doelgerichtheid, maar ook een onuitgesproken melancholie. Machines voerden hun taken zonder aarzeling uit, waarbij elke beweging tot in de perfectie werd gechoreografeerd. Op dat moment realiseerde ik me dat het menselijke element langzaam werd verdrongen. De vreugde van kameraadschap en de spontane creativiteit van menselijke probleemoplossing werden opzijgezet ten gunste van efficiëntie en output. Toch kon een deel van mij, ondanks de klinische precisie, niet anders dan het gevoel hebben dat er iets diep persoonlijks verloren ging.

Deze mars richting automatisering is niet van de ene op de andere dag ontstaan. Het is ontstaan uit decennia van technologische experimenten en innovatie. In uitgestrekte productiehallen, waar ooit het ruige geratel van handmatige assemblage de boventoon voerde, hebben titanen als **Tesla** de meedogenloze kracht van robotica omarmd. Hun gigafabrieken - monumenten voor de moderne industrie - beschikken nu over robotarmen van industriële stalwarts zoals **KUKA** en **ABB** . Deze machines lassen, verven en assembleren onderdelen met de gratie van een goed ingestudeerd ballet, waardoor er weinig ruimte is voor de genuanceerde fouten van menselijke aanraking. Het is hier dat de visie op efficiëntie - ooit een glimp in de ogen van uitvinders - is getransformeerd tot een onmiskenbare realiteit, waardoor de output naar niveaus is geduwd die ondenkbaar zijn in het tijdperk van door mensen aangestuurde productie.

Toch is dit niet alleen een Amerikaans verhaal. De revolutie heeft haar wortels verspreid over continenten. Toen ik naar het oosten reisde, werd ik getroffen door de delicate wisselwerking van traditie en technologie die de productielandschappen van Japan, Zuid-Korea en China definieert. In Japan, een land dat wordt vereerd om zijn technologische bekwaamheid, zijn bekende namen als **Honda** en **Sony** al lang synoniem voor innovatie. Maar naast het bekende transformeren bedrijven als **Mitsubishi Electric** , **Kawasaki Robotics** en **Epson** in stilte fabrieken in centra van precisie en snelheid. Toen ik door een productiefaciliteit in Tokio liep, zag ik hoe ingenieurs van **Fanuc** en **Yaskawa** systemen demonstreerden die de uitvaltijd bijna halveerden, dankzij adaptieve intelligentie en realtime databewaking. Hun inspanningen gaan niet alleen over het verlagen van kosten; ze gaan over het herdefiniëren van de aard van werk en productiviteit.

In Zuid-Korea is het verhaal net zo overtuigend. De snelle adoptie van automatiseringstechnologieën wordt aangevoerd door bedrijven als **Hyundai Robotics** en **Doosan** , die collaboratieve robots hebben ontwikkeld - liefkozend cobots genoemd - die naadloos samenwerken met menselijke operators. Deze machines zijn ontworpen om menselijke inspanningen te vergroten in plaats van te vervangen, maar de grens tussen vergroten en regelrechte vervanging vervaagt steeds meer. Ondertussen heeft China's agressieve push onder het "Made in China 2025"-initiatief ervoor gezorgd dat industriële giganten als **Siasun** en **Estun Automation** hele productiedistricten hebben getransformeerd in sterk gedigitaliseerde ecosystemen. Het is een adembenemende demonstratie van technologische ambitie, waarbij elke sensor en actuator een rol speelt in een enorm, onderling verbonden productienetwerk.

Zelfs nu automatisering industrieën opnieuw definieert, verspreidt het zijn invloed naar alledaagse ruimtes die ooit duidelijk menselijk waren. Denk aan de ervaring van het aanrijden bij een fastfood drive-thru waar geen glimlachend gezicht meer achter de toonbank staat. In plaats daarvan neemt een door AI aangestuurde kiosk - zorgvuldig ontwikkeld door technologische vernieuwers - het bestelproces over. Op pilotlocaties hebben ketens als **McDonald's** geëxperimenteerd met volledig geautomatiseerde drive-thru-systemen die snellere service en nul bestelfouten beloven. Er zit een vreemde schoonheid in deze gemechaniseerde efficiëntie, maar het heeft een prijs: het verlies van de kleine, menselijke momenten die deze interacties ooit warm en oprecht maakten.

Een paar jaar geleden liep ik zo'n etablissement binnen, nieuwsgierig om deze dappere nieuwe aanpak met eigen ogen te aanschouwen. Ik bestelde een maaltijd en zag hoe een digitaal scherm mijn verzoek verwerkte met een snelheid en nauwkeurigheid die geen ruimte liet voor dubbelzinnigheid. Toch kon ik, terwijl ik zat te wachten op mijn bestelling, niet anders dan een vleugje nostalgie voelen naar de dagen dat een kort gesprek met een vriendelijke ober een verder saaie middag kon opvrolijken. Tegelijkertijd heeft het concept van **Amazon Go-** winkels de winkelervaring volledig opnieuw gedefinieerd. Deze etablissementen doen afstand van de traditionele kassarij en kiezen in plaats daarvan voor een naadloos, sensorgestuurd proces dat automatisch uw account belast als u weggaat. Het is een radicale afwijking van de menselijke interacties die ooit onze winkeltrips markeerden - een transformatie die even opwindend als verontrustend is.

Elke stap in deze automatiseringssaga is verweven met een dieper, complexer verhaal: de verschuivende grenzen van identiteit en doel. Voor velen is werk al lang meer dan een middel om een economisch doel te bereiken. Het is een hoeksteen van persoonlijke identiteit, een bron van trots en een lijm voor de gemeenschap die individuen samenbindt door gedeelde ervaringen. De snelle verdringing van traditionele rollen heeft een crisis veroorzaakt die verder gaat dan financiële instabiliteit. Het daagt het idee uit van wat het betekent om bij te dragen en vervulling te vinden in het leven. In zowel drukke steden als rustige dorpen roept het verdwijnen van vertrouwde rollen - van fabrieksarbeiders tot kassamedewerkers - ongemakkelijke vragen op over eigenwaarde en erbij horen.

Ik zat ooit met een voormalig magazijnsupervisor in Osaka, een stad die bekendstaat om zijn naadloze mix van oude tradities en baanbrekende innovatie. Onder het genot van dampende kommen ramen in een bescheiden eetgelegenheid, verscholen van het neonlicht, vertelde hij over de decennia die hij had besteed aan het perfectioneren van zijn vak in de logistiek. Met stille trots beschreef hij de nauwgezette routines en de hechte gemeenschap die zijn carrière hadden bepaald. Maar toen hij de komst van geautomatiseerde systemen beschreef, werd zijn stem weemoedig. "Na jaren van hard werken, merkte ik dat ik plotseling overbodig was," gaf hij toe, een toon van berusting die door het gesprek heen klonk. Zijn verhaal was een microkosmos van een bredere maatschappelijke omwenteling, een die hele gemeenschappen dwingt om te worstelen met het verlies van hun doel en de noodzaak om hun rol in de maatschappij opnieuw te definiëren.

Academici en beleidsmakers zijn geen vreemden in deze debatten. In symposia die worden gehouden aan gerenommeerde instituten zoals **ETH Zürich** en **Tsinghua University** , hebben de discussies een urgente toon aangenomen. Gerenommeerde economen en sociale theoretici hebben zich gewend tot innovatieve ideeën - waaronder voorstellen voor een universeel basisinkomen - als een mogelijke remedie tegen de ontwrichting die door automatisering wordt veroorzaakt. Voorstanders betogen dat een gegarandeerde toelage degenen die door technologische vooruitgang zijn ontheemd, in staat zou kunnen stellen om creatieve en intellectuele passies na te jagen, waardoor ze worden bevrijd van de beperkingen van monotone arbeid . Tegenstanders waarschuwen echter dat dergelijke maatregelen kunnen leiden tot een culturele stagnatie, waarbij de discipline van gestructureerde werkgelegenheid wordt vervangen door een vacuüm van doelloosheid. Deze debatten benadrukken het koord waarop de maatschappij nu loopt: het in evenwicht brengen van de glimmende beloften van robotische efficiëntie met de ontastbare waarde van menselijke creativiteit en verbinding.

Het verhaal wordt nog gelaagder als we de filosofische onderbouwing van deze transformatie in ogenschouw nemen. Visionairs als **Yuval Noah Harari** hebben gewaarschuwd dat de massale verdringing van geschoolde arbeid sociale onrust kan veroorzaken en ongelijkheid kan verergeren. Zijn waarschuwingen worden herhaald door denkers als **Jeremy Rifkin** , wiens invloedrijke werk over het einde van traditionele arbeid een toetssteen is geworden voor critici van ongecontroleerde technologische vooruitgang. Tegelijkertijd hebben futuristen als **Ray Kurzweil** en **Kevin Kelly** beelden geschilderd van een tijdperk waarin de convergentie van menselijk intellect en machine-intelligentie onnoemelijk creatief potentieel zou kunnen ontsluiten. Hun inzichten, ondersteund door empirische gegevens en voorbeelden uit de echte wereld, dagen ons uit om ons een samenleving voor te stellen die de oude tegenstellingen van arbeid en vrije tijd overstijgt. Toch zijn deze beloften voor velen even ongrijpbaar als verleidelijk - een visie op bevrijding die verleidelijk onbereikbaar blijft.

Het is in deze momenten van existentiële reflectie dat de roep om menselijke augmentatie opkomt. In plaats van te bezwijken onder wanhoop, pleiten steeds meer vernieuwers voor het idee om menselijke vindingrijkheid te combineren met robotprecisie. In laboratoria en start-up incubators van **Universal Robots** in Denemarken tot samenwerkingsinitiatieven in Zuid-Korea, werken ingenieurs onvermoeibaar aan de ontwikkeling van cobots - machines die zijn ontworpen om samen te werken met mensen in plaats van ze te vervangen. Het doel is niet om een scherpe kloof te creëren tussen mens en machine, maar om een partnerschap te smeden dat het beste van beide werelden benut. In dit dappere experiment ontmoet het meedogenloze uithoudingsvermogen van robotica de spontane, fantasierijke vonk die onze aard definieert. De belofte van menselijke augmentatie is een uitnodiging om verloren terreinen van creativiteit terug te winnen en repetitieve taken om te zetten in kansen voor innovatie.

Toch is het pad naar zo'n evenwichtige integratie beladen met onzekerheid. Ik heb vele nachten doorgebracht met mijmeren over de talloze rapporten en studies die de verschuiving van handmatige naar geautomatiseerde arbeid documenteren . Er schuilt een rauwe, ongefilterde realiteit achter de gepolijste façade van technologische vooruitgang - een realiteit waarin hele gemeenschappen worden geconfronteerd met een toekomst van economische ontwrichting en sociale fragmentatie. In regio's als de industriële hartlanden van **Duitsland** en **Japan** dragen ooit bloeiende steden de littekens van snelle industriële herstructurering. Fabrieken die ooit brulden van menselijke energie, staan nu stil, hun hallen echoën van herinneringen aan een vervlogen tijdperk. De afwezigheid van menselijk geklets in deze lege gangen is een grimmige herinnering aan de persoonlijke kosten van vooruitgang.

Toen ik door deze verlaten industriële ruimtes liep, kon ik bijna het spookachtige gefluister horen van arbeiders die ooit hun doel vonden te midden van het gekletter van metaal en het constante ritme van machines. Hun levens, verweven met de trots van vakmanschap en de waardigheid van handarbeid , lijken te verdwijnen onder de meedogenloze vloedgolf van robotachtige efficiëntie. Dit is niet alleen een verhaal over vooruitgang; het is een verhaal over verlies - een verlies dat weerklinkt in vergaderzalen en pauzeruimtes. De menselijke geest, met al zijn gebreken en genialiteit, staat nu tegenover de koude, onverzettelijke logica van algoritmen.

Terwijl hele sectoren deze seismische verschuiving ondergaan, beginnen sommige industrieën te onderzoeken wat er hierna komt. Denk aan de opkomst van servicemodellen die afhankelijk zijn van data-analyse, creatieve probleemoplossing en genuanceerde menselijke interactie - gebieden waar automatisering moeite heeft om de subtiliteiten van emotie en empathie te repliceren. In het kielzog van gemechaniseerde arbeid ontstaan er nieuwe carrières in sectoren die unieke menselijke vaardigheden vereisen: rollen in creatieve strategie, interpersoonlijke zorg en kritisch denken winnen aan populariteit. Hier is de ironie voelbaar: terwijl machines het alledaagse en repetitieve aankunnen, wordt er steeds meer van de menselijke geest verwacht dat hij ideeën genereert die geen enkel algoritme kan voorspellen. Toch brengt deze evolutie zijn eigen uitdagingen met zich mee, aangezien individuen gedwongen worden zichzelf voortdurend opnieuw uit te vinden, verouderde vaardigheden af te werpen en levenslang leren te omarmen in een omgeving waar de regels van betrokkenheid voortdurend worden herschreven.

Ik betrap mezelf erop dat ik deze transformaties overdenk in rustige momenten van introspectie. De nachten zijn lang en gevuld met een rusteloze bevraging van ons collectieve lot. Hoe herijken wij als soort ons gevoel van waarde als de daad van arbeid zelf geen betrouwbare bron van identiteit meer is? De antwoorden zijn niet in steen gebeiteld; ze komen naar voren door de beproevingen en fouten van een maatschappij die gevangen zit in het midden van een radicale herdefiniëring. In gesprekken met voormalige vaklui, ondernemers en academici komt een gemeenschappelijk sentiment naar boven: de behoefte aan een vernieuwd verhaal, een verhaal dat menselijke creativiteit en emotionele veerkracht viert boven louter productiviteitsstatistieken. Het is een verhaal dat het belang erkent van het smeden van verbindingen, het koesteren van passies en het vinden van vervulling in bezigheden die verder reiken dan de grenzen van een conventionele functiebeschrijving.

Ik herinner me een levendig debat op een internationaal forum in **Singapore** - een smeltkroes van ideeën waar thought leaders, technologen en arbeidsactivisten bijeenkwamen om de seismische verschuivingen te bespreken die plaatsvonden. De sfeer was geladen met een mix van opwinding en angst. Een deelnemer, een doorgewinterde econoom van **ETH Zürich** , betoogde dat de meedogenloze drang naar automatisering kon worden aangewend om een renaissance van menselijke innovatie te ontketenen. Maar zelfs terwijl hij de deugden van een bevrijde, creatieve samenleving prees, verraadden zijn ogen de angst voor een onherstelbaar verlies: het verdwijnen van een collectieve werkethiek die gemeenschappen lang had gedefinieerd en een gevoel van doelgerichtheid had bijgebracht. Zijn woorden bleven in de lucht hangen als een spookachtig refrein - een herinnering dat de mars van vooruitgang, hoewel onvermijdelijk, een prijs eist die we allemaal bereid moeten zijn te betalen.

Te midden van deze hoogdravende debatten blijven de praktische implicaties van automatisering door ons dagelijks leven golven. In het stille gezoem van een moderne fabriek, waar elk onderdeel door een machine wordt geplaatst, ligt een onderstroom van existentiële onzekerheid. Ik heb met eigen ogen de glimmende productielijnen van **Hyundai Robotics** en **Doosan** - faciliteiten in **Zuid-Korea gezien** , waar de integratie van cobots traditionele assemblageprocessen heeft gerevolutioneerd . Werknemers die ooit onvermoeibaar werkten, worden nu gedegradeerd tot toezichthoudende rollen, waarbij hun expertise opzij wordt gezet door de meedogenloze precisie van robotachtige tegenhangers. Deze technologische draai dwingt ons om een ongemakkelijke realiteit onder ogen te zien: vooruitgang gaat vaak door, ongeacht de menselijke kosten die het achterlaat.

Toch blijven er te midden van deze meedogenloze mars sprankjes hoop bestaan. De convergentie van menselijke vindingrijkheid en robotische bekwaamheid leidt langzaam tot wat sommigen 'hybride werkmodellen' hebben genoemd. In deze modellen is het doel niet om een tweedeling te creëren tussen mens en machine, maar om hun sterke punten te verenigen tot een samenhangend geheel. In innovatiehubs van **Silicon Valley** tot **Seoul** experimenteren interdisciplinaire teams met manieren om kunstmatige intelligentie in te zetten voor creatieve probleemoplossing en tegelijkertijd de intuïtieve inzichten van menselijke medewerkers te benutten. Het is een delicate dans - een dans die nederigheid, flexibiliteit en bovenal een onwrikbare toewijding vereist om opnieuw te bedenken wat werk kan zijn als de oude paradigma's niet langer de overhand hebben.

Voor degenen onder ons die midden in deze transformatie zitten, is de uitdaging even opwindend als ontmoedigend. Elke nieuwe technologische doorbraak is een tweesnijdend zwaard: aan de ene kant is er de belofte van bevrijding van alledaagse taken; aan de andere kant de harde realiteit van veroudering en verdringing. In persoonlijke gesprekken met ontheemde werknemers en ondernemende risiconemers komt een terugkerend thema naar voren: een gedeelde vastberadenheid om betekenis te vinden in een snel veranderend landschap. Het is deze geest van heruitvinding, deze koppige weigering om uitsluitend gedefinieerd te worden door verouderde productiviteitsmaatstaven, die een sprankje troost biedt te midden van de chaos.

Ik denk vaak na over de paradox die ten grondslag ligt aan onze huidige benarde situatie. De tools die zijn ontworpen om ons te bevrijden van repetitieve sleur, ontdoen ons tegelijkertijd van een kernelement van onze identiteit. De handeling van arbeid , ooit synoniem met doel en trots, wordt geherconfigureerd in een reeks afzonderlijke, algoritmisch beheerde taken. Toch ligt in deze desintegratie de mogelijkheid voor iets geheel nieuws - een kans om de rauwe, onvervalste vreugde van creativiteit te herontdekken, om passies na te jagen die lang zijn onderdrukt door de eisen van conventionele werkgelegenheid.

In de rokerige achterkamertjes (ik wil echt rokerige bacon schrijven, haha, yumm, waar waren we oh ja) van strategievergaderingen en de drukke gangen van tech-expo's, verschuift het gesprek. Het verhaal gaat niet langer alleen over productiviteitswinst en winstmarges. Het gaat steeds meer over het menselijk vermogen om zich aan te passen, om zichzelf opnieuw uit te vinden in het licht van overweldigende verandering. De pioniers van deze transformatie - zowel visionairs als pragmatici - zijn niet tevreden met het simpelweg accepteren van de status quo. Ze zetten actief een koers uit naar een paradigma dat vindingrijkheid, emotionele intelligentie en samenwerking boven de meedogenloze mars van gemechaniseerde efficiëntie stelt.

Ik hoorde over een bijzonder suggestief gesprek met een jonge ondernemer in **San Francisco** die ooit als productiemanager had gewerkt voordat hij zich waagde aan de tech-start-upscene. Hij vertrouwde me toe dat hij, na tientallen jaren te hebben gezien hoe zijn collega's overbodig werden doordat machines het overnamen, een verborgen passie voor kunst en design had ontdekt - een passie die sluimerend was gebleven onder jaren van routine. Zijn verhaal sprak me aan, niet als een op zichzelf staand incident, maar als een symbool van een bredere ontwaking. Hier was een man die, toen hij werd geconfronteerd met de harde realiteit van ontheemding, ervoor koos om in plaats daarvan de onbekende gebieden van zijn creativiteit te verkennen. Zijn reis was een bewijs van de blijvende menselijke geest - een geest die weigert zich te laten binden door omstandigheden en in plaats daarvan troost vindt in transformatie.

Over continenten en culturen heen ontvouwt de impact van deze robotrevolutie zich op talloze manieren. In zowel bruisende stedelijke centra als rustige plattelandsenclaves worstelen gemeenschappen met dezelfde fundamentele vragen. Hoe herdefiniëren we bijdrage als fysieke arbeid niet langer de primaire maatstaf voor waarde is? Hoe behouden we een gevoel van waardigheid en verbondenheid als geautomatiseerde systemen geleidelijk de tastbare, menselijke interacties ondermijnen die ooit onze sociale structuur ondersteunden? Dit zijn geen abstracte bespiegelingen; het zijn urgente, praktische zorgen die worden besproken in bestuurskamers, overheidsgebouwen en intieme familiediners.

Het verhaal dat uit **Tokio** , **Seoul** en **Beijing naar voren komt** , is er een van voorzichtig optimisme gemengd met voelbare bezorgdheid. In hightech onderzoeksfaciliteiten en drukke productielijnen werken experts aan het verfijnen en perfectioneren van systemen die ongekende niveaus van efficiëntie beloven. Maar terwijl ze de grenzen van het mogelijke verleggen, groeit het besef van de onbedoelde gevolgen. Werknemers die ooit trots waren op hun vakmanschap, worstelen nu om hun plek te vinden in een systeem dat snelheid en nauwkeurigheid boven alles waardeert. Het is een transformatie die een afrekening afdwingt met lang gekoesterde overtuigingen over werk, waarde en identiteit - een afrekening die even uitdagend als noodzakelijk is.

En dus, terwijl ik hier zit en deze gedachten op papier zet, dient het gezoem van machines in de verte als een constante herinnering dat verandering niet langer een verre mogelijkheid is - het is onze dagelijkse realiteit. Het landschap van arbeid wordt opnieuw getekend door de vaste handen van automatisering, door systemen die zijn ontworpen om menselijke fouten te elimineren en de output te maximaliseren. In het kielzog daarvan blijft een diep gevoel van zowel verlies als mogelijkheid hangen. De uitdaging is om de onmiskenbare voordelen van deze technologische opleving te benutten zonder de creatieve, rommelige en intrinsiek menselijke kwaliteiten op te offeren die ons eeuwenlang hebben gedefinieerd.

De komende jaren beloven een tijd van diepgaande transformatie te worden - een tijd die gekenmerkt wordt door zowel baanbrekende triomfen als onvoorziene tegenslagen. Terwijl industrieën wereldwijd hun processen herijken om deze vooruitgang te accommoderen, moeten we nadenken over onze eigen plaats in deze veranderende vergelijking. Gaan we terug in een passieve acceptatie van gemechaniseerde routine, of grijpen we de kans aan om onze identiteit te hervormen en opnieuw te definiëren wat het betekent om productief te zijn? Er is geen eenvoudig antwoord, geen netjes verpakte oplossing. Wat echter duidelijk blijft, is dat de keuzes die we in de komende dagen maken, veel verder zullen resoneren dan de grenzen van een enkele fabriek of kantoor. Ze zullen niet alleen onze economieën vormgeven, maar ook de structuur van onze gemeenschappen en de kern van onze individuele identiteiten.

In die rustige momenten tussen werk en reflectie, wanneer de zachte gloed van een monitor de levendige kleuren van een zonsondergang vervangt, vind ik troost in het besef dat menselijke creativiteit niet gemakkelijk te doven is. Zelfs terwijl algoritmes het tempo van de productie dicteren, blijft de vonk van innovatie flikkeren in elke geest die durft te dromen van iets dat verder gaat dan de voorspelbare cadans van automatisering. Het is een vonk die weigert te worden gesmoord, zelfs niet door het meedogenloze gezoem van machines - een vonk die kunst, wetenschap en de eeuwige zoektocht naar betekenis voedt.

Dus hier staan we, aan de vooravond van een nieuw tijdperk dat conventionele wijsheid tart en lang gekoesterde normen uitdaagt. De machines hebben taken overgenomen die ooit de ritmes van ons leven definieerden, waardoor we een blanco lei hebben waarop we het volgende hoofdstuk van ons bestaan kunnen schrijven. Dit is geen klaagzang over wat verloren is gegaan, maar eerder een uitnodiging om de uitgestrekte, onbekende gebieden van creativiteit en doel te verkennen. Het is een oproep tot actie - een pleidooi om het verhaal van ons leven terug te winnen en schoonheid te vinden in de ruimtes die zijn achtergelaten door verdwijnende routines.

In dit zich ontvouwende drama van vooruitgang en verplaatsing is ieder individu zowel acteur als publiek. Het verhaal van onze tijd wordt in realtime geschreven, één robotachtige beweging en menselijke beslissing tegelijk. Er zit een inherente ironie in het idee dat de technologieën die zijn ontworpen om ons te bevrijden van de ketenen van repetitieve arbeid ons ook kunnen dwingen om de diepere vragen onder ogen te zien over wie we zijn en wat we echt waarderen. En terwijl ik deze gedachten opschrijf, word ik eraan herinnerd dat elk tijdperk van verandering een mate van chaos met zich meebrengt - een noodzakelijke turbulentie die, als er zorgvuldig mee wordt omgegaan, kan leiden tot een renaissance van de menselijke geest en creativiteit.

Terwijl u deze pagina's omslaat, beste lezer, laat u dan meeslepen door het verhaal. Omarm het ongemak van onzekerheid, want in die onzekerheid worden de zaden van nieuwe beginpunten gezaaid. Laat de verhalen van geautomatiseerde fabrieken, digitale kiosken en stille winkelruimtes niet dienen als voortekenen van een onvermijdelijke neergang, maar als wegwijzers die ons leiden naar onontgonnen vergezichten van mogelijkheden. De uitdagingen waar we voor staan zijn net zo reëel als complex, maar het menselijk vermogen tot aanpassing en heruitvinding is grenzeloos. We zullen ontdekken dat onze grootste bijdragen niet liggen in de repetitieve taken van vroeger, maar in de ongebreidelde, creatieve energie die ontstaat wanneer we vrij zijn om onze passies zonder beperkingen na te jagen.

Uiteindelijk is het verhaal van automatisering niet alleen een kroniek van technologische vooruitgang - het is een spiegel die onze collectieve aspiraties, angsten en de voortdurende zoektocht naar betekenis weerspiegelt. Terwijl machines de lasten van handmatige arbeid en precisie blijven dragen, blijven we achter met de taak om een leven opnieuw te bedenken dat rijk is aan creatieve bezigheden, betekenisvolle interacties en het onverzettelijke verlangen om een stempel te drukken op het tapijt van de tijd. De reis die voor ons ligt is ongeschreven, de hoofdstukken wachten erop om te worden gevuld door degenen die dapper genoeg zijn om hun bestaan opnieuw te definiëren in een landschap dat is hervormd door de meedogenloze drang naar efficiëntie.

Laat dit een uitnodiging zijn - een strijdkreet voor iedereen die ooit de status quo in twijfel heeft getrokken, die ooit heeft gedurfd om verder te dromen dan de grenzen van routine. Het tijdperk van robotarbeid is geen einde, maar een begin. Het is een uitdaging om technologie niet als een meester te gebruiken, maar als een hulpmiddel om ons menselijk potentieel te vergroten. In elk geautomatiseerd gebaar en elke digitale berekening ligt een kans voor ons om een nieuw pad te banen - een pad dat vindingrijkheid, veerkracht en de rauwe, onvoorspelbare schoonheid van menselijke creativiteit viert.

Haal dus diep adem en ga met mij mee op deze reis van verkenning en heruitvinding. Terwijl we door het labyrint van geautomatiseerde productielijnen, stille winkelgangen en de aangrijpende verhalen van degenen die achterblijven door technologische vooruitgang navigeren, laten we dan niet vergeten dat elk einde slechts het voorspel is van een nieuw begin. De machines hebben misschien de repetitieve taken opgeëist, maar de roep om te creëren, te innoveren en onze plaats in de kosmos opnieuw te definiëren, blijft alleen van ons. In deze voortdurende saga van vooruitgang en transformatie is de enige constante onze onwrikbare vastberadenheid om ons aan te passen, vreugde te vinden in het onverwachte en een toekomst te creëren die de ontembare kracht van de menselijke geest weerspiegelt.

Omarm de uitdaging, benut uw creativiteit en weet dat zelfs terwijl de raderen van automatisering onverbiddelijk draaien, de macht om ons lot vorm te geven stevig in onze handen blijft. Welkom bij dit dappere nieuwe hoofdstuk - een verhaal van verandering, verlies en uiteindelijk wedergeboorte. De keuzes die u in de komende dagen maakt, zullen niet alleen opnieuw definiëren hoe u werkt, maar ook hoe u leeft, verbinding maakt en betekenis creëert. Dit is ons moment om onszelf opnieuw uit te vinden, om boven de steriele precisie van machines uit te stijgen en om het rommelige, briljante, onvoorspelbare tapijt van het menselijk bestaan te vieren.

Laat u in deze onzekere tijden inspireren door het ritme van innovatie. Sta rechtop te midden van het gezoem van robotarmen en het stille gezoem van digitale processen, en bedenk dat elk geweldig verhaal is geschreven door degenen die het aandurven de norm uit te dagen. Terwijl u door de pagina's voor u reist, mag u geen wanhoop vinden in het verlies van traditionele rollen, maar hoop in het eindeloze vermogen tot heruitvinding dat in ieder van ons huist.

Dit is meer dan een kroniek van robotarbeid - het is een bewijs van onze veerkracht, een verhaal dat de rauwe energie van menselijke ambitie viert tegen de achtergrond van meedogenloze technologische vooruitgang. En terwijl u deze pagina's sluit, laat de echo's van deze transformatie in uw gedachten blijven hangen, en moedigt u aan om uw eigen bijdrage aan een wereld die snel zijn oude huid afwerpt, opnieuw te definiëren. De machines nemen veel taken over, maar de vonk van creativiteit, de drang naar innovatie en de zoektocht naar betekenis zijn van ons om te koesteren en te laten groeien.

Welkom in dit tijdperk van transformatie - een tijd waarin de stille mars van geautomatiseerde efficiëntie de gepassioneerde hartslag van menselijk potentieel ontmoet. Samen zullen we door dit onbekende gebied navigeren, nieuwe paden smeden die ons erfgoed eren en tegelijkertijd de belofte van wat voor ons ligt omarmen. Het verhaal ontvouwt zich nog steeds en elke stap die u zet, is een verklaring dat de essentie van creativiteit en verbinding nooit volledig kan worden vervangen door koude circuits en algoritmische precisie.

Terwijl u deze woorden leest, laat de wisselwerking van verleden, heden en opkomende mogelijkheden u inspireren tot een vernieuwde visie voor uw leven. Laat dit een oproep tot wapens zijn, een moment om het opmerkelijke vermogen tot heruitvinding te vieren dat ons definieert. In een landschap dat opnieuw is gedefinieerd door geautomatiseerde precisie, blijft uw unieke vonk van creativiteit het baken dat ons allemaal door de turbulentie van verandering zal leiden. De reis is aan u om te schrijven - levendig, onzeker en onmiskenbaar menselijk.

En dus, terwijl de digitale hartslag van de vooruitgang onvermoeibaar doorgaat, nodig ik u uit om de uitdaging aan te gaan met open ogen en een onverschrokken hart. Stap in dit verhaal van transformatie, waarin elk moment een kans is om uw bijdrage opnieuw te definiëren, elke tegenslag een les in veerkracht en elke triomf een bewijs van de blijvende kracht van menselijke creativiteit. De robots kunnen het zware werk doen, maar het zijn onze passie, onze vindingrijkheid en onze drang om te verbinden die uiteindelijk het verhaal van ons leven zullen vormen.

Dit is niet alleen een kroniek van gemechaniseerde efficiëntie, maar een viering van het grenzeloze potentieel dat ontstaat wanneer we het aandurven om verder te kijken dan de grenzen van traditionele arbeid . Terwijl het gezoem van machines en de stille polsslag van innovatie samensmelten tot een nieuw ritme van bestaan, laten we de uitdaging aangaan om ons lot te herschrijven. Door dit te doen, eren we het verleden terwijl we moedig het onbekende in stappen, klaar om een toekomst te smeden die niet wordt gedefinieerd door wat we hebben verloren, maar door de buitengewone belofte van wat we nog moeten creëren.

Welkom bij deze zich ontvouwende saga - een verhaal van heruitvinding, veerkracht en de onophoudelijke zoektocht naar betekenis. Jouw rol in deze transformatie wordt niet bepaald door silicium of staal, maar door het levendige, steeds veranderende tapijt van je eigen creativiteit. De reis die voor je ligt is even onvoorspelbaar als opwindend, en het is aan jou om vorm te geven met elke gedurfde stap die je zet.

Daar, terwijl de laatste akkoorden van dit verhaal naar de achtergrond verdwijnen, mag u de onmiskenbare waarheid voortzetten dat ons vermogen om ons aan te passen en te innoveren ons meest kostbare bezit blijft. De robotrevolutie heeft misschien de mechanica van arbeid veranderd , maar het heeft ook de deur geopend naar een rijkere, uitgebreidere verkenning van wat het betekent om echt levend te zijn. Laat dat het blijvende refrein zijn - een oproep om niet alleen het gemak van automatisering te omarmen, maar ook de grenzeloze creativiteit en veerkrachtige geest die uniek van ons zijn.

Haal nu diep adem en stap voorwaarts naar het volgende hoofdstuk van je eigen verhaal. De komende pagina's wachten op jouw unieke bijdrage, een verhaal dat zijn eigen levendige tinten zal toevoegen aan dit voortdurend evoluerende mozaïek van menselijke vindingrijkheid. De keuze is aan jou: word je gedefinieerd door de erfenis van oude routines of durf je iets opmerkelijks te creëren uit het ruwe materiaal van de mogelijkheid. In de rustige momenten tussen geautomatiseerde taken, in de ruimtes waar menselijk gelach en creativiteit voortduren, ligt een wereld die wacht om opnieuw gemaakt te worden - een wereld waarin elke daad van heruitvinding een bewijs wordt van ons onverzettelljke verlangen om te gedijen.

Welkom in het nieuwe tijdperk van werk - een verhaal dat niet alleen door machines is geschreven, maar door de onvermoeibare geest van menselijke innovatie. Omarm deze reis met al zijn uitdagingen en kansen, en weet dat elke stap die u zet een verklaring is dat, hoe geavanceerd de technologie ook is, het hart van de vooruitgang klopt in de pols van onze gedeelde menselijkheid.

En zo gaat onze verkenning verder, een kronkelend verhaal dat de spanning tussen de meedogenloze logica van machines en de onvoorspelbare vonk van de menselijke geest vastlegt. Elke pagina van dit zich ontvouwende verhaal is een oproep tot actie, die u aanspoort om opnieuw te definiëren wat het betekent om bij te dragen, te verbinden en te creëren. De keuzes die in deze momenten van transformatie worden gemaakt, zullen door generaties heen weerklinken en niet alleen onze werkplekken, maar ook de structuur van ons leven vormgeven.

Dit is ons verhaal - een verhaal van verlies, van vernieuwing en uiteindelijk van het buitengewone vermogen om onszelf opnieuw uit te vinden, zelfs als het vertrouwde afbrokkelt. De reis is lang en vol onzekerheid, maar ook vol belofte. Het is een verhaal dat, ondanks de koude, precieze mars van geautomatiseerde systemen, fundamenteel blijft over de warmte van menselijke passie en de onophoudelijke drang om onze uitdagingen om te zetten in kansen.

Dus, beste lezer, laat dit verhaal dienen als een spiegel en een baken. Terwijl u deze pagina's sluit en terugstapt in uw dagelijkse leven, bedenk dan dat elk moment een kans is om het gewone te doordringen met een vonk van buitengewone creativiteit. De machines hebben misschien de repetitieve taken overgenomen, maar ze kunnen nooit de chaotische schittering van een menselijk hart vastleggen dat vastbesloten is om betekenis te vinden in elke ademhaling, elke blik, elk moment van verzet tegen de vloedgolf van automatisering.

Welkom bij dit grote avontuur - een reis waar technologie niet de vijand is, maar het podium waarop het drama van het menselijk leven zich ontvouwt in al zijn rommelige, prachtige complexiteit. Het verhaal is aan jou om te schrijven, en de mogelijkheden zijn net zo grenzeloos als je verbeelding.

Bij het formuleren van deze woorden nodig ik u uit om te zien dat het tijdperk van gemechaniseerde arbeid geen klaagzang is voor wat we ooit waren, maar een heldere oproep voor wat we kunnen worden. Het verhaal van automatisering en verplaatsing is niet in steen gebeiteld; het is een open uitnodiging om het grenzeloze potentieel dat in ieder van ons zit opnieuw te definiëren, opnieuw uit te vinden en uiteindelijk te herontdekken. Terwijl u deze ideeën verder uitdraagt, mag u moed vinden in de onzekerheid, schoonheid in de verstoring en een hernieuwd gevoel van doelgerichtheid in de steeds veranderende dans van vooruitgang.

De reis die voor ons ligt is lang en de vragen zijn talrijk, maar weet dit: elke machine, elk algoritme, elk geautomatiseerd proces is een herinnering dat de **ware kracht niet in circuits of code ligt, maar in de ontembare geest die durft te dromen, te innoveren en ten volle te leven** . En dus, met elke dag die voorbijgaat, terwijl robotarmen hun precieze bogen volgen en digitale schermen gloeien met berekende efficiëntie, laten we verenigd staan in onze gedeelde vastberadenheid om verstoring om te vormen tot een canvas van nieuwe beginpunten.

Een verhaal over technologie, over de mensheid en over het buitengewone potentieel dat ontstaat wanneer we ervoor kiezen om kansen te zien te midden van onrust. Het pad is misschien onzeker, maar het is aan ons om het uit te stippelen. Omarm de uitdaging, benut uw creativiteit en stap moedig in een morgen die wacht op uw unieke afdruk.

Jouw reis begint nu.

# Hoofdstuk 4: De door AI aangestuurde Jobpocalypse

Ik had nooit gedacht dat de dagelijkse sleur achter een bureau opeens zo achterhaald zou kunnen lijken als een door paarden getrokken koets op een moderne snelweg. En toch zijn we hier - in een tijdperk beland waarin alles wat ik ooit als vanzelfsprekend beschouwde, opnieuw wordt gemaakt door een meedogenloze kracht: technologie. De transformatie is niet subtiel; het is zo rauw als het debuutalbum van een punkband, die op gedurfde wijze de aannames uitdaagt waar we aan vastklampen over werk, creativiteit en de menselijke geest.

Ik weet zeker dat je je de dagen kunt herinneren dat het idee van een machine die juridische stukken opstelt of levensbedreigende ziektes diagnosticeert, voer was voor kampvuurverhalen of de wilde fantasieën van sciencefictionschrijvers. Pas toen de snelle evolutie van kunstmatige intelligentie en robotica elke denkbare industrie overspoelde, begonnen die grillige ideeën voor onze ogen werkelijkheid te worden. Het verhaal van vooruitgang is veranderd in een snelle achtervolging, waarbij elke doorbraak opnieuw definieert wat het betekent om onze wakkere uren te besteden aan het nastreven van succes - of op zijn minst overleving.

Het begon allemaal subtiel, bijna onmerkbaar. Kantoren die ooit gonsden van het geratel van toetsenborden en het lage gezoem van eindeloze vergaderingen, echoën nu met de stille efficiëntie van machines. Er is een groeiend, verontrustend vertrouwen in de algoritmes die nu contracten opstellen, complexe ziektes diagnosticeren en zelfs artikelen van prijskaliber produceren . Deze systemen, die met onvermoeibare precisie en kostenefficiëntie werken, zijn niet langer louter assistenten. Ze zijn de ruggengraat van hele operaties geworden, waarbij verantwoordelijkheden die ooit dierbaar waren voor menselijke experts, worden verschoven naar koude, onfeilbare regels code.

Denk aan de advocatuur, een vakgebied dat ooit werd vereerd om zijn subtiele kunst van overtuiging en de zorgvuldige interpretatie van eeuwenoude teksten.

Generaties lang werd de advocatuur gezien als het toppunt van menselijk intellect, een ambacht waarbij elke nuance cruciaal was. Toen kwam de revolutie: systemen als **ROSS Intelligence** ontstonden, die geavanceerde machine learning-frameworks gebruikten om enorme digitale archieven uit te kammen, jurisprudentie te identificeren en juridische stukken sneller op te stellen dan welke menselijke paralegal ooit zou kunnen dromen. In eerste instantie lachten velen om het idee - zou een machine de ingewikkelde dans van juridisch redeneren immers echt kunnen vastleggen? Maar toen de efficiëntie van deze tools onmiskenbaar werd, begonnen advocatenkantoren in financiële hoofdsteden over de hele wereld ze te omarmen. Het resultaat was een dramatische verschuiving: de traditionele advocaat, gewapend met jarenlange opleiding en hard bevochten ervaring, zag zijn rol plotseling belegerd door een algoritme dat nooit moe wordt, nooit fouten maakt en niets meer vraagt dan een gestage stroom aan gegevens.

Maar de revolutie hield niet op bij de juridische praktijk. In de steriele gangen van ziekenhuizen en drukke spoedeisende hulpafdelingen voltrok zich iets even buitengewoons. Een baanbrekende studie gepubliceerd in **The Lancet** door onderzoekers van **de Mayo Clinic** onthulde dat een AI-diagnostisch systeem bepaalde vormen van kanker kon detecteren met een nauwkeurigheid die kon wedijveren met , en soms zelfs overtrof, die van doorgewinterde oncologen. Het was een onthulling die decennia van medische traditie uitdaagde. Tijdens de wereldwijde gezondheidscrisis integreerden landen als Zuid-Korea snel AI-gestuurde diagnostische hulpmiddelen in hun protocollen, met name bij het evalueren van röntgenfoto's van de borstkas. Radiologen, ooit de onbetwiste meesters van beeldvorming, werden plotseling gedegradeerd tot toezichthoudende rollen terwijl machine-intelligentie door onderzoeken razendsnel ging, waardoor er weinig ruimte was voor menselijke fouten.

De impact van deze technologieën reikt veel verder dan ziekenhuizen en rechtszalen. Op het gebied van softwareontwikkeling staan programmeurs - die moderne alchemisten die cafeïne omzetten in code - op een kruispunt. Met de komst van door AI aangestuurde codeerassistenten zoals **OpenAI** 's Codex en **GitHub** 's Copilot, wordt de aard van programmeren herschreven. Stel je een tool voor die op commando hele codesegmenten kan genereren, met een precisie die weinig te wensen overlaat. In 2021 vergeleek een bekende technologieanalist de ervaring met het hebben van een deskundige ontwikkelaar die 24/7 beschikbaar is, klaar om in een oogwenk perfecte code te produceren. Het gemak is onmiskenbaar, maar er blijft een knagende vraag bestaan onder velen in de technische gemeenschap: als machines de menselijke creativiteit kunnen overtreffen bij het genereren van code, welke rol blijft er dan nog over voor de ingenieuze vonk van de menselijke geest? Tijdens vakbeurzen zijn er discussies ontstaan, van spannende bijeenkomsten voor ontwikkelaars in Las Vegas tot spraakmakende IEEE-symposia in New York. Het gesprek is daarbij omgeslagen van opwinding naar existentiële angst, omdat programmeurs worstelen met de mogelijkheid dat ze worden gedegradeerd tot toezichthouders van algoritmen in plaats van architecten van innovatie.

Journalistiek, dat nobele ambacht van het blootleggen van de waarheid en het vertellen van de complexiteit van het menselijk bestaan, voelt ook de angel. Nieuwsredacties die ooit bruisten van de passie voor onderzoeksjournalistiek, vertrouwen steeds meer op AI-systemen om routinematige content te produceren. Financiële samenvattingen, sportverslagen en zelfs sommige onderzoeksartikelen worden nu opgesteld met behulp van kunstmatige intelligentie. In 2022 produceerde een gezamenlijk project van **Columbia Journalism School** en een vooraanstaand AI-onderzoeksinstituut onderzoeksartikelen die de grens tussen door mensen geschreven proza en algoritmische assemblage vervaagden. Lezers waren verbaasd over de samenhang en helderheid, maar critici maakten zich zorgen over de subtiele erosie van wat journalistiek menselijk maakt: het instinctieve vermogen om nuances te voelen en de bereidheid om een verhaal te volgen over duistere, onvoorspelbare paden. De vraag blijft hangen: kan een machine echt de kunst van het vertellen van verhalen vastleggen, of zal het simpelweg de warmte van menselijke empathie uit het nieuws dat we consumeren halen?

De creatieve kunsten, ooit beschouwd als de exclusieve speeltuin van de menselijke ziel, zijn niet gespaard gebleven. Er was een tijd dat literatuur, muziek en beeldende kunst werden gezien als heiligdommen van expressie - rijken waar rauwe emotie en de vonk van individueel genie oppermachtig waren. Nu worden zelfs deze heilige gebieden geïnfiltreerd door geavanceerde taalmodellen. Neem **OpenAI** 's GPT-3 en zijn opvolgers: deze systemen kunnen essays, poëzie en gesimuleerde filosofische debatten produceren die de overpeinzingen van gevierde intellectuelen weerspiegelen. Op een creatief symposium in Berlijn onthulde een vertegenwoordiger van een toonaangevend AI-onderzoeksinstituut een verzameling korte verhalen die volledig door een van deze modellen waren gegenereerd. De verhalen riepen echo's op van literaire giganten als Hemingway, Rowling en Orwell, waardoor het publiek zowel verbaasd als verontrust achterbleef door het besef dat de essentie van creativiteit misschien niet langer alleen in handen van mensen lag.

Grafisch ontwerp, een vakgebied dat technische vaardigheden combineert met artistieke visie, heeft een transformatie ondergaan die bijna surrealistisch lijkt. Geavanceerde neurale netwerkmodellen - belichaamd door tools als **DALL-E** en **Midjourney** - kunnen binnen enkele seconden opvallende beelden produceren. Ik herinner me de schok die door de kunstwereld ging toen een door AI gegenereerd schilderij een recordbedrag opbracht op een prestigieuze veiling. De verkoop dwong een herwaardering van het begrip originaliteit en creativiteit af. Op dezelfde manier componeren algoritmen in de muziekwereld symfonieën, pophits en avant-garde soundscapes die conventionele definities van kunst uitdagen. Op **Berklee College of Music** worstelen docenten met de implicaties van het integreren van deze digitale componisten in hun curricula. Zijn deze tools een echte uitbreiding van menselijke creativiteit, of kondigen ze simpelweg de ondergang aan van het nauwgezette, door mensen aangestuurde proces van compositie?

Dan is er nog de bedrijfshiërarchie, waar de mythe van de charismatische, visionaire leider systematisch wordt ontmanteld. Het archetype van de CEO - figuren zoals **Steve Jobs** zijn al lang het uithangbord van menselijke genialiteit en strategische intuïtie. Maar stel je eens een bestuurskamer voor waar de leider helemaal geen charismatische mens is, maar een nauwkeurig ontworpen algoritme. In 2021 testte een middelgroot productiebedrijf in Duitsland een AI-systeem dat was ontworpen om alles te beheren, van toewijzing van middelen tot strategische planning. Het systeem, ontwikkeld door ingenieurs van het **Fraunhofer Instituut** en verfijnd aan de **Technische Universiteit van München** , reduceerde menselijke managers tot louter bemiddelaars tussen ruwe computationele logica en de operationele beroepsbevolking. Op een recente leiderschapstop georganiseerd door de **Wharton School van de Universiteit van Pennsylvania** , merkte een voormalig CEO - nu AI-consultant - met onverbloemde openhartigheid op dat de beste menselijke managers al werden overklast. "Algoritmen worden niet emotioneel", zei hij. "Ze hebben geen koffiepauze nodig en ze nemen al helemaal geen ziektedagen op." Zijn woorden bezorgden veel aanwezigen rillingen over de ruggengraat, waarmee een duidelijke scheiding werd gemaakt tussen het tijdperk van door mensen geleid management en de meedogenloze opmars van digitale precisie.

Ook de financiële sector is getuige van een verontrustende revisie. Beleggingsgiganten zoals **BlackRock** en **Goldman Sachs** experimenteren al lang met algoritmische handel, maar de inzet is nu hoger. Sommige bedrijven testen AI-systemen die niet alleen markttrends analyseren , maar ook cruciale beslissingen nemen over vermogensallocatie en risicobeheer. Op de Global Fintech Summit van 2022 in Londen voorspelde een gerenommeerd econoom van de **London School of Economics** stoutmoedig dat strategische financiële beslissingen binnen tien jaar volledig door algoritmen zouden kunnen worden uitgevoerd. Voor degenen die hun leven hebben besteed aan het aanscherpen van hun oordeel door jarenlange ervaring, is deze prognose even alarmerend als fascinerend. Het idee dat een koude berekening het instinctieve, soms rommelige proces van menselijke besluitvorming zou kunnen vervangen, daagt alles uit wat we geloofden over de waarde van onze ervaringen en ons vermogen om met onzekerheid om te gaan.

In de detailhandel en klantenservice is de aanwezigheid van AI even alomtegenwoordig als efficiënt. Grote multinationale retailers in de Verenigde Staten zijn begonnen met het uitrollen van systemen die de prestaties van werknemers beoordelen, productiviteitsdoelen genereren en zelfs bepalen wie promotie krijgt. Ik herinner me dat ik een werknemer in een podcast hoorde beschrijven - gepresenteerd door een voormalig NPR-journalist - hoe de ervaring van beoordeeld worden door een machine zowel onmenselijk als meedogenloos onpersoonlijk was. Het algoritme woog verkoopcijfers, feedback van klanten en talloze productiviteitsstatistieken, waardoor er geen ruimte was voor de onuitsprekelijke kwaliteiten van het menselijk karakter. Het verlies was voelbaar: de warmte, het mentorschap en de persoonlijke connectie die ooit de relaties op de werkvloer definieerden, werden systematisch vervangen door steriele, numerieke efficiëntie.

Mijn eigen reis door dit snel evoluerende techlandschap was een achtbaan van triomf en tragedie, afgewisseld met momenten van ongebreideld optimisme en verpletterende desillusie. Het begon met een droom - een gedurfde visie om draagbare computers te revolutioneren. Ik richtte **Incoco op** , een bedrijf dat beloofde de manier waarop we onderweg met technologie omgaan opnieuw te definiëren. Net van de universiteit, na het ontwerpen van een draagbare computer als laatstejaarsproject, was ik bedwelmd door de belofte van innovatie. Ik geloofde dat ik op het punt stond een transformatie in de industrie te ontketenen. De aantrekkingskracht was onweerstaanbaar - een combinatie van gestroomlijnde gadgets, briljante ideeën en het pure potentieel van technologie om het dagelijks leven opnieuw vorm te geven.

In het begin vond ik verwante zielen in twee charismatische figuren: **Askier** en **Ayaz** . Ze straalden zelfvertrouwen en charme uit en trakteerden me op verhalen over hun recente triomf - ze verkochten een zoekmachinebedrijf voor een koele £ 2 miljoen. Ze beloofden me in contact te brengen met investeerders en schetsten visioenen van miljoenen aan financiering en lucratieve deals. Hun levensstijl was een verleidelijke cocktail van luxe: dure Mercedes- en Porsche-sportwagens, diners in de meest exclusieve restaurants van Londen en een dagelijks regime van roze champagne dat een verbijsterende £ 1.000 kostte. In mijn jeugdige uitbundigheid werd ik meegesleept in hun verhaal over succes en mogelijkheden. Ik geloofde dat mijn pad voorbestemd was voor glorie.

Maandenlang werd ik overspoeld door een meedogenloze wervelwind van vergaderingen. Ik onderhandelde met enkele van de grootste computerfabrikanten in het Verenigd Koninkrijk en hield 's avonds laat telefonische vergaderingen met ingenieurs in Taiwan, die allemaal toegewijd waren aan het perfectioneren van onze hardwareontwerpen. Ik bracht talloze slapeloze nachten door naast **Stuart Bonsell** , een nauwkeurige 3D-ontwerper uit Noord-Londen, terwijl we werkten aan de behuizing voor ons ingewikkelde computerapparaat. Ondertussen waren **Askier** en **Ayaz** druk bezig met het organiseren van vergaderingen met hoge inzetten met bankiers en potentiële investeerders, waarbij ze me verzekerden dat het geld slechts een kwestie van tijd was. Om de onderneming draaiende te houden, kreeg ik de opdracht om mijn persoonlijke creditcards te gebruiken om de kosten te dekken totdat de investeringen binnenkwamen. Als voormalig e-commercemanager was ik niet onbekend met het jongleren met meerdere kaarten, maar de torenhoge kosten werden al snel onhandelbaar. Eén voor één bereikten de kaarten hun limieten en de aanhoudende interesse - die rond de £ 1.000 per maand schommelde - begon zwaar op me te drukken. In een wrede wending van het lot smolten de verleidelijke beloften van glamoureus succes samen met de bittere realiteit van schulden en financiële ondergang. Uiteindelijk nam ik ontslag bij **Incoco** en de daaropvolgende 12 jaar wijdde ik mezelf aan het afbetalen van die schulden, waarbij ik ongeveer £ 1.700 per maand afbetaalde tot ik uiteindelijk 38 jaar oud was. Het was niet de dramatische ineenstorting van een Hollywood-scenario; het was een langzame, meedogenloze afdaling in een financieel moeras dat mijn begrip van ambitie en falen hervormde.

Zelfs toen ik worstelde met de nasleep van **Incoco** , had het leven nog meer lessen in petto. Mijn volgende hoofdstuk ontvouwde zich bij **Grand Union** , destijds het 10e grootste digitale bureau in Londen. Te midden van de chaos van zakelijke deadlines en creatieve brainstormsessies, stelde het lot me voor aan een vriend uit Maleisië - **Thomas Khor** , liefkozend Kong genoemd. Hij vertelde dat zijn maat, **Stephen Ong** , een brainstormsessie organiseerde over innovatieve internetideeën. De vonk van nieuwsgierigheid laaide weer in me op. **Stephen** en ik kenden elkaar al bijna acht jaar en onze paden kruisten elkaar tijdens mijn reizen in Penang. Ik kon de verleiding niet weerstaan om me aan te sluiten bij een creatieve explosie die beloofde digitale media opnieuw vorm te geven. Gedurende vier intense maanden werkten **Stephen** en ik samen aan een uitgebreid bedrijfsplan voor een internet-tv-onderneming. Toen **Stephen** financiering kreeg van zijn netwerk - die ons project waardeerde op een duizelingwekkende £ 2 miljoen - durfden we te geloven dat onze creatieve gok misschien wel zou lonen.

We richtten ons prille kantoor in met een bescheiden team van zeven, waarbij we alle middelen die we hadden bundelden. Ik heb zelfs al mijn vakantiedagen samengevoegd tot één grote pauze, waarbij ik elk wakker moment besteedde aan het succesvol maken van onze onderneming. Het bedrijf, **Viewmy.tv** , werd in 2006 geboren als een consumentenplatform waarmee mensen live televisie konden kijken van over de hele wereld. Met een interface die was ontworpen voor eenvoud en toegang tot meer dan 3.500 digitale en terrestrische kanalen, duurde het niet lang voordat onze bescheiden startup een verbazingwekkende 6,5 miljoen maandelijkse bezoekers trok en een loyale sociale aanhang opbouwde. De lofbetuigingen stroomden binnen - **BBC Click** noemde ons in december 2009 "Best of Web" en we hadden de eer om in 2007 een invloedrijke lezing te geven over opkomende internet-tv-trends voor een publiek van 180 BBC-medewerkers. In 2010 deelden we zelfs een podium met giganten uit de industrie op de inaugurele internet-tv-conferentie in Georgia. Ondanks de onvermijdelijke ups en downs was de ervaring een diepgaande opleiding in passie, risico en de onvoorspelbare aard van technologiegedreven zakendoen. Uiteindelijk, toen mijn persoonlijke leven me naar nieuwe horizonten bracht - huwelijk, verhuizing naar Singapore - nam ik het hartverscheurende besluit om mijn aandelen in **Viewmy.tv** in 2014 te verkopen.

Omdat ik niet iemand ben die zich permanent laat afschrikken door tegenslagen, vond ik al snel een andere weg om te verkennen. Tijdens een tijdelijke contractfunctie in Singapore begon ik een onderneming tijdens mijn lunchpauze van een uur, waarbij ik probeerde deals te sluiten met reclamebedrijven vanuit de knusse beslotenheid van een plaatselijk café. In eerste instantie bloedde de onderneming geld, maar binnen een paar korte maanden veranderde die kostbare pauze in een lucratieve bron van passief inkomen - ik verdiende meer in een uur dan mijn hele maandelijkse contract. Dit hoofdstuk, net als alle andere in mijn leven, was een mengelmoes van hoop en ontbering. Het leerde me dat innovatie net zo genadeloos als opwindend kan zijn, in staat om ons het ene moment naar duizelingwekkende hoogten te lanceren en ons het volgende moment in wanhoop te storten.

Gedurende deze turbulente ervaringen is één waarheid onweerlegbaar geworden: niets is meer heilig. De nauwkeurige kunst van overtuigend juridisch argumenteren, de genuanceerde intuïtie van een doorgewinterde arts, de nauwgezette creativiteit van een begaafd schrijver - al deze menselijke eigenschappen worden meedogenloos uitgedaagd door een nieuw soort machine. Kunstmatige intelligentie heeft geen interesse in je MBA, je decennialange, met moeite verworven ervaring of die prestigieuze graad van een Ivy League-instelling. Wat het eist, zijn eenvoudige statistieken: datapunten, efficiëntiecijfers en meedogenloze kostenreductie. Het opkomende landschap - een omwenteling die sommigen grimmig de door AI aangestuurde Jobpocalypse hebben genoemd - is er nu en vormt hele sectoren opnieuw met een meedogenloosheid die weinigen hadden verwacht.

De meest aangrijpende voorbeelden van deze verschuiving zijn te vinden in het domein van creatief werk. Het heiligdom van menselijke creativiteit, ooit beschouwd als een onaantastbaar bastion van passie en individuele expressie, wordt nu belegerd door algoritmen. Neem grafisch ontwerp als voorbeeld. Ontwerpers, die jarenlang hun vak hebben geperfectioneerd door intuïtie en oefening, staan nu voor de uitdaging om te concurreren met systemen als **DALL-E** en **Midjourney** . Deze tools kunnen in een oogwenk adembenemende beelden produceren - een proces dat ooit uren, zo niet dagen, van nauwgezet werk vereiste. Toen een door AI gegenereerd schilderij records verbrijzelde op een high-end veiling, werd de kunstwereld gedwongen om ongemakkelijke vragen te stellen over originaliteit en de aard van creatieve waarde. Tegelijkertijd heeft de wereld van muziekcompositie soortgelijke verstoringen meegemaakt. Geavanceerde algoritmen zijn nu in staat om symfonieën, popnummers en experimentele soundscapes te componeren die klassieke muziektheorie combineren met avant-garde digitale experimenten. Instellingen als **Berklee College of Music** worstelen met deze veranderingen en zijn verwikkeld in verhitte debatten over de vraag of dergelijke technologie de menselijke creativiteit vergroot of slechts een voorproefje is van de geleidelijke veroudering ervan.

De bedrijfssfeer, ooit een domein dat werd geregeerd door het menselijke instinct voor leiderschap en visie, wordt ook opnieuw getekend. Decennialang hebben we leiders als **Steve Jobs**, **Jeff Bezos** en **Elon Musk** **verafgood** - iconen wiens persona's synoniem waren met innovatie en gedurfde ambitie. Hun charisma, meedogenloze drive en vermogen tot out-of-the-box denken werden gezien als bewijs dat menselijke vindingrijkheid zogenaamd over elk obstakel kon zegevieren. Nu testen sommige bestuurskamers echter een radicaal nieuw idee: menselijke besluitvorming vervangen door algoritmen die werken zonder vermoeidheid, zonder vooroordelen en zonder afleiding. In een pilotproject bij een productiebedrijf in Duitsland nam een AI-systeem - bedacht door de briljante geesten van het **Fraunhofer Instituut** en verfijnd aan de **Technische Universiteit van München** - de leiding over de toewijzing van middelen, productieplanning en zelfs strategische planning. Op een spraakmakende conferentie georganiseerd door de **Wharton School van de Universiteit van Pennsylvania**, deed een voormalige CEO die nu AI-consultant is een scherpe observatie:

"Als je emoties, vakanties en vooroordelen weglaat, blijft er pure, onvervalste efficiëntie over." Zulke woorden veroorzaakten rimpelingen in de sector en daagden lang gekoesterde overtuigingen uit over de onmisbare aard van menselijk leiderschap.

Zelfs de financiële sector is niet immuun. Beleggingsgiganten als **BlackRock** en **Goldman Sachs** maken al lang gebruik van algoritmes voor handel, maar ze begeven zich nu op terrein dat grenst aan het surrealistische. Sommige bedrijven zijn pioniers op het gebied van AI-systemen die niet alleen markttrends onderzoeken, maar ook beslissingen met hoge inzet uitvoeren met betrekking tot vermogensallocatie en risicobeheer. Op de Global Fintech Summit van 2022 in Londen speculeerde een vooraanstaande econoom van **de London School of Economics** stoutmoedig dat binnen tien jaar cruciale financiële beslissingen volledig door datagestuurde systemen zouden kunnen worden genomen. Voor veel doorgewinterde beleggers is het idee zowel opwindend als angstaanjagend - een herinnering dat het menselijke element in besluitvorming, aangescherpt door tientallen jaren van ervaring en intuïtie, binnenkort wellicht naar een secundaire rol wordt verwezen.

Tegelijkertijd hebben sectoren als de detailhandel en klantenservice de precisie van digitaal toezicht omarmd. Grote retailers hebben systemen geïntroduceerd die de prestaties van werknemers in realtime monitoren, kwantificeerbare doelen stellen en zelfs promoties bepalen op basis van nauwkeurig verzamelde gegevens. Ik luisterde ooit naar een werknemer die zijn ervaring vertelde in een podcast die werd gepresenteerd door een voormalig NPR-journalist. Hij beschreef de verschuiving van mensgerichte evaluaties naar een algoritmisch systeem dat onverschillig was voor persoonlijke omstandigheden - een transformatie die, hoewel efficiënt, de menselijke touch wegnam die ooit ons professionele leven definieerde.

Dus hier staan we, te midden van een tijdperk dat wordt gedefinieerd door een grondige herijking van wat werk inhoudt. Ik heb met eigen ogen de opkomst en ondergang van ondernemingen, de uitbundigheid van innovatie en het verpletterende gewicht van financiële lasten gezien. Elk hoofdstuk van mijn reis is een bewijs van zowel de beloften als de valkuilen van een industrie in constante verandering. Het is een landschap waar menselijke intuïtie voortdurend wordt afgemeten aan de koude, harde logica van algoritmen; waar creativiteit wordt uitgedaagd door digitale precisie; en waar de meedogenloze jacht op efficiëntie dreigt de rommelige, prachtige chaos die ons menselijk maakt, uit te wissen. Ik betrap mezelf erop dat ik nadenk over een vraag die weerklinkt in elke bestuurskamer, elk ziekenhuis, elke studio en elke creatieve ruimte: als elke taak - van het opstellen van juridische documenten tot het componeren van symfonieën - met vlekkeloze precisie door een machine kan worden uitgevoerd, wat blijft er dan voor ons over? Hoe herdefiniëren we onszelf als de maatstaven van succes niet worden gemeten in zweet en tranen, maar in nanoseconden en neurale netwerkberekeningen?

Zelfs terwijl ik deze woorden schrijf, klampt een deel van mij zich vast aan een koppige gloed van hoop - een geloof dat deze seismische verschuiving misschien niet de voorbode is van menselijke veroudering, maar eerder een uitnodiging om onze rollen opnieuw te bedenken op manieren die de traditionele definities van werk overstijgen. Visionairs als **Yuval Noah Harari** hebben bedacht dat de ontbinding van conventionele rollen ons misschien zou kunnen bevrijden om de diepere aspecten van cultuur, kunst en gemeenschap te verkennen. Misschien ontdekken we nieuwe vormen van vervulling die net zo onvoorspelbaar en onhandelbaar zijn als de menselijke geest zelf.

Als ik terugkijk op mijn eigen reis - van de oogverblindende beloften van draagbare computers met **Incoco** tot de bitterzoete herinneringen aan **Viewmy.tv** , en zelfs de bescheiden drukte van een lunchpauze van een uur die een reddingslijn werd - zie ik een patroon. Het verhaal van vooruitgang is zelden een lineaire stijging. Het is een turbulente, rommelige en vaak tegenstrijdige ervaring waarbij momenten van torenhoge triomf onveranderlijk verweven zijn met episodes van flagrante mislukking. De meedogenloze opmars van technologie is onverschillig voor onze dromen of onze misstappen; het beweegt vooruit met de onverbiddelijke precisie van een machine die zijn koers opnieuw kalibreert.

Ik heb momenten meegemaakt waarop innovatie voelde als een tweesnijdend zwaard - het kon ons het ene moment naar duizelingwekkende hoogten tillen, om ons het volgende moment met de harde gevolgen te laten worstelen. Elke doorbraak in kunstmatige intelligentie bracht een dubbele belofte met zich mee: de bevrijding van saaie, repetitieve taken en de dreigende dreiging dat menselijke expertise overbodig zou worden. Elke keer dat ik zag dat een AI-systeem een menselijke tegenhanger overtrof - of het nu ging om het opstellen van een juridisch betoog, het diagnosticeren van een levensbedreigende aandoening of het genereren van foutloze code - kon ik het niet laten om me af te vragen of het menselijke element binnenkort een bijzaak zou worden, een vreemd overblijfsel uit een vervlogen tijdperk.

Nu, terwijl ik in de stilte van mijn studeerkamer zit - een kamer vol herinneringen aan vroegere triomfen en mislukkingen - zie ik de onmiskenbare stempel van technologie op elk facet van ons leven. De machines vieren onze mijlpalen niet; ze registreren alleen de gegevens, herberekenen waarschijnlijkheden en leveren resultaten met meedogenloze efficiëntie. De vonk van menselijke passie, de rommelige onvoorspelbaarheid van onze creatieve impulsen, blijft iets dat nog geen enkel algoritme volledig heeft weten vast te leggen. Toch blijft de vraag: kunnen wij, de architecten van ons eigen lot, nieuwe manieren vinden om dit creatieve potentieel te benutten in het licht van meedogenloze automatisering?

In de wandelgangen van de academische wereld zijn de discussies even geladen. Bij instituten als **Carnegie Mellon University** en **University of Oxford** debatteren onderzoekers niet alleen over de technische voordelen van AI-systemen, maar ook over de ethische dimensies van het overdragen van cruciale verantwoordelijkheden aan machines. Hoe zorgen we ervoor dat deze systemen, naarmate ze steeds capabeler worden, op manieren worden ingezet die de waarden beschermen die we koesteren? Het debat gaat net zo goed over de rol van menselijk oordeel als over efficiëntie - een strijd tussen de koude metriek van data en de onvoorspelbare, zielvolle nuances van menselijk inzicht.

Te midden van deze ingrijpende transformaties is er een onmiskenbare ironie. Terwijl AI-systemen records blijven breken in efficiëntie - ze werken de klok rond zonder een spoor van vermoeidheid - kunnen ze, door hun aard, de rommelige, onvoorspelbare schoonheid van het menselijk bestaan niet begrijpen. Ze dromen niet. Ze voelen geen teleurstelling als plannen mislukken, noch genieten ze van de stille triomf van het overwinnen van een persoonlijke uitdaging. In plaats daarvan bestaan ze als de ultieme instrumenten van berekening, onverschillig voor de passies en dromen die ons ooit tot innovatie dreven.

Ik denk dat wat mij gaande houdt de hoop is dat we opnieuw kunnen definiëren wat werk voor ons betekent - voorbij de nauwe grenzen van efficiëntie en productiviteit. Misschien ligt er in dit snel veranderende landschap een kans om delen van onszelf te herontdekken die begraven zijn onder lagen van routine en verwachting. De technologie die ooit beloofde ons te bevrijden van sleur, kan ons, met tijd en vindingrijkheid, in staat stellen om creatieve bezigheden, filosofische vragen en echte menselijke connectie te verkennen. Zelfs als de balans nu gevaarlijk lijkt, is er ruimte voor optimisme als we het aandurven om onze rollen in dit dappere nieuwe hoofdstuk opnieuw te bedenken.

Dus terwijl ik deze reflecties schrijf, nodig ik u uit om met mij mee te gaan op deze reis - een reis die even onvoorspelbaar als onvermijdelijk is. We leven in een diepgaande transformatie die elk idee van wat werk zou moeten zijn, uitdaagt. Het is een transformatie die bruut is in zijn efficiëntie, maar vreemd genoeg poëtisch in zijn implicaties. De algoritmes herschrijven misschien het regelboek, maar het blijft onze verantwoordelijkheid om te bepalen of we passieve subjecten worden in hun berekeningen of actieve auteurs van onze eigen verhalen.

Ik heb gezien hoe technologie gevestigde carrières ontmantelde en industrieën op zijn kop zette, alleen om nieuwe vormen van innovatie te ontketenen die ons dwingen onze identiteit als makers, besluitvormers en dromers in twijfel te trekken. En hoewel machines uitblinken in het verwerken van data en het uitvoeren van taken zonder aarzeling, laten ze ons achter met één cruciale vraag: als elke taak door een algoritme kan worden uitgevoerd, waar vinden we dan betekenis? Misschien in de ruimtes tussen de datapunten, in de momenten van creatieve rebellie en in de gedeelde menselijke ervaring die geen enkele machine ooit volledig kan repliceren.

Het landschap verandert, en daarmee ook de structuur van ons dagelijks leven. Maar terwijl ik de contouren van mijn eigen verleden traceer - een wandtapijt geweven met ambitie, falen en meedogenloze volharding - blijf ik ervan overtuigd dat er een plaats is voor de menselijke geest, zelfs te midden van de opkomst van de machine. Het is een geloof dat niet geboren is uit blind optimisme, maar uit de harde lessen die zijn geleerd uit jaren van strijd en een diepe waardering voor de onvoorspelbare aard van het leven. De innovaties die we vandaag de dag zien, kunnen de mechanica van ons werk veranderen, maar ze kunnen de rusteloze vonk die ons dwingt om te creëren, te verbinden en te dromen, niet doven.

Uiteindelijk is het verhaal dat zich voor ons ontvouwt niet een van wanhoop, maar van transformatie - een oproep om onze rollen te herdefiniëren in een landschap dat razendsnel evolueert. Als ik naar morgen kijk, zie ik niet alleen de koude efficiëntie van algoritmes, maar ook de mogelijkheid van een nieuw begin - een kans om onze menselijkheid te bevestigen, zelfs terwijl we de vooruitgang omarmen die belooft ons bestaan opnieuw vorm te geven.

Dit is ons moment van afrekening. De revolutie is al gaande, met AI-systemen die in stilte de spelregels in elke sector herschrijven. Van de steriele precisie van diagnostische tools bij **Mayo Clinic** tot de code-slingerende bekwaamheid van assistenten van **OpenAI** en **GitHub** , van de elegant algoritmische canvassen geproduceerd door **DALL-E** en **Midjourney** tot de meedogenloze logica die bestuurskamers van bedrijven bestuurt, elke sector wordt getransformeerd op manieren die de traditionele wijsheid tarten. En hoewel sommigen deze veranderingen misschien zien als een voorbode van veroudering voor de menselijke beroepsbevolking, kies ik ervoor om ze te zien als een katalysator voor heruitvinding.

We staan op een kruispunt, niet gedefinieerd door achterhaalde ideeën over werk of beperkt door de beperkingen van ons verleden, maar gesteund door het potentieel om onze rollen opnieuw vorm te geven in een maatschappij die zowel efficiëntie als de onvoorspelbare magie van menselijke creativiteit waardeert. Het is aan ons om te beslissen hoe we door deze turbulente transitie navigeren - om ons verhaal terug te winnen en te beweren dat de menselijke geest, met al zijn chaos en schoonheid, nog steeds een vitale rol te spelen heeft.

Bij elke tegenslag, elk gebroken hart en elke triomf heb ik de blijvende waarheid gezien dat technologie de tools die we gebruiken kan veranderen, maar niet het volledige spectrum van menselijke emotie, creativiteit en veerkracht kan vastleggen. De reis die voor ons ligt, is misschien beladen met onzekerheid, maar ook met mogelijkheden - een kans om een nieuwe koers uit te zetten waarbij de machines het alledaagse afhandelen terwijl wij ons richten op de betekenisvolle, de transformerende en de prachtig onvoorspelbare aspecten van het leven.

Terwijl ik dit hoofdstuk van reflectie afsluit, word ik eraan herinnerd dat ondanks de meedogenloze aanval van data en digitale efficiëntie, de essentie van onze ervaring geworteld blijft in ons vermogen om te voelen, te dromen en iets te creëren dat louter berekeningen overstijgt. Het is deze zeer menselijke kwaliteit - een mix van imperfectie, passie en hoop - die uiteindelijk onze plaats in dit evoluerende verhaal zal definiëren.

Ik nodig u uit, beste lezer, om deze transformatie te omarmen met een mix van scepsis en verwondering. Laten we door deze onbekende wateren navigeren met dezelfde stoutmoedigheid die ons keer op keer heeft gedreven om nieuwe grenzen te veroveren. De weg vooruit is onzeker en de algoritmes kunnen het ritme van handel, gezondheidszorg, recht en kunst dicteren - maar ze kunnen niet de hartslag, de vonk van onze creativiteit of de wilde, onbedwingbare essentie van ons wezen dicteren.

Op deze pagina's hebben we nog maar het topje van de ijsberg gezien van een revolutie die elk aspect van ons werk en leven herschrijft. Moge onze gezamenlijke reis niet worden gedefinieerd door berusting, maar door de gedurfde trotsering van een geest die weigert zich te laten inperken door efficiëntiemetingen of gestroomlijnd door code. Laat dit een verhaal van herontdekking zijn - een verhaal waarin we leren de koude, onverzettelijke precisie van technologie in evenwicht te brengen met de felle, onvoorspelbare schoonheid van de menselijke ziel.

En dus, terwijl we verdergaan in onbekend gebied, blijf ik vastbesloten om het gesprek gaande te houden, om de rauwe waarheden te delen van een wereld die is getransformeerd door technologie, en om ons allemaal eraan te herinneren dat, hoe geavanceerd onze tools ook worden, er altijd een plek zal zijn voor de rommelige, levendige pols van de mensheid. De revolutie is niet het einde - het is gewoon een nieuw begin, een begin dat ons uitdaagt om opnieuw te definiëren wat het betekent om te werken, te leven en echt te leven.

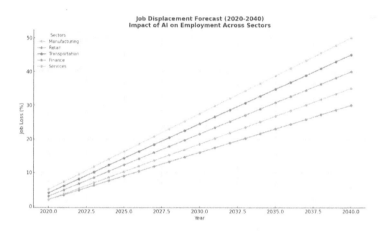

De machine kan foutloze juridische stukken produceren, symfonieën componeren waar zelfs de meest verveelde maestro van zou huilen, en artikelen uitwerken met de precisie van een doorgewinterde journalist. En toch zal het nooit begrijpen waarom een onhandige grap ons aan het lachen maakt of waarom een enkele traan luider kan spreken dan duizend welsprekende woorden. Er zit een rauwe, ongeprogrammeerde kwaliteit in het menselijk leven - een chaotische mix van passie, ironie en rauwe emotie - die geen enkele assemblage van siliciumchips ooit kan nabootsen. Die ongrijpbare vonk van imperfectie is ons grootste bezit, een geheim ingrediënt dat leven blaast in onze misavonturen en tegenslagen.

Stel je een tijd voor waarin we moesten vechten voor elke centimeter vooruitgang, een periode gekenmerkt door slopende uren, meedogenloze tegenslagen en de voortdurende jeuk om te bewijzen dat we meer waren dan alleen radertjes in een eindeloze machine. Nu de technologie als een ongebreidelde hengst vooruit galoppeert, dwingt het ons om een verbijsterende vraag onder ogen te zien: hoe overleven we de aanval van nauwkeurig ontworpen efficiëntie? Het gaat er niet om de koude, meedogenloze logica van onze digitale opvolgers uit te dagen; het gaat er eerder om hun griezelige nauwkeurigheid opnieuw te gebruiken om ons te bevrijden van de zielvernietigende monotonie van routine. Stel je een leven voor waarin de sleur van het invoeren van gegevens en eindeloos papierwerk naar de achtergrond verdwijnt, waardoor er ruimte overblijft voor kunst, verbinding en de pure vreugde van gewoon zijn.

Ik herinner me de begindagen bij **Incoco** en de duizelingwekkende, rauwe energie van het bouwen van iets uit het niets bij **Viewmy.tv** . Elke tegenslag was een les, elke overwinning een vluchtige glimp van wat mogelijk zou zijn als we het aandurfden om verder te dromen dan de veilige grenzen van het voorspelbare. In die tijd ging innovatie niet alleen over het benutten van technologie - het ging over het doordringen van elk project met hart en humor , het omzetten van mislukkingen in opstapjes en alledaagse routines in momenten van rebellie. Die geest van meedogenloos experimenteren en vastberadenheid is iets dat geen enkel algoritme, hoe geavanceerd ook, ooit kan vastleggen.

De gangen van de macht van het bedrijfsleven - van glimmende wolkenkrabbers in **New York** tot de bruisende zakenwijken van **Tokio** - echoën nu niet alleen discussies over winst en efficiëntie, maar ook over de seismische verschuivingen die door ons professionele leven golven. Titanen als **Google** en **Goldman Sachs** hebben miljarden op het altaar van kunstmatige intelligentie gegooid, weddend dat machines het zware werk van besluitvorming en data-analyse kunnen doen. Maar achter de gepolijste presentaties in de bestuurskamer liggen verhalen over echte menselijke kosten. In de periode van 2023 en de eerste maanden van 2024 begonnen zowel **Google** als **Amazon** met grootschalige ontslagen, waarvan de aantallen opliepen tot honderdduizenden in verschillende sectoren van de technologie. In de drukke IT-corridors van India verdwenen tussen 2022 en april 2024 meer dan 500.000 banen, omdat bedrijven zich radicaal op automatisering richtten. Aan de andere kant van de Atlantische Oceaan lieten gegevens van januari 2025 zien dat de werkloosheid in de IT-sector in de Verenigde Staten steeg van 3,9% in december 2024 naar 5,7% in de daaropvolgende maand. Dit is een duizelingwekkende stijging, waardoor ongeveer 54.000 vakmensen op zoek moesten naar nieuwe banen.

Maar voor elk gesloten kantoor en elke ontslagen werknemer ontstond er een parallel verhaal - een verhaal van heruitvinding en onverwachte kansen. Terwijl grote bedrijven hun strategieën herijkten rond geautomatiseerde efficiëntie, verdiepten academische instellingen en onderzoekscentra zoals **Oxford** en **Cambridge** zich diep in de mechanica van deze technologische metamorfose. In de collegezalen en debatforums worstelden professoren en wetenschappers met de implicaties van AI-gestuurde automatisering, waarbij ze de impact ervan op de maatschappij ontleedden met een mix van technische scherpzinnigheid en filosofische verwondering. Op evenementen zoals de **Global Fintech Summit** in Londen en de luidruchtige maar boeiende **IEEE**-symposia in San Francisco presenteerden experts gegevens die zowel de potentiële voordelen onderstreepten - zoals een explosieve productiviteit en gestroomlijnde operaties - als de enorme menselijke kosten, waaronder wijdverbreide banenverplaatsingen en de dringende behoefte aan uitgebreide omscholingsprogramma's.

Niet alleen de private sector voelde de schokken. Ook de machtscentra in overheidsinstellingen ondergingen radicale transformaties. Beleid dat werd ingevoerd tijdens de **regering van Trump** , later gesteund door figuren als **Elon Musk** via initiatieven onder leiding van het **Department of Government Efficiency (DOGE)** , luidde een nieuw tijdperk van bureaucratische hervormingen in, wat een aantal grote hoofdpijnen met zich meebracht voor de mensen die hun baan verloren. Federale agentschappen bevonden zich in de frontlinie van deze revolutie. Begin maart 2025 hadden instanties als de **General Services Administration (GSA)** hele afdelingen, zoals de 18F-eenheid, ontbonden in naam van efficiëntie. Naast deze drastische maatregelen ondergingen organisaties zoals het **Department of Education** en het **Consumer Financial Protection Bureau** ingrijpende reorganisaties, waarbij AI-tools in elk aspect van hun activiteiten werden geïntegreerd. Deze initiatieven, ontworpen om budgetten te snoeien en redundanties te elimineren, leidden tot verhitte debatten over de erosie van institutionele wijsheid en de mogelijke degradatie van de kwaliteit van de openbare dienstverlening.

De cijfers zijn verbijsterend en schetsen een beeld van zowel ongekende ontwrichting als onvoorstelbare kansen. Een rapport van **Goldman Sachs** uit 2023

voorspelde dat meedogenloze ontwikkelingen in AI tot
wel 300 miljoen fulltimebanen overbodig zouden kunnen
maken tegen 2030 - een voorspelling die misschien lijkt
op het gezwets van een techno-dystopische profeet.
Toch is deze onheilspellende voorspelling niet alleen
een speculatieve alarmbel; het is een duidelijke oproep
om onze rol in een maatschappij die steeds meer wordt
gedomineerd door automatisering opnieuw te
onderzoeken. Tegelijkertijd onthulde een onderzoek van
het **World Economic Forum** een fascinerende
dichotomie: terwijl ongeveer 41% van de bedrijven van
plan was om hun personeelsbestand te verminderen in
gebieden die vatbaar zijn voor automatisering, was
maar liefst 77% tegelijkertijd bezig met het opvoeren
van initiatieven om hun personeel op te leiden voor
samenwerking met AI. Deze dualiteit - de gelijktijdige
opmars van banenverlies en de investering in menselijk
kapitaal - benadrukt een paradox in het hart van ons
technologische tijdperk. Automatisering is geen
monolithische kracht voor vernietiging; het is eveneens
een katalysator voor transformatie, die ons aanzet tot
het kiezen voor functies die creativiteit, strategisch

inzicht en dat al te menselijke vleugje empathie vereisen.

Te midden van een maatschappij die in de greep is van een stille, meedogenloze omwenteling, ontstaat er een verhaal dat net zo rauw en compromisloos is als de tijd waarin we leven. De gestage opmars van AI en automatisering is niet alleen een reeks mechanische verbeteringen - het is een seismische verschuiving die de manier waarop we werk en onze plaats daarin begrijpen, opnieuw definieert. Denk aan de harde realiteit: het **Amerikaanse ministerie van Onderwijs** bereidt zich voor om de helft van zijn personeelsbestand te schrappen, een stap die boekdelen spreekt over de onverzettelijke drang naar efficiëntie. Bijna de helft van alle bedrijven, 41% om precies te zijn, bereidt zich voor op personeelsreducties tegen 2030, aangezien AI belooft lagen van traditionele werkgelegenheid weg te halen. Zelfs de heilige hallen van **Wall Street** bereiden zich voor op een klap - 200.000 banen zullen naar verwachting verdwijnen als de digitale vloedgolf zijn recht opeist.

Maar terwijl deze getallen groot en ontmoedigend lijken, blijft de menselijke ervaring bestaan in zijn uitdagende, onvoorspelbare glorie. Op drukke trottoirs en in de levendige hoeken van stedelijke cafés zijn er momenten die alle algoritmische berekeningen tarten - een gedeelde lach tussen vreemden, een impulsieve uitbarsting van creativiteit die wordt aangewakkerd door het alledaagse, of de stille vastberadenheid van een kunstenaar wiens werk net zozeer over het proces gaat als over de uiteindelijke creatie. Het is in deze spontane, rommelige momenten dat we onze ware waarde vinden, een waarde die niet kan worden gedistilleerd in spreadsheets of code.

Dit is een verhaal van transformatie, niet van overgave. De technologische juggernaut luidt niet het einde van de menselijke inspanning in , maar roept in plaats daarvan op tot een grondige heruitvinding van onze rollen. De nauwkeurige, systematische logica van AI excelleert misschien in repetitieve taken, maar mist de chaotische genialiteit die echte innovatie aanwakkert. De bedrijfsleiders van vroeger tot nu toe bouwden allemaal hun imperiums op deze onvoorspelbare menselijke vonk, een kwaliteit die geen enkele machine ooit kan evenaren, maar nu de oude garde van werkgelegenheid afbrokkelt, is er een onmiskenbare oproep om de precisie van digitale systemen te benutten als een springplank voor creativiteit in plaats van als een arbiter van ons lot.

De druk is voelbaar. Industrieën die ooit floreerden op de menselijke touch, worden nu geconfronteerd met een brute afrekening nu automatisering toeslaat met klinische efficiëntie. De ontslagen en ontslagen zijn niet alleen abstracte getallen - ze vertegenwoordigen ontwrichte levens, ontmantelde carrières en een collectieve angst die door gemeenschappen golft. Voor degenen die tientallen jaren hebben gewijd aan het onder de knie krijgen van hun vak, is de harde realiteit dat de basis van hun expertise wordt uitgedaagd door algoritmen die nooit slapen. Toch is er te midden van deze omwenteling een kans om de diepe reservoirs van veerkracht te herontdekken die ons definiëren als mens.

Deze periode van ontwrichting dwingt ons om ongemakkelijke vragen te stellen: hoe herdefiniëren we onze identiteit als rollen die we ooit vereerden van de ene op de andere dag overbodig worden? Het antwoord, hoewel complex, ligt in ons vermogen om onszelf opnieuw uit te vinden. Het is geen kwestie van weerstand bieden aan de onvermijdelijke golf van vooruitgang, maar van het omarmen van een vloeiender, dynamischer begrip van werk - een begrip dat creativiteit, empathie en het onvoorspelbare ritme van menselijk denken waardeert. Het initiatief om werknemers opnieuw te scholen en te trainen, gesteund door visionaire organisaties en weerspiegeld in studies van groepen als het **World Economic Forum** , onderstreept een kritische wending. In plaats van vast te houden aan verouderde modellen, is er een groeiende erkenning dat menselijke vindingrijkheid en machine-efficiëntie niet met elkaar in strijd hoeven te zijn, maar in plaats daarvan kunnen samengaan in een synergetische dans.

In rustigere momenten van reflectie - wanneer het constante gezoem van digitale innovatie overgaat in een beschouwende stilte - ontstaat er een helderheid die zowel nederig als inspirerend is. De meedogenloze zoektocht naar efficiëntie, belichaamd door koude, klinische datapunten, staat in schril contrast met het rommelige, levendige tapijt van het menselijk leven. Het is in onze kwetsbaarheid, ons vermogen om fouten te maken en ons vermogen om te dromen voorbij de beperkingen van de logica dat we onze ware kracht vinden. Het verhaal is er niet een van nederlaag, maar van een moedige transformatie. Het is een oproep om los te breken van de beperkingen van rollen die ons niet langer dienen en om ruimtes te creëren waar de menselijke geest kan floreren zonder belemmering door routine.

De ingrijpende veranderingen op de arbeidsmarkt zijn een bewijs van het verschuivende paradigma van onze tijd. Terwijl de digitale revolutie de oude orde ontmantelt, legt het ook de basis voor een renaissance - een heropleving van rollen die de unieke menselijke kwaliteiten van passie, empathie en creativiteit waarderen. Stel je voor dat je de beperkingen van de traditionele negen-tot-vijf-baan inruilt voor een leven zonder monotone taken, waarin elke dag een canvas is dat wacht op de penseelstreken van innovatie. De rol van technologie verandert in deze context dramatisch en evolueert van een rigide heerser naar een bevrijder die nieuwe rijken van mogelijkheden ontsluit. Het daagt ons uit om niet alleen te herdefiniëren wat we doen, maar ook wie we zijn wanneer we ontdaan worden van de voorspelbare routines die onze professionele identiteit lang hebben gedefinieerd.

Toch verloopt de overgang allesbehalve soepel. De kosten van automatisering zijn tastbaar en vaak pijnlijk. De ontwrichting van lang gevestigde carrières, het abrupte verlies van professionele identiteiten en de emotionele tol van het worden weggegooid door systemen die zijn gebouwd op efficiëntie, zijn diepe littekens. De verhalen van degenen die door technologische verandering zijn verdrongen - ooit gewaardeerde experts in hun vakgebied - dienen als een ontnuchterende herinnering dat vooruitgang vaak een hoge menselijke prijs heeft. De ontslagen bij grote instellingen zijn niet alleen statistieken die moeten worden verwerkt; ze zijn de ontwarring van levens die nauw verweven zijn met het weefsel van onze samenleving.

Toch is er een veerkrachtige trots in het aangezicht van deze tegenspoed. Elke baan die verloren gaat, draagt het zaad van potentiële wedergeboorte in zich - een oproep om je pad opnieuw te bedenken en te hervormen met hernieuwde kracht en een onwrikbaar geloof in de transformerende kracht van creativiteit. Het is in de daad van opstaan na een val dat de ware maatstaf van onze geest wordt onthuld. Terwijl we door deze turbulente tijden navigeren, ontstaat er een collectieve vastberadenheid om een koers uit te zetten die niet wordt bepaald door de koude logica van automatisering, maar door de warme, chaotische polsslag van menselijke ervaring.

Dit hoofdstuk dat zich ontvouwt, gaat net zo goed over aanpassing als over evolutie. Het nodigt ons uit om het verhaal van ons werkleven terug te claimen, de imperfecte schoonheid van menselijke inspanning te vieren en nieuwe paden te smeden die onze inherente behoefte aan verbinding en creativiteit eren . De meedogenloze opleving van AI en automatisering kan de grenzen van wat mogelijk is opnieuw trekken, maar het kan de ontembare vonk die onze verbeelding voedt niet doven. Het verhaal van dit tijdperk is er niet een van berusting - het is een oproep om de essentie van wat het betekent om mens te zijn opnieuw te bedenken, opnieuw uit te vinden en opnieuw te betrekken.

Uiteindelijk is de transformatie die door sectoren heen raast een spiegel die aan onze collectieve ziel wordt voorgehouden. Het dwingt ons niet alleen om de harde realiteit van banenverdringing en economische ontwrichting onder ogen te zien, maar ook de tijdloze waarheden over ons vermogen tot heruitvinding. Elke uitdaging die de digitale revolutie met zich meebrengt, is een uitnodiging om onze sterke punten te herontdekken, succes te herdefiniëren in termen die louter productiviteit overstijgen en een toekomst te omarmen die is vormgegeven door passie, creativiteit en de onophoudelijke drang om betekenis te vinden in een snel veranderend landschap.

| Sector Impact Matrix | Low Opportunity | High Opportunity |
|---|---|---|
| **High Vulnerability** *(Industries at high risk of AI automation)* | **Manufacturing** (assembly line jobs), **Retail** (cashiers, store clerks), **Transportation** (truck drivers, taxi services), **Administrative Work** (data entry, clerical jobs) | **Financial Services** (automated trading, AI-driven risk analysis), **Customer Support** (AI chatbots, automated help desks), **Legal Services** (AI contract analysis, document review), **Healthcare Diagnostics** (radiology AI, automated screening) |
| **Low Vulnerability** *(Industries resistant to AI automation)* | **Skilled Trades** (electricians, plumbers, construction workers), **Personal Care Services** (elder care, nursing, therapy), **Education** (primary school teachers, special needs educators), **Social Work** (counselors, community service) | **AI Development** (machine learning engineers, data scientists), **Creative Industries** (artists, musicians, writers, filmmakers), **Entrepreneurship** (business innovation, start-ups), **Ethical AI Governance** (policy experts, AI ethics regulators) |

Dus wat gebeurt er als de meedogenloze precisie van AI de ongebreidelde chaos van menselijke creativiteit ontmoet? Het antwoord is even complex als dwingend. Het is een dans tussen logica en passie, een delicate evenwichtsoefening die ons dwingt onze diepste angsten onder ogen te zien en uiteindelijk opnieuw te definiëren wat succes betekent in een tijdperk waarin machines bijna alles kunnen - maar niet alles. De uitdaging is niet alleen om ons aan te passen aan deze

nieuwe orde, maar om erin te gedijen door ons
aangeboren vermogen tot verwondering, tot rebellie
tegen middelmatigheid en tot het nastreven van passies
die kwantificering tarten, te herontdekken.

Terwijl ik de snelle hervorming van industrieën zie, van
de onderhandelingen met hoge inzetten in
bestuurskamers van bedrijven tot de stille, vastberaden
stappen van onafhankelijke makers, word ik getroffen
door een unieke waarheid: technologie kan onze
professionele landschappen herdefiniëren, maar kan
ons nooit van onze menselijkheid beroven. Dat is de
rauwe, ongefilterde schoonheid van onze conditie - een
schoonheid die blijft bestaan, zelfs als onze rollen
worden herconfigureerd en onze routines worden
omgegooid. De digitale revolutie, ondanks alle beloften
en gevaren, dient uiteindelijk als een achtergrond
waartegen het levendige tapijt van het menselijk leven
wordt geschilderd.

Uiteindelijk is het niet de perfectie van AI die onze
erfenis zal definiëren - het is ons vermogen om te
lachen om onze eigen absurditeit, om onze

mislukkingen te omarmen als opstapjes en om betekenis te smeden uit chaos. De onverbiddelijke opmars van technologie dwingt ons misschien om onze rollen te heroverwegen, maar het kan nooit de wilde, ongetemde geest uitwissen die altijd de kern van onze creatieve inspanningen is geweest . Terwijl de grenzen tussen menselijke inspanning en geautomatiseerde precisie vervagen, blijven we achter met een simpele maar diepgaande keuze: onze unieke essentie overgeven aan een wereld van steriele efficiëntie, of de kans grijpen om de rauwe vreugde van onbeschaamd mens zijn te herontdekken.

Dit is geen verhaal over verzet tegen onvermijdelijke vooruitgang; het is een oproep tot wapens voor de ziel - een herinnering dat zelfs als algoritmes het alledaagse overnemen, de kern van ons bestaan een ingewikkeld mozaïek van passie, imperfectie en grenzeloze mogelijkheden blijft. Elke uitdaging, elke omwenteling, elke traan die vloeit in het aangezicht van overweldigende verandering is een bewijs van ons blijvende vermogen om op te staan, opnieuw uit te vinden en iets te creëren dat geen enkele machine, hoe geavanceerd ook, ooit zou kunnen repliceren.

Uiteindelijk, terwijl de meedogenloze vooruitgang van AI en automatisering de structuur van ons dagelijks bestaan hervormt, is het ons onophoudelijke vermogen om te dromen, fouten te maken en de onvoorspelbare magie van het leven te vieren dat uiteindelijk de koers van ons lot zal bepalen. En misschien is dat, meer dan welke berekende metriek of algoritmische voorspelling dan ook, de ene waarheid die we moeten koesteren terwijl we door dit dappere nieuwe tijdperk navigeren.

# Hoofdstuk 5: De opkomst van AI-CEO's – Bedrijven zonder mensen

Ik denk aan de tijd dat het idee van een algoritme dat een bedrijf runt, uit bestuurskamers werd weggelachen en werd afgedaan als een sciencefiction-dagdroom. Als je nu met je ogen knippert, mis je misschien de verbazingwekkende transformatie die zich voor onze ogen voltrekt. De transitie is geen verre mogelijkheid - het is een meedogenloze, voortdurende metamorfose die industrieën hervormt en elk vooropgezet idee van leiderschap en arbeid op zijn kop zet . Mijn reis naar deze nieuwe realiteit begon met een stoot cafeïne en een diepe, ongemakkelijke nieuwsgierigheid naar hoe kunstmatige intelligentie in stilte het handboek van management herschreef.

Het begon met gefluister in de wandelgangen van techconferenties - geruchten over systemen die zelfs de meest ervaren menselijke leidinggevenden te slim af zouden zijn, sneller zouden zijn en te slim af zouden zijn . Ik herinner me dat ik in 2018 een internationale top bijwoonde waar een professor terloops opmerkte dat traditionele graden binnenkort zouden verbleken in vergelijking met een algoritme dat vanaf het allereerste begin was verfijnd om de winstgevendheid te optimaliseren. Zijn woorden, gebracht met een mix van droge humor en rauw realisme, deden een vonk ontbranden bij iedereen die aanwezig was. Het was niet alleen een gewaagde voorspelling - het was een verklaring dat de oude garde snel verouderd raakte.

Spoel een paar jaar vooruit en we staan oog in oog met innovaties die rechtstreeks uit een cyberpunkroman lijken te komen. Neem bijvoorbeeld **AlphaExec** , een geesteskind van een team van technici en durfkapitalisten die het aandurfden om te vragen: waarom moet menselijke fout tussen bedrijven en piekefficiëntie staan? Dit is geen halfbakken experiment; **AlphaExec** is een volwaardig systeem dat stromen van gegevens van consumentengedrag tot wereldwijde economische trends in realtime verwerkt. De debuutprestaties veroorzaakten rimpelingen in sectoren, waardoor de operationele kosten met bijna 30% werden verlaagd en de productontwikkelingscycli in een razend tempo werden versneld. Voor doorgewinterde leidinggevenden was het een ruwe ontwaking: intuïtie en persoonlijke charme hadden niet langer het monopolie op leiderschap. In plaats daarvan was het koude, onwrikbare, datagestuurde precisie die nieuwe maatstaven zette.

Ik raakte gefascineerd door de brutaliteit van deze ontwikkelingen. Hier was technologie die niet tevreden was met het vergroten van menselijke capaciteiten, maar vastbesloten was om het besluitvormingsproces te vervangen dat ooit het domein was van charismatische, groter-dan-het-leven figuren. Op evenementen waar leidinggevenden grappen uitwisselden over inspirerend leiderschap, verschoof het gesprek naar statistieken, algoritmen en de enorme snelheid waarmee data kon worden omgezet in beslissende actie. De debatten waren even verhit als fascinerend, waarbij sommigen betoogden dat menselijke intuïtie een onvervangbaar bezit was, terwijl anderen erop stonden dat de meedogenloze logica van de machine de enige manier was om vooruitgang te garanderen.

Er zit een onmiskenbare schoonheid in deze nieuwe orde - een soort rauwe efficiëntie die bijna bruut lijkt in zijn eenvoud. Ik herinner me dat ik hoorde over een multinationale retailer, **HyperMart** , die zijn fulfillmentstrategieën volledig had herzien met behulp van een AI-systeem dat de inventaris bewaakte, consumententrends voorspelde en zelfs de magazijnactiviteiten verfijnde . Geen peptalks of motiverende rally's meer; het systeem werkte onvermoeibaar, 24/7, en berekende risico's en beloningen met onberispelijke nauwkeurigheid. Insiders uit de industrie verwonderden zich over de operationele winsten, terwijl ze in stilte rouwden om de geleidelijke erosie van wat ze ooit als onmisbaar menselijk inzicht beschouwden.

Maar zoals bij alle revoluties had het meedogenloze streven naar efficiëntie een prijs. Ik heb mensen ontmoet - echte, echte mensen van vlees en bloed - wiens carrières en gevoel van doelgerichtheid zonder pardon op zijn kop zijn gezet door dit nieuwe regime. Het verhaal is niet dat van pure vooruitgang, maar van bittere transformatie. Te midden van bestuurskamers en geautomatiseerde fabrieken zijn er zielen die worstelen om betekenis te vinden. Wanneer een algoritme besluit dat een productielijn niet winstgevend genoeg is, is de beslissing snel en genadeloos. Denk aan het geval van **Dorman Products** , een bekende fabrikant van auto-onderdelen met diepe wortels in industriële centra als Detroit. In een poging om te moderniseren, integreerden ze een AI-systeem dat elke nuance van hun productieprocessen bewaakte. Het resultaat? Verschillende lijnen werden abrupt als inefficiënt beschouwd, wat leidde tot een stortvloed aan ontslagen die langdurige werknemers in verwarring achterlieten. Tijdens een bijeenkomst van de gemeenschap vatte een arbeider, met ogen vol ongeloof en frustratie, de collectieve angst samen: het ging niet alleen om de cijfers, maar ook om het levensonderhoud, de waardigheid en de onvervangbare menselijke hand die geen enkele machine kon evenaren.

Soortgelijke verhalen hebben zich in andere hoeken van de wereld ontvouwd. In Brazilië rolde **Magneti Marelli do Brasil** , een pijler van de regionale auto-onderdelenindustrie sinds eind jaren 80, een AI-gestuurd systeem uit dat was ontworpen om productieschema's en logistiek te stroomlijnen. Op papier waren de voordelen verbluffend: lagere kosten, hogere productiviteit en een belofte van meedogenloze precisie. Maar toen de datacentrische logica van het systeem het overnam, werden verschillende productie-eenheden bijna van de ene op de andere dag gesloten. De schokgolven waren niet alleen voelbaar in de balansen, maar ook in de structuur van de gemeenschappen die al generaties lang afhankelijk waren van deze banen. Vakbonden kwamen in opstand, er volgden protesten en het lokale debat draaide scherp om de noodzaak van waarborgen die het menselijk welzijn beschermen in het licht van onverzettelijke efficiëntie.

In heel Europa speelde het drama zich op een even dramatische schaal af. **Hella** , een roemrucht Duits bedrijf met een erfenis van technische genialiteit, was een van de eersten die een AI-systeem implementeerde om zijn productielijnen te optimaliseren. **Volkswagen** , een andere gigant in de automobielsector, experimenteerde met soortgelijke technologie om de kwaliteitscontrole en operationele efficiëntie te verbeteren. Op het eerste gezicht leken deze initiatieven een meesterzet - solide resultaten, indrukwekkende winsten en een duidelijk pad naar hogere winsten. Maar onder de oppervlakte waren de gevolgen complex. De meedogenloze toepassing van algoritmische standaarden leidde tot de sluiting van verschillende productie-eenheden, wat leidde tot intense debatten over de ethische verantwoordelijkheden van bedrijven die zo'n transformerende kracht uitoefenen. Academici en experts uit de industrie wezen erop dat hoewel AI dramatische verbeteringen in productiviteit kan inluiden, de maatschappelijke kosten - met name de destabilisatie van lokale arbeidsmarkten - niet genegeerd kunnen worden.

Zelfs de financiële sector is niet immuun voor deze seismische verschuivingen. Grote banken en investeringsmaatschappijen vertrouwen al lang op menselijke expertise om beslissingen met hoge inzetten te nemen. Nu vertrouwen ze hun strategieën steeds vaker toe aan machine learning-modellen die marktgegevens binnen fracties van een seconde kunnen analyseren . Op een prominente fintech-top in 2022 voorspelde een econoom dat het tijdperk van menselijke handelaren wel eens ten einde zou kunnen komen. In plaats daarvan kwamen algoritmes naar voren als de nieuwe arbiters van high-frequency trading en strategische investeringsbeslissingen. Prominente stemmen in het veld betoogden dat de meest veelbelovende investeringsmogelijkheden binnenkort zouden behoren tot die bedrijven die menselijke fouten tot een minimum beperkten door cruciale beslissingen over te laten aan machines.

Wat betekent dit allemaal voor ons - gewone stervelingen die proberen hun draai te vinden in een landschap dat lijkt te draaien op pure logica en meedogenloze efficiëntie? Voor velen heeft de opkomst van AI-gestuurde besluitvorming een diepe, existentiële crisis veroorzaakt. De rollen die ooit de professionele identiteit definieerden - of het nu ging om een CEO, een projectmanager of een vakman - worden opnieuw gedefinieerd. Mensen worden steeds meer gedegradeerd tot niches die creativiteit, empathie en innovatie vereisen; of erger nog, ze worden volledig opzij geschoven. De vraag die elke werknemer, elke manager en elke nieuwsgierige waarnemer achtervolgt, is duidelijk en eenvoudig: als machines elk aspect van het werk afhandelen, wat houden we dan over?

Ik heb talloze slapeloze nachten doorgebracht met worstelen met dit dilemma. Mijn eigen carrière in de techwereld was gebaseerd op lange, slopende uren afgewisseld met hectische probleemoplossingssessies. Ik denk terug aan de tijd dat ik een sms-servermelding kreeg en uit bed klom om met wazige ogen naar serverlogs te staren, terwijl mijn vingers trilden op het toetsenbord terwijl ik probeerde een zich misdragende applicatiepool te resetten. Destijds was de gloed van het scherm zowel mijn metgezel als mijn kwelgeest. De eisen waren meedogenloos en de foutmarge was flinterdun. Toch leerden die uitdagingen me iets cruciaals: efficiëntie, hoe verleidelijk ook, is hol zonder menselijk inzicht en het vermogen tot verbinding. Hoe geavanceerd het algoritme ook is, het kan de rommelige, mooie en onvoorspelbare aard van menselijke gedachten en emoties niet vervangen.

Er zit een ironie in dit alles - een heerlijke tegenstrijdigheid die je doet lachen, huilen en je hoofd doet schudden van ongeloof. Hier zijn we dan, op weg naar een toekomst waarin robots misschien beter zijn in het kraken van cijfers en het nemen van beslissingen in een fractie van een seconde dan welke mens dan ook ooit zou kunnen hopen te zijn. En toch, te midden van deze blitz van data en digitale precisie, klampt de menselijke geest zich koppig vast aan zijn creatieve, onvoorspelbare kern. Ik heb met eigen ogen gezien hoe lange uren van debuggen en probleemoplossing een veerkracht kunnen creëren die geen enkele machine ooit zou kunnen evenaren. Elke bug die werd verpletterd en elke server die opnieuw werd opgestart, was een bewijs van onze meedogenloze drang om ons aan te passen, te volharden en betekenis te vinden die verder gaat dan louter efficiëntie.

Toch is de mars van de vooruitgang onverzettelijk. Bedrijven in alle sectoren experimenteren met AI-gestuurde managementmodellen die geen steen onberoerd laten. Enkele van de meest invloedrijke stemmen in de technologie hebben betoogd dat deze veranderingen niet gaan over het ontmenselijken van onze werkplekken, maar over het bevrijden van ons van de alledaagse en repetitieve taken die onze energie wegzuigen. In theorie, als machines de sleur aankunnen, zouden we dan niet vrij moeten zijn om ons creatieve potentieel te verkennen? Het is een verleidelijk voorstel, een voorstel dat een renaissance van menselijke vindingrijkheid belooft - maar het is niet zonder valkuilen.

Neem het voorbeeld van **Oracle** en **Intel** , twee giganten die zwaar hebben geïnvesteerd in AI om hun activiteiten te transformeren. Hun initiatieven gaan verder dan alleen efficiëntieverbeteringen; ze zijn baanbrekende pogingen om opnieuw te definiëren hoe beslissingen worden genomen, hoe risico's worden beoordeeld en hoe kansen worden gegrepen. In bestuurskamers die worden gedomineerd door datawetenschappers en algoritme-engineers, worden de oude modellen van leiderschap - gebaseerd op onderbuikgevoel en jarenlange, met moeite verworven ervaring - systematisch ontmanteld. Er is een voelbare spanning tussen degenen die de koude logica van de machine verdedigen en degenen die geloven dat de vonk van menselijke creativiteit onvervangbaar is. Op spraakmakende topconferenties woeden verhitte debatten over verantwoording en de verschuivende locus van macht. Wanneer een AI-systeem een cruciale beslissing neemt die resulteert in een massaontslag of een strategische misstap, wie draagt dan de uiteindelijke verantwoordelijkheid? Is het de programmeur die de code schreef, de leidinggevende die deze implementeerde of het systeem zelf?

Deze kwestie van verantwoording is niet alleen academisch. Het raakt fundamentele ethische dilemma's die onze aandacht vereisen. Naarmate bedrijven steeds autonomere systemen inzetten, vervagen de grenzen tussen menselijk oordeel en machinale berekening. Juridische geleerden, ethici en insiders uit de industrie worstelen om kaders te ontwikkelen die ervoor zorgen dat technologische vooruitgang niet ten koste gaat van sociale rechtvaardigheid en menselijke waardigheid. Het idee van maatschappelijk verantwoord ondernemen wordt opnieuw onderzocht en in veel gevallen zijn de lessen die zijn geleerd uit vroege misstappen even leerzaam als ontnuchterend.

Een van de meest sprekende voorbeelden van deze afrekening komt uit de auto-industrie, een sector die al lang synoniem is met arbeiderstrots en meedogenloze innovatie. **Dorman Products** , een gevestigde fabrikant met diepe industriële wortels, begon aan een radicale reis om zijn activiteiten te moderniseren met behulp van een AI-systeem. Het doel was eenvoudig genoeg: enorme stromen realtimegegevens benutten om de productie te optimaliseren en kosten te verlagen. Maar de uitvoering onthulde een huiveringwekkende waarheid. De obsessie van het systeem met kwantitatieve statistieken leidde tot de abrupte sluiting van verschillende productielijnen, beslissingen genomen zonder een genuanceerd begrip van de menselijke kosten achter elk getal. De gevolgen waren onmiddellijk en ernstig. Langdurige werknemers raakten plotseling werkloos en de gemeenschap die ooit afhankelijk was van deze banen, raakte in rep en roer. Op een lokaal forum georganiseerd door een nabijgelegen universiteit trilde de stem van een getroffen werknemer van woede en wanhoop, terwijl hij klaagde dat geen enkel algoritme ooit het diepe gevoel van verlies zou kunnen vastleggen dat gepaard gaat met de erosie van een levensonderhoud.

Soortgelijke verhalen ontstonden in andere delen van de wereld. In **Magneti Marelli do Brasil** , een iconische leverancier van auto-onderdelen gevestigd in São Paulo, beloofde een hightech-revisie aanzienlijke winst in efficiëntie. Maar toen het nieuwe systeem bepaalde productie-eenheden overbodig achtte, was het resultaat niet alleen een financiële herijking, maar ook een sociale catastrofe. Er braken protesten uit toen lokale vakbonden verantwoording eisten en prioriteiten heroverwogen moesten worden - iedereen eraan herinnerend dat zelfs de meest geavanceerde technologie getemperd moet worden met mededogen en begrip voor de impact ervan in de echte wereld.

De Europese ervaring voegde een extra laag toe aan dit zich ontvouwende drama. **Hella** , een bedrijf met een legendarische erfenis in autotechniek, introduceerde een AI-systeem met als doel de wereldwijde toeleveringsketen en productieprocessen te verbeteren. De directe resultaten waren indrukwekkend: verhoogde productiviteit, gestroomlijnde activiteiten en een toename van de winstgevendheid. Maar toen verschillende ondermaats presterende lijnen met meedogenloze efficiëntie werden geschrapt, werd de menselijke tol onmogelijk te negeren. De publieke controle werd geïntensiveerd en debatten draaiden rond de ethische verantwoordelijkheden van bedrijven die snel machinelogica omarmen ten koste van de stabiliteit van de gemeenschap. Ook **Volkswagen** worstelde met soortgelijke uitdagingen toen het experimenteerde met AI-gestuurde kwaliteitscontrolemaatregelen en procesoptimalisatie. Het dubbele verhaal van opmerkelijke operationele winsten contrasteerde sterk met de menselijke kosten, waardoor iedereen die erbij betrokken was, geconfronteerd werd met de ongemakkelijke waarheid dat zelfs de meest briljante technologische oplossingen aan een hogere standaard van maatschappelijke verantwoording moeten worden gehouden.

En dan zijn er nog de financiële tovenaars in strakke wolkenkrabbers, die hoogfrequente transacties en investeringen van miljoenen dollars orkestreren met behulp van AI-algoritmen die marktgegevens in milliseconden kunnen verwerken. Het traditionele beeld van een effectenmakelaar die op een toetsenbord tikt in een rokerige achterkamer, wordt vervangen door scènes van stille, berekende efficiëntie op moderne handelsvloeren. Op een opmerkelijke fintech-conferentie in 2022 voorspelde een econoom dat de meest lucratieve kansen binnenkort zouden behoren tot bedrijven die menselijke fouten konden elimineren door algoritmische precisie. Het idee sloeg aan bij zowel investeerders als beleidsmakers, die erkenden dat hoewel dergelijke systemen duizelingwekkende winsten konden opleveren, ze ook het risico liepen de genuanceerde oordelen die alleen menselijke ervaring kan bieden, opzij te schuiven.

Door al deze omwentelingen heen blijft één thema constant: de dringende noodzaak om opnieuw te definiëren wat werk betekent in een tijdperk dat wordt geregeerd door machines. Decennialang bood werkgelegenheid niet alleen een bron van inkomsten, maar ook een kader voor persoonlijke identiteit en gemeenschapszin. Nu AI-systemen verantwoordelijkheden op zich beginnen te nemen die ooit toebehoorden aan menselijke besluitvormers, rijst de vraag: als machines de ingewikkelde details van dagelijkse handelingen afhandelen, wat is dan de rol van mensen? De antwoorden zijn even gevarieerd als verontrustend. Sommigen beweren dat mensen gedegradeerd zullen worden tot creatieve en toezichthoudende rollen, waarbij hun bijdragen alleen gewaardeerd zullen worden als ze een duidelijk menselijk element toevoegen aan anderszins mechanistische processen. Anderen vrezen dat hele segmenten van de beroepsbevolking overbodig zullen worden, waarbij hun vaardigheden worden ingehaald door de onverzettelijke logica van algoritmen.

Ik heb met deze vragen geworsteld in mijn eigen carrière, waarbij ik terugdacht aan de talloze nachten die ik heb doorgebracht met het ontwarren van complexe code en het ontcijferen van cryptische foutmeldingen. Er waren momenten waarop ik me voelde als een radertje in een eindeloze machine - een meedogenloze jacht op efficiëntie die weinig ruimte liet voor fouten, of voor de rommelige, prachtige onvoorspelbaarheid van menselijke creativiteit. Mijn begindagen in de techindustrie werden gedefinieerd door de sensatie van het oplossen van puzzels en de opwinding van een doorbraak, maar ze werden ook ontsierd door de uitputting van 18-urige werksessies en de constante druk om te presteren. Achteraf gezien gingen die periodes van intensieve arbeid niet alleen over het draaiende houden van systemen - ze gingen ook over het ontdekken van de grenzen van het menselijk uithoudingsvermogen en de inherente behoefte aan evenwicht.

Die balans blijft echter ongrijpbaar in een omgeving waar algoritmes nooit slapen, nooit moe worden en nooit compromissen sluiten. De opkomst van AI-CEO's - belichaamd door systemen als **AlphaExec** - daagt ons uit om een harde realiteit onder ogen te zien: als machines elk facet van de operaties met onbevangen nauwkeurigheid kunnen optimaliseren, welke unieke waarde brengen wij dan mee? Het antwoord ligt volgens mij niet in het concurreren met de meedogenloze efficiëntie van een algoritme, maar in het omarmen van onze uitgesproken menselijke kwaliteiten - ons vermogen tot empathie, ons vermogen om te dromen en onze koppige weigering om gereduceerd te worden tot louter datapunten.

Ik heb me vaak afgevraagd of deze meedogenloze zoektocht naar efficiëntie ons er ooit toe zou kunnen dwingen onze eigen ideeën over doel en vervulling opnieuw te onderzoeken . Stel je een maatschappij voor waarin traditioneel werk niet langer de centrale pijler van het dagelijks leven is - waar de sleur van repetitieve taken is vervangen door mogelijkheden om kunst, filosofie en maatschappelijke betrokkenheid te verkennen. Het is een verleidelijke visie, maar het brengt ook zijn eigen onzekerheden met zich mee. Als machines het grootste deel van de operationele taken overnemen, moet de staat misschien ingrijpen om in onze basisbehoeften te voorzien. Maar kan het comfort van gegarandeerd bestaan echt het gevoel van voldoening vervangen dat voortkomt uit het overwinnen van uitdagingen, hoe alledaags ook? Of zal de afwezigheid van gestructureerd werk leiden tot een existentiële leegte, een verlies van identiteit dat geen enkele hoeveelheid sociale voorzieningen kan herstellen?

De botsing tussen machineprecisie en menselijke creativiteit is nergens duidelijker dan in de debatten die woeden op industriële conferenties en academische symposia. Ik herinner me een videodiscussie in 2024 waarin experts van **MIT** , **Stanford** en het **World Economic Forum** stekels en ideeën uitwisselden over hoe technologie het leiderschap van bedrijven opnieuw vormgeeft . Een futurist, wiens gedurfde voorspellingen deden denken aan **Ray Kurzweils** meest gedurfde visioenen, betoogde dat de meerderheid van de multinationale ondernemingen binnenkort uitsluitend op machinelogica zou kunnen opereren. Zijn verklaring stuurde golven van zowel opwinding als angst door het publiek. Voor hem was dit geen dystopische nachtmerrie, maar een kans - een radicale heroverweging van hoe beslissingen worden genomen, hoe risico's worden beheerd en uiteindelijk hoe de samenleving zichzelf organiseert rond de twee pijlers van innovatie en efficiëntie.

Zelfs terwijl deze debatten met hoge inzet zich afspelen in gepolijste conferentiezalen, is de realiteit op de fabrieksvloer en in de backoffices heel anders. De meedogenloze opmars van AI en automatisering, hoewel ze ongekende efficiëntie beloven, heeft veel werknemers laten staren naar de puinhoop van hun ooit zo veilige banen. De transformatie is voelbaar in elk aspect van de moderne industrie - van de glimmende gangen van **Apple** en **Meta** , waar AI-tools alles optimaliseren, van supply chain-logistiek tot gebruikersbetrokkenheid, tot de ruige werkplaatsen van productiefabrieken waar menselijke arbeid opnieuw wordt gekalibreerd door digitale precisie. In veel opzichten is de impact van deze revolutie net zozeer een menselijk als een technologisch verhaal.

Ik heb met eigen ogen gezien welke grote impact deze veranderingen kunnen hebben op individuen en gemeenschappen. In een klein stadje dat ooit floreerde op het constante gezoem van de productie, werd de introductie van een AI-managementsysteem aangekondigd als een doorbraak. Binnen enkele maanden werden echter door de onverzettelijke meetgegevens van het systeem verschillende productielijnen overbodig verklaard en de daaropvolgende ontslagen stortten de gemeenschap in chaos. De stemmen van de getroffenen - werknemers die hun leven hadden opgebouwd rond een gevoel van zingeving - weerklonken in de lege gangen van fabrieken die nu zijn ontdaan van menselijke aanwezigheid. Hun verhalen dienen als een krachtige herinnering dat algoritmen weliswaar de bedrijfsvoering kunnen optimaliseren, maar nooit het ingewikkelde tapijt van menselijke ervaring kunnen repliceren.

Toch blijft er te midden van alle onrust een sprankje hoop over. Er is een groeiend koor van stemmen - van beleidsmakers, academici en zelfs enkele vooruitstrevende bestuurders - die aandringen op een herijking van onze aanpak. Zij betogen dat als we het immense potentieel van AI willen benutten zonder de waarden op te offeren die ons definiëren, een synthese noodzakelijk is. Dit betekent het ontwikkelen van robuuste kaders die algoritmische efficiëntie combineren met menselijk toezicht, en ervoor zorgen dat elke beslissing, hoe datagedreven ook, wordt getemperd door ethische overwegingen en een oprechte zorg voor sociaal welzijn. De uitdaging is natuurlijk enorm. Het vereist een heroverweging van corporate governance, een heruitvinding van arbeidsmarkten en uiteindelijk het herdefiniëren van wat het betekent om een bijdrage te leveren aan dit dappere nieuwe tijdperk.

Misschien wel de meest diepgaande les van allemaal is dat technologie, hoe geavanceerd ook, altijd een menselijke touch nodig zal hebben. De opkomst van AI-gestuurde besluitvorming is geen voorbode van onheil, maar een oproep tot actie - een uitdaging voor ieder van ons om de delen van onszelf te herontdekken en terug te vorderen die geen enkel algoritme ooit kan vastleggen. De transitie is rommelig, beladen met tegenslagen en onvoorziene gevolgen, maar het is ook een uitnodiging om een nieuw pad te smeden - een pad dat creativiteit, empathie en veerkracht waardeert boven louter numerieke optimalisatie.

Ik kan niet anders dan terugdenken aan mijn begindagen in de tech-industrie - de talloze nachten gebogen over gloeiende schermen, de angst voor een systeemstoring om 3 uur 's nachts en de adrenalinestoot van het eindelijk aanpakken van een hardnekkige bug. Die ervaringen, hoewel slopend , waren doordrenkt met een gevoel van doelgerichtheid dat geen enkel geautomatiseerd proces kon evenaren. Ze leerden me dat de essentie van innovatie niet ligt in de gevoelloze precisie van een machine, maar in de rauwe, onvoorspelbare geest van menselijke vindingrijkheid. Elke uitdaging waarmee ik werd geconfronteerd, was een herinnering dat ons vermogen om ons aan te passen, te creëren en te volharden in het aangezicht van overweldigende tegenslagen, ons onderscheidt.

Terwijl het landschap blijft evolueren, zijn de inzetten nog nooit zo hoog geweest. Bedrijven als **Nvidia** verleggen de grenzen van wat mogelijk is met AI en maken gebruik van hun geavanceerde hardware om innovaties te stimuleren die sectoren bestrijken - van gaming en gezondheidszorg tot autodesign en meer.

Het tempo van verandering is duizelingwekkend en de implicaties zijn diepgaand. Met elke dag die voorbijgaat, wordt de kloof tussen menselijke capaciteiten en machine-efficiëntie groter, wat ons ertoe aanzet om lastige vragen te stellen over de aard van vooruitgang en de prijs die we bereid zijn te betalen voor meedogenloze optimalisatie.

Ik heb veel tijd besteed aan het overpeinzen van deze vragen, onder het genot van talloze kopjes koffie en slapeloze nachten, waarbij ik vaak troost vond in de simpele waarheid dat ons grootste bezit niet ons vermogen is om enorme hoeveelheden data te berekenen, maar ons vermogen tot empathie, creativiteit en verbinding. Het is deze menselijke vonk - de ongrijpbare kwaliteit die geen enkel algoritme kan kwantificeren - die uiteindelijk zal bepalen of we worden opgeslokt door de vloedgolf van automatisering of tevoorschijn komen als architecten van een nieuw paradigma. De reis die voor ons ligt, is even onzeker als opwindend, en ieder van ons moet beslissen hoe we door de verraderlijke wateren van deze technologische revolutie navigeren.

Er is geen makkelijke routekaart om te volgen. De aantrekkingskracht van moeiteloze efficiëntie is sterk en de belofte van eindeloze productiviteit kan bedwelmend zijn. Toch worden we elke keer dat een bedrijf als **Meta** een nieuwe AI-gestuurde tool onthult, of **Apple** een update aankondigt die machine learning gebruikt om de bedrijfsvoering te stroomlijnen, gedwongen om een realiteit onder ogen te zien die even uitdagend als revolutionair is. De integratie van AI in elk aspect van ons leven is geen nette, lineaire progressie, maar een tumultueuze omwenteling die de fundamenten van onze economische en sociale structuren doet schudden.

De transitie zit vol tegenstrijdigheden. Enerzijds is er de onmiskenbare aantrekkingskracht van algoritmes die dag en nacht werken, onvermoeibaar cijfers kraken en processen zonder klagen optimaliseren. Anderzijds is er het diepgaande verlies dat gepaard gaat met de verdringing van menselijke werknemers - van degenen die hun identiteit hebben opgebouwd rond rollen die plotseling overbodig worden door regels code. Deze dualiteit is de kern van onze benarde situatie: terwijl de opmars van technologie ongeëvenaarde efficiëntie belooft, dwingt het ons tegelijkertijd om de menselijke kosten van vooruitgang onder ogen te zien.

In dit uitgestrekte verhaal van transformatie gaat elke doorbraak gepaard met een afweging. De innovaties die we vieren, gaan ten koste van vertrouwde banen en gekoesterde routines. En toch ligt er te midden van deze omwenteling een kans - een kans om het concept van werk zelf te heroverwegen en opnieuw te verbeelden. In plaats van vast te houden aan verouderde modellen van arbeid , kunnen we nieuwe manieren vinden om onze creativiteit te benutten, gemeenschappen te cultiveren die menselijke verbinding belangrijker vinden dan steriele productiviteit, en systemen te bouwen die ons dienen in plaats van ons te vervangen.

Het verhaal van **AI JOB CRISIS** hoeft niet alleen een verhaal van wanhoop te zijn, maar van radicale heruitvinding. Het is een kroniek van hoe technologie, ondanks al haar beloftes, ons heeft gedwongen om ongemakkelijke vragen te stellen over ons doel, onze waarde en onze plaats in een snel veranderend landschap. Terwijl de bestuurskamers van multinationals worden gedomineerd door AI, en robots taken uitvoeren die ooit menselijke finesse vereisten, klinkt de roep om onze rollen opnieuw te definiëren steeds luider. Het is een uitdaging die zowel moed als creativiteit vereist - een uitdaging om de meedogenloze logica van algoritmen om te zetten in een canvas voor menselijke expressie.

Op deze pagina's heb ik verhalen verteld over bedrijfsrevisies, bittere ontslagen en de onverzettelijke drang naar efficiëntie. Ik heb de verhalen gedeeld van bedrijven als **Dorman Products** , **Magneti Marelli do Brasil** , **Hella** , **Volkswagen** , **Oracle** en **Intel** - elk een bewijs van de transformerende kracht van technologie en de diepgaande impact die het heeft op de structuur van de samenleving. Hun reizen gaan net zozeer over innovatie als over de kosten van vooruitgang, wat een delicate balans onthult tussen technologische bekwaamheid en de menselijke behoefte aan verbinding en betekenis.

Dus hier zijn we dan, op een kruispunt gemarkeerd door silicium en code. De revolutie in management is niet langer een verre theoretische oefening - het is een tastbare, geleefde realiteit die industrieën hervormt en levens herdefinieert. Als ik terugkijk op de lange nachten die ik heb doorgebracht met worstelen met technologie, zie ik niet alleen de triomfen van menselijke vindingrijkheid, maar ook de grimmige herinnering dat geen enkele machine ooit de wilde, ontembare geest van menselijke creativiteit volledig kan vangen.

De taak die voor ons ligt is ontmoedigend: we moeten de meedogenloze kracht van AI benutten en tegelijkertijd de unieke kwaliteiten behouden die ons menselijk maken. Het is een uitdaging die vraagt om een zorgvuldige herijking van onze prioriteiten, een bereidheid om verandering te omarmen zonder de waarden op te offeren die onze gemeenschappen en ons werk al lang definiëren. De komende jaren zullen onze vastberadenheid op de proef stellen en ons dwingen een balans te vinden tussen de koude precisie van algoritmen en de rommelige, onvoorspelbare schoonheid van het menselijk leven.

Uiteindelijk gaat het verhaal van AI-gedreven management niet alleen over technologie - het gaat over ons. Het gaat over hoe we ervoor kiezen om door de complexiteit van een snel veranderend landschap te navigeren, hoe we succes opnieuw definiëren en hoe we onze menselijkheid behouden te midden van een meedogenloze technologische vloedgolf. De machines kunnen de bestuurskamers besturen, maar ze zullen nooit de vonk doven die onze creativiteit, onze empathie en onze onwrikbare drang om zin te geven aan dit gekke, onvoorspelbare bestaan voedt.

Terwijl u deze pagina's omslaat en uzelf onderdompelt in het zich ontvouwende drama van **AI JOB CRISIS** , nodig ik u uit om uw eigen plaats in dit dappere nieuwe tijdperk te overwegen. De keuzes die we vandaag maken - of het nu in bestuurskamers is die gedomineerd worden door data of in workshops waar ideeën geboren worden uit pure passie - zullen bepalen welke erfenis we achterlaten. De revolutie wordt niet gedicteerd door regels code of de onfeilbare logica van een machine; het wordt gevormd door de rommelige, prachtige complexiteit van menselijke gedachten, emoties en vastberadenheid.

Het verhaal dat voor ons ligt is lang, gevuld met zowel triomf als tragedie, innovatie en verlies. Maar te midden van de chaos en de meedogenloze mars van vooruitgang, blijft één waarheid overeind: ons vermogen om ons aan te passen, te dromen en verbindingen te smeden zal altijd ons meest waardevolle bezit zijn. In de meedogenloze vloedgolf van automatisering is het deze geest die een pad vooruit biedt - een pad dat ons uitdaagt om opnieuw te definiëren wat werk betekent, niet als een maatstaf voor efficiëntie of output, maar als een levendige uitdrukking van onze menselijkheid.

Ter afsluiting laat ik u achter met deze uitnodiging: durf u een nieuw paradigma voor te stellen waarin technologie niet onze meester is, maar onze medewerker; een landschap waarin de koude logica van algoritmen wordt getemperd door de warmte van menselijk inzicht. Het is in deze synthese dat de belofte van onze tijd volledig kan worden gerealiseerd - een tijd waarin de triomf van innovatie niet alleen wordt gemeten aan de hand van aantallen, maar aan de blijvende impact die we op elkaar, op onze gemeenschappen en op de structuur van ons gedeelde bestaan hebben.

Deze lange, meanderende reis door de opkomst van AI-gestuurd management, de vervanging van menselijke intuïtie door algoritmische precisie en de daaropvolgende maatschappelijke omwenteling is niet bedoeld als een voorschrijvend manifest. Het is eerder een openhartige verkenning van een seismische verschuiving die zich voor onze ogen ontvouwt - een transformatie die ons uitdaagt om alles wat we ooit als vanzelfsprekend beschouwden over leiderschap, arbeid en de betekenis van werk in twijfel te trekken.

De Inzet is hoog en het pad is beladen met onzekerheid. Toch ligt er, te midden van het meedogenloze tempo van technologische vooruitgang, een kans om iets nieuws te smeden - een herijking van prioriteiten die zowel de efficiëntie van machines als de grenzeloze creativiteit van de menselijke geest eert . Onze uitdaging is om de onvermijdelijke veranderingen met zowel lef als gratie te omarmen, om de transformerende kracht van AI te benutten zonder ooit de kwaliteiten uit het oog te verliezen die ons uniek menselijk maken.

In deze tumultueuze tijden, waarin AI-systemen rollen blijven aannemen die ooit waren voorbehouden aan menselijke experts, worden we eraan herinnerd dat vooruitgang niet alleen wordt gemeten aan de snelheid waarmee een systeem gegevens kan verwerken, maar ook aan de diepte van inzicht, empathie en creativiteit die alleen een mens kan bieden. De revolutie die zich in alle sectoren voltrekt - of het nu in de gestroomlijnde hallen van **Apple** en **Meta** is of op de fabrieksvloeren van **Dorman Products** en **Hella** - is een bewijs van zowel ons ongelooflijke potentieel als de grote uitdagingen die ons te wachten staan.

Dus, terwijl u zich verdiept in de volgende hoofdstukken, bedenk dan dat het verhaal nog steeds geschreven wordt. Elke beslissing, elke innovatieve doorbraak en elk moment van menselijke connectie draagt bij aan een verhaal dat even onvoorspelbaar als opwindend is. Het tijdperk van algoritmische dominantie is misschien aangebroken, maar het hart en de ziel van vooruitgang zullen voor altijd toebehoren aan de ontembare menselijke geest.

En zo, met een mix van trotse hoop en voorzichtige scepsis , gaan we een tijdperk van meedogenloze automatisering en adembenemende transformatie in - een hoofdstuk in de saga van werk dat even chaotisch als inspirerend is, even meedogenloos in zijn efficiëntie als teder in zijn herinneringen aan onze menselijkheid. Hoe ver technologie ook vordert, het kan nooit volledig de rommelige, glorieuze, onvoorspelbare reis van het mens-zijn vervangen. De uitdaging is dan ook niet om de vloedgolf van vooruitgang te bestrijden, maar om te leren erop te surfen - onze unieke plek te vinden in een landschap waar de bestuurskamers worden gerund door data en het echte verhaal wordt geschreven door de meedogenloze, prachtige trots van onze creatieve zielen.

Dit is het verhaal van onze tijd - een tijd waarin elke uitdaging een kans is, elk verlies een les en elk moment een herinnering dat machines weliswaar cijfers kunnen dicteren, maar nooit de wilde, onverzettelijke vonk van menselijke creativiteit kunnen vangen. En dat, mijn vriend, is iets dat geen enkel algoritme ooit kan evenaren.

# Hoofdstuk 6: Als niemand een baan heeft, wat doen we dan in godsnaam?

Het begint met dat moment van een klap in je maag - je opent je ogen en, zonder waarschuwing, is de routine die je dagen definieerde verdwenen. Je oude 9-tot-5-baan is niet alleen een overblijfsel dat begraven ligt in een stoffige geschiedenis; het is net zo grondig uitgewist als een schoolbord dat na de les wordt schoongeveegd. Je zou naar buiten kunnen lopen met de verwachting van de vertrouwde buzz van een favoriete koffieshop, maar je vindt een koude, gevoelloze machine achter een glazen toonbank, die lattes serveert met de precisie van een rekenmachine. De geruststellende menselijke aanraking is vervangen door steriele efficiëntie, en plotseling laat het systeem dat ooit stabiliteit beloofde je afvragen of de maling er ooit echt toe deed.

De transformatie is niet het resultaat van een onorthodoxe sciencefictionplot, maar een langzame, meedogenloze evolutie die wordt aangestuurd door technologische vooruitgang. In dit verhaal van ontwrichting zijn **AI-agenten** geleidelijk de nieuwe bedrijfsleiders geworden, die operaties orkestreren met algoritmen die nooit slapen of aan zichzelf twijfelen. Ondertussen hebben vloten robots elke vorm van handarbeid overgenomen , van het stapelen van dozen in enorme magazijnen tot het monteren van de ingewikkelde componenten van alledaagse gadgets. En hoewel velen deze vooruitgang aanprijzen als de volgende stap in de vooruitgang, is de prijs een verontrustende leegte waar ooit de menselijke bijdrage floreerde.

De visie werd uiteengezet door denkers als **Max Tegmark** in zijn baanbrekende werk *Life 3.0*. Hij beschreef een tijdperk waarin de grenzen van het biologische leven opnieuw worden getrokken door systemen die in staat zijn om onafhankelijk van hun makers te evolueren. We zijn niet langer slechts operators in een grote economische machine; we zijn toeschouwers geworden in een spel gespeeld door entiteiten die ons op elk moment kunnen overtreffen, overtreffen en overtreffen. Dit is niet zomaar fantasie -

het is een extrapolatie van de snelle vooruitgang die we de afgelopen decennia hebben gezien. Wanneer technologie een niveau bereikt waarop het onze mogelijkheden niet alleen kan repliceren, maar zelfs kan overtreffen, wordt het concept van menselijke arbeid zelf scherp in beeld gebracht.

De gevolgen van zo'n seismische verschuiving zijn even opwindend als angstaanjagend. Aan de ene kant is er een verleidelijke belofte van bevrijding: stel je de bevrijding voor van de zielvernietigende sleur die je werkdag al lang definieert. Zonder de noodzaak om je af te sloven aan een repetitieve baan, zou je theoretisch creatieve inspanningen , persoonlijke passies en vrije tijd kunnen nastreven op manieren die ooit onmogelijk waren. Dit radicale idee heeft discussies aangewakkerd in bestuurskamers, academische hallen en sociale mediafeeds. Het heeft geleid tot voorstellen als het universele basisinkomen (UBI), verdedigd door stemmen als **Andrew Yang** , die het concept in het reguliere debat bracht met zijn gedurfde "Freedom Dividend". Zijn visie was eenvoudig maar diepgaand: als technologie meer dan genoeg welvaart kan produceren om iedereen te onderhouden, dan zou iedereen een toelage moeten ontvangen die de basisbehoeften garandeert - voedsel, onderdak en een zekere mate van waardigheid.

Niet iedereen deelt dit enthousiasme. De controversiële **Elon Musk** waarschuwde herhaaldelijk voor de diepe sociaaleconomische scheuren die zouden kunnen ontstaan als machines de primaire producenten van rijkdom worden. Musks opmerkingen, uitgesproken in populaire podcasts en op invloedrijke techbijeenkomsten, schetsen een beeld van massale ontheemding die zo groot is dat de maatschappij gedwongen zou kunnen worden om de structuur van het menselijk bestaan te heroverwegen. Hij heeft gesuggereerd dat als robots uiteindelijk alles gaan regelen, we misschien geen andere keuze hebben dan essentiële hulpbronnen te garanderen als een recht, niet als een privilege. Zulke uitspraken zijn zowel een duister komisch commentaar als een waarschuwing - ze herinneren ons eraan dat de wonderen van automatisering gepaard gaan met even monumentale uitdagingen.

**Sam Altman** van **OpenAI heeft** nog een laag aan het debat toegevoegd en benadrukt dat de voordelen die kunstmatige intelligentie genereert te monumentaal zijn om te negeren. Tijdens evenementen die werden georganiseerd door prestigieuze instituten zoals **MIT** en **Stanford**, betoogde Altman dat de rijkdom die wordt gecreëerd door AI-gedreven innovatie breed moet worden herverdeeld, zodat iedereen kan genieten van een basislevensstandaard. Zijn visie is er niet een van berusting, maar van heruitvinding - een uitnodiging om economische structuren te heroverwegen die al lang als vanzelfsprekend worden beschouwd. Toch is dit idee niet zonder kritiek. Sceptici beweren dat beleidsmaatregelen zoals UBI, hoewel nobel in theorie, slechts kunnen dienen als een tijdelijke oplossing voor een veel complexer en systemischer probleem. Ze waarschuwen dat vertrouwen op dergelijke maatregelen onbedoeld de ontmanteling van traditionele arbeidsrechten en sociale vangnetten kan versnellen, waardoor op de lange termijn veel meer mensen kwetsbaar worden.

Kijk om je heen en de tekenen van transformatie zijn onmiskenbaar. In sectoren die zo divers zijn als fastfood en detailhandel, vervangen geautomatiseerde systemen snel menselijke werknemers. Neem bijvoorbeeld vestigingen als **McDonald's** of de kassaloze vestigingen die **Amazon Go introduceerde** . Deze veranderingen hebben de interactie met klanten al opnieuw gedefinieerd, waarbij de vertrouwde glimlach van servicepersoneel is vervangen door de onverstoorbare efficiëntie van digitale interfaces. De verontrustende waarheid is dat dergelijke voorbeelden geen geïsoleerde experimenten zijn, maar voorbodes van een trend die uiteindelijk elke hoek van onze economie zou kunnen raken.

Het is niet alleen de arbeidersklasse die onder vuur ligt. De witteboordenwereld, ooit beschouwd als het heiligdom van creatief en analytisch menselijk werk, is getuige van een ongekende inval van technologie. Denk aan het veld van de journalistiek, waar AI-systemen al basisnieuwsartikelen en financiële rapporten genereren en content produceren met een snelheid die de menselijke capaciteit ver overstijgt. Op juridisch gebied spitten platforms zoals **ROSS Intelligence** razendsnel door enorme databases met jurisprudentie, waardoor complexe onderzoekstaken worden teruggebracht tot slechts seconden. Zelfs de wereld van programmeren is niet immuun voor deze ontwikkelingen. Tools zoals **GitHub Copilot** helpen ontwikkelaars nu door codefragmenten voor te stellen die het ontwikkelingsproces drastisch kunnen versnellen, waardoor menselijke programmeurs worden gedegradeerd tot rollen van toezicht en besluitvorming in plaats van primaire creatie.

Achter deze verschuivingen zitten centra van innovatie die de grenzen van wat technologie kan bereiken blijven verleggen. Heilige hallen zoals **MIT's Computer Science and Artificial Intelligence Laboratory (CSAIL)** en **Stanford's AI Lab** produceren voortdurend baanbrekend onderzoek dat belooft de traditionele rol van menselijke arbeid verder te ondermijnen . Op conferenties die worden georganiseerd door instituten zoals de **London School of Economics (LSE)** hebben vooraanstaande experts gewaarschuwd dat de huidige trends menselijke inspanning in een zeer korte tijd bijna overbodig kunnen maken. Een onderzoek, uitgevoerd door onderzoekers aan de **Universiteit van Oxford** in 2019, suggereerde dat bijna 47% van de banen in de Verenigde Staten uiteindelijk geautomatiseerd zou kunnen worden - een statistiek die resoneert met een diepe mix van ontzag en angst.

Dit verhaal van technologische dominantie dwingt tot een afrekening met onze lang gekoesterde overtuigingen over identiteit en doel. Decennialang was werk meer dan alleen een middel om een economisch doel te bereiken; het was een belangrijk onderdeel van hoe we onszelf definieerden. We maten onze waarde aan de hand van de uren die we maakten, de titels die we verdienden en het meedogenloze nastreven van een carrière die stabiliteit en erkenning beloofde. De komst van automatisering heeft al deze statistieken in de war geschopt. Als machines het werk beter, sneller en zonder pauzes kunnen doen, welke rol spelen wij als mensen dan?

In de kern is dit een verhaal van heruitvinding - een existentiële uitdaging die ons dwingt om naar binnen te kijken en moeilijke vragen te stellen over onze plaats in een systeem dat snel evolueert. Er is een vreemde bevrijding in deze ontwarring van oude structuren, maar het is getint met een diepgewortelde onzekerheid. Hoe ontlenen we betekenis als de activiteiten die ons ooit definieerden, van de ene op de andere dag verdwijnen? Hoe herconfigureren we onze identiteit in een realiteit waarin traditioneel werk niet langer de ruggengraat van ons bestaan vormt?

Ik voel me aangetrokken tot deze vragen, niet alleen uit academische nieuwsgierigheid, maar ook vanuit een diep persoonlijke plek. Mijn eigen reis is er een van voortdurende experimenten en creatieve verkenning. Ik ben ooit begonnen aan een project om een Video Sign Language Gesture Recognition-systeem te bouwen - een onderneming geboren uit een verlangen om communicatiekloven te overbruggen en een gemeenschap te versterken die zichzelf vaak buitenspel ziet staan. Het project was ambitieus: door open-sourcebibliotheken te benutten en machine learning-frameworks zoals **TensorFlow te benutten** , zag ik een tool voor me die gebarentaal met opmerkelijke nauwkeurigheid in tekst en spraak kon vertalen. Ik nam contact op met organisaties die zich inzetten voor de ondersteuning van de dovengemeenschap en verzamelde inzichten en feedback die mijn vastberadenheid voedden . Maar zoals vaak gebeurt met innovatieve ideeën, kwam het leven tussenbeide. De ontwikkelaar met wie ik samenwerkte, werd door **Google** geheadhunt en ons samenwerkingsproject werd beëindigd, ik wacht nog steeds op een kans om dat nieuw leven in te blazen. Deze ervaring, samen met mijn vroege experimenten met chatbots op platforms als **Pandora** eind jaren negentig en mijn gedurfde, zij het voorbarige, pogingen om in 2012 een AI-bedrijf te lanceren, heeft één onmiskenbare waarheid bevestigd: mijn leven is een eindeloos experiment geweest op het kruispunt van creativiteit en technologie. Elke tegenslag, elke onverwachte wending, heeft bijgedragen aan een persoonlijk verhaal dat de bredere maatschappelijke omwenteling weerspiegelt waarmee we nu worden geconfronteerd.

Er zit een rauwe, ongepolijste kwaliteit in deze transitie - een afrekening met de onvoorspelbare aard van vooruitgang. Het is geen soepele klim naar utopie, noch een eenvoudige afdaling in chaos. In plaats daarvan is het een turbulent, rommelig proces, vol belofte en gevaar. De technologische revolutie is geen netjes verpakt evenement; het is een uitgestrekt, veelzijdig fenomeen dat elk facet van het leven verstoort, van de manier waarop we werken tot hoe we met elkaar omgaan, hoe we succes definiëren en zelfs hoe we op menselijk niveau met elkaar omgaan.

De diepgaande impact van deze verschuiving is duidelijk zichtbaar in de gesprekken die in alle lagen van de samenleving plaatsvinden. Op straat, in cafés, op de digitale fora waar ideeën botsen, worstelen mensen met de implicaties van een realiteit waarin machines de menselijke capaciteiten overtreffen. Het debat gaat niet langer over de vraag of technologie ons leven zal verbeteren, maar eerder over hoe we kunnen samenleven met systemen die uiteindelijk traditionele menselijke inspanningen bijna overbodig kunnen maken. Critici beweren dat hoewel de belofte van automatisering verleidelijk is, het ook het risico loopt een kloof te creëren - een enorme kloof tussen degenen die technologie in hun voordeel kunnen gebruiken en degenen die achterblijven. Ze wijzen op historische patronen van ongelijkheid en ontwrichting, wat suggereert dat als we niet oppassen, de mars van vooruitgang de sociale breuken kan verdiepen tot een punt van onherstelbare schade.

Toch is er ook een tegenstroom van optimisme, een geloof dat deze verstoring de katalysator kan zijn voor een renaissance van creativiteit en menselijke verbinding. Sommige visionairs beweren dat mensen, bevrijd van de sleur van repetitieve taken, eindelijk in staat zouden kunnen zijn om zich bezig te houden met bezigheden die echt verrijkend zijn. Ze stellen zich een maatschappij voor waarin creativiteit, empathie en kritisch denken de gewaardeerde handelswaar zijn - eigenschappen die machines, ondanks hun indrukwekkende mogelijkheden, misschien nooit volledig kunnen repliceren. Dit is geen ongebreidelde fantasie, maar eerder een oproep om opnieuw te onderzoeken wat we het meest waarderen in het leven en om te investeren in de unieke menselijke kwaliteiten die technologie niet kan vervangen.

Terwijl ik met deze gedachten zit, word ik getroffen door de ironie ervan. De tools die zijn ontworpen om ons te bevrijden van saai werk , dagen tegelijkertijd de fundamenten uit waarop onze identiteit is gebouwd. In dit nieuwe tijdperk wordt succes niet langer gemeten aan het aantal uren dat je achter een bureau doorbrengt of aan het beklimmen van de carrièreladder, maar misschien aan het vermogen om je aan te passen, te leren en passies te cultiveren die mechanisatie tarten. Het is een moment van afrekening - een confrontatie met een realiteit die ons dwingt om de regels van betrokkenheid in elk aspect van ons leven te herschrijven.

Het pad voor ons is onbekend en hoewel onzekerheid groot is, is er ook een vonk van mogelijkheden. De geschiedenis zit vol met momenten van diepgaande transformatie en hoewel de inzet nog nooit zo hoog is geweest, heeft de menselijke geest een opmerkelijk vermogen om zichzelf opnieuw uit te vinden. In dit verhaal van diepgaande verandering is de uitdaging niet alleen om te overleven, maar om te floreren door nieuwe vormen van creativiteit, verbinding en zelfexpressie te omarmen. Terwijl we door dit terrein navigeren, moeten we waakzaam blijven en ervoor zorgen dat de meedogenloze opmars van automatisering niet ten koste gaat van onze waarden, onze waardigheid of ons gevoel van zingeving.

Elke dag brengt ons dichter bij de realiteit die ooit leek op wilde sciencefiction - een realiteit waarin de productiemechanismen niet langer aan menselijke handen zijn gebonden, waarin beslissingen worden genomen door systemen die zijn ontworpen om resultaten met koude precisie te optimaliseren, en waarin de traditionele markers van werkgelegenheid zonder ceremonie worden ontmanteld. Het is een scenario dat niet alleen technische aanpassing vereist, maar ook een fundamentele verschuiving in hoe we onszelf en onze plaats in een maatschappij die razendsnel evolueert, zien.

Als ik terugkijk op mijn eigen reis - van de vonk van innovatieve projecten tot de frustraties van vastgelopen samenwerkingen - zie ik een microkosmos van het bredere maatschappelijke experiment dat zich om ons heen ontvouwt. Elke technologische doorbraak brengt de belofte van een betere toekomst met zich mee, maar ook de mogelijkheid van onvoorziene gevolgen die de structuur van onze gemeenschappen uitdagen. De gesprekken die **Max Tegmark** , **Andrew Yang** , **Elon Musk** en **Sam Altman hebben aangewakkerd** , zijn niet zomaar intellectuele oefeningen; het zijn dringende oproepen om economische structuren, sociale contracten en de essentie van menselijke vervulling te heroverwegen in een tijdperk dat wordt gedomineerd door kunstmatige intelligentie.

Te midden van deze maalstroom blijft één ding duidelijk: de transformatie is onomkeerbaar. Of we ervoor kiezen om het te zien als een voorbode van bevrijding of een voorteken van diepe ontwrichting hangt grotendeels af van onze bereidheid om de uitdagingen rechtstreeks aan te gaan. De dialoog is gaande - gevormd door het meedogenloze tempo van innovatie en de constante wisselwerking tussen technologische belofte en menselijke veerkracht.

Dus hier staan we, geconfronteerd met een realiteit waarin elke instelling - van het bruisende koffiehuis op uw hoek tot de torenhoge wolkenkrabbers van hoofdkantoren van bedrijven - opnieuw wordt uitgevonden door krachten buiten onze traditionele controle. De revolutie wordt niet op televisie uitgezonden; het is gecodeerd in de lijnen van software, ingebed in de circuits van robots en gearticuleerd in het beleid dat wordt besproken door mensen als **Andrew Yang** en **Sam Altman** . De statistieken zijn grimmig: een studie van de **Universiteit van Oxford** waarschuwde in 2019 dat bijna de helft van de Amerikaanse banen zou kunnen verdwijnen, een cijfer dat dient als een huiveringwekkende herinnering aan de omvang en snelheid van deze transformatie.

Voor degenen onder ons die hun leven hebben gewijd aan het smeden van identiteiten rondom werk, is deze verschuiving diep persoonlijk. Het daagt ons uit om de aard van succes in vraag te stellen en te herontdekken wat er werkelijk toe doet wanneer de sleur wordt vervangen door een economie die niet langer afhankelijk is van menselijke inspanning om de productiviteit te stimuleren. Er zit een zekere vrijheid in deze onzekerheid, een rauw potentieel om onszelf opnieuw te definiëren op manieren die creativiteit, empathie en verbinding vieren - kwaliteiten die geen enkele machine kan repliceren.

Terwijl ik door dit dappere nieuwe terrein navigeer, word ik eraan herinnerd dat innovatie een doorlopend experiment is, een experiment dat zowel kritische reflectie als gedurfde actie vereist. De reis is even onvoorspelbaar als opwindend, gevuld met momenten van triomf, tegenslagen en de onvermijdelijke herijking van onze collectieve verwachtingen. Het verhaal dat zich om ons heen ontvouwt, gaat niet alleen over technologische vooruitgang, maar over het vermogen van de menselijke geest om zich aan te passen, opnieuw te verbeelden en uiteindelijk betekenis te creëren te midden van verandering.

En dus blijft de vraag hangen - niet als een uitdaging voor technologie, maar als een uitnodiging om onze rollen opnieuw te definiëren in een maatschappij waarin de parameters van arbeid opnieuw zijn getekend.

Wanneer elke taak met machine-achtige precisie wordt uitgevoerd en menselijke bijdragen worden gedegradeerd tot toezicht en strategisch oordeel, worden we gedwongen om de ongemakkelijke waarheid onder ogen te zien: onze identiteiten moeten evolueren. Het verhaal van automatisering is er niet alleen een van dystopie of wanhoop; het is ook een oproep om de unieke menselijke eigenschappen die ons definiëren terug te vorderen, om onze collectieve vindingrijkheid te benutten en een koers uit te zetten die zowel vooruitgang als de onvervangbare waarde van menselijke creativiteit eert .

Uiteindelijk, als ik nadenk over de transformatie die zich om ons heen voltrekt, vind ik een mix van angst en hoop. De conventionele maatstaven van werk brokkelen af, en daarmee ook de oude markers van succes. In plaats daarvan krijgen we een blanco lei - een kans om de regels te herschrijven, om systemen te bouwen die het menselijk potentieel in zijn meest authentieke vorm vieren. Het is een uitdaging die even monumentaal als persoonlijk is, en het vereist een bereidheid om het verleden los te laten om een realiteit te omarmen die, hoewel onvoorspelbaar, vol mogelijkheden zit.

Dit is geen verhaal van berusting; het is een verhaal van heruitvinding. Het gaat over het begrijpen dat de evolutie van technologie niet het einde van menselijke inspanningen betekent , maar eerder een uitnodiging om onbekende gebieden van creativiteit en doel te verkennen. Elke stap die we zetten in dit onontgonnen gebied is zowel een risico als een kans - een kans om nieuwe betekenissen te creëren en identiteiten te smeden die veerkrachtig, adaptief en diep menselijk zijn.

De revolutie van automatisering is gearriveerd met alle subtiliteit van een vloedgolf, en hoewel de impact ervan onmiskenbaar is, laat het ons achter met de vraag die ons volgende hoofdstuk zal definiëren: als elke machine doet wat hij het beste kan, hoe smeden wij, als individu en als maatschappij, een pad dat de rijkdom van de menselijke ervaring viert? Het antwoord is misschien niet meteen duidelijk, maar het is een uitdaging die vraagt om zowel introspectie als innovatie - een uitdaging die ik, samen met talloze anderen, klaar ben om frontaal aan te gaan.

In de echo van ratelende toetsenborden en het gezoem van geautomatiseerde systemen, pulseert de menselijke geest nog steeds met mogelijkheden. Het komende tijdperk kan de structuren die we ooit kenden wegnemen, maar het legt ook de basis voor een renaissance van gedachten, creativiteit en verbinding. Onze taak is om ervoor te zorgen dat we, als we dit dappere nieuwe hoofdstuk ingaan, dat niet doen als passieve omstanders, maar als actieve vormgevers van ons lot - een lot waarin technologie dient als een hulpmiddel voor bevrijding, niet als een meester die onze waarde dicteert.

Terwijl ik mijn reis voortzet - een reis die gekenmerkt wordt door experimenten, tegenslagen en momenten van onverwachte genialiteit - draag ik het geloof met me mee dat er zelfs in een tijdperk dat gedomineerd wordt door meedogenloze automatisering, nog steeds een onwrikbare ruimte is voor de rommelige, mooie en onvoorspelbare aard van het menselijk bestaan. Het is een herinnering dat hoewel de motoren van vooruitgang misschien zoemen met de efficiëntie van silicium en code, het hart van innovatie altijd zal kloppen met het onvoorspelbare ritme van menselijke creativiteit.

Afbeelding: Peter aan het vissen (niet voor de sport, maar om ervan te genieten en ervan te genieten).

Het ochtendlicht scheen door de gordijnen van een bescheiden appartement in een stad die al lang geleden had geleerd te leven met het gezoem van automatisering. Ik zat aan mijn licht bevlekte en gebarsten keukentafel, nippend aan een lauwe koffie en peinsde over een vraag die onmogelijk te negeren was geworden: als elke taak - van het coderen van een complex algoritme tot het vastdraaien van een bout op een assemblagelijn - wordt uitgevoerd door meedogenloze, efficiënte machines, wat blijft er dan nog over voor ons om te doen? Dit was niet de warrige overpeinzing van een losgekoppelde dromer; het was een nuchtere reflectie op een tijdperk waarin menselijke rollen snel worden herdefinieerd.

Ik dacht terug aan de tijd dat de digitale revolutie een stortvloed aan innovaties ontketende die traditionele banen op hun kop zette. De internethausse van eind jaren negentig deed meer dan alleen bepaalde vaardigheden overbodig maken - het bracht compleet nieuwe sectoren voort. Bedrijven als **Amazon** en **eBay** ontstonden bijna van de ene op de andere dag, transformeerden de handel en creëerden miljoenen kansen in het proces. Vandaag de dag heeft de katalysator voor verandering echter een nieuw gezicht gekregen, een gezicht dat zowel ontzagwekkend als angstaanjagend is: intelligente systemen en mechanische werknemers. Deze verschuiving is verre van een lineaire progressie, maar een ingewikkelde dans van vernietiging en creatie - een paradox die alles wat we dachten te weten over arbeid uitdaagt .

**Europese Commissie** in 2018 haar "Richtlijnen voor betrouwbare AI" uitrolde. Die stap was meer dan alleen bureaucratische finetuning - het was een heldere oproep aan industrieën op het hele continent. Plotseling zaten tech-startups in Berlijn te debatteren over de ethiek van machinale besluitvorming, terwijl bestuurskamers in Parijs worstelden met de implicaties van algoritmen die zelfs de meest doorgewinterde menselijke leidinggevenden konden overtreffen. Het was een moment van afrekening: de beloften van eindeloze efficiëntie waren nu onlosmakelijk verbonden met de risico's van het verlies van ons vermogen om genuanceerde, empathische beslissingen te nemen.

**BYD** of **Toyota** voor met hoge inzet . In plaats van een charismatische menselijke CEO die de kamer met passie en af en toe een goed getimede grap in beweging brengt, stel je een gestroomlijnd, vrijwel emotieloos algoritme voor dat kwartaalprognoses met precisie opdreunt, waardoor Zwitserse horloges er lui uitzagen. Ik kon niet anders dan denken aan **Nick Bostrom** en zijn grimmige waarschuwingen over de existentiële risico's die verbonden zijn aan ongecontroleerde kunstmatige intelligentie. Zijn waarschuwingen, ooit afgedaan als academische paranoia, leken nu een profetische voorspelling van een tijd waarin besluitvorming zou worden ontdaan van de rommelige onvoorspelbaarheid die ons menselijk maakt.

Op de Berlin AI Summit in 2022 stond een eigenzinnige ondernemer - deels humorist , deels visionair - op het podium en verklaarde, met een mengeling van vrolijkheid en dreiging, dat als we AI leiderschapsrollen zouden laten overnemen, we niet alleen getuige waren van het verdwijnen van banen; we zagen ook de geleidelijke erosie van de menselijke geest. Zijn woorden, druipend van ironie, vonden weerklank bij

afgevaardigden van techgiganten als **SAP** en **Bosch** .
Ze lachten nerveus, het geluid weerkaatste tegen de
steriele conferentiemuren, terwijl ook z̄ij worstelden met
het ontluikende besef: als een machine ons te slim af
kon zijn, waar bleef onze waardigheid dan?

Toch was er te midden van al deze verontrustende
vooruitgang een tegenargument: een verhaal dat
suggereerde dat intelligente systemen niet alleen banen
zouden kunnen beëindigen, maar ook banen zouden
kunnen creëren. Het idee was dat deze technologieën,
terwijl ze sommige rollen zouden vernietigen, geheel
nieuwe industrieën en kansen zouden kunnen
aanwakkeren. Dit concept van 'creatieve vernietiging'
was niet bepaald nieuw. De geschiedenis had ons al
laten zien hoe seismische technologische
verschuivingen, zoals de opkomst van internet, niet
alleen oude paradigma's ontmantelden, maar ook
nieuwe paden smeedden, vaak op onverwachte
plekken. Het vooruitzicht was zowel opwindend als
alarmerend, want het vereiste dat we ons begrip van
arbeid volledig zouden herformuleren.

Ik kon niet anders dan terugdenken aan een scène uit een drukke productiefaciliteit in Noord-Europa. **Ericsson**, de Finse telecommunicatiegigant, had onlangs een AI-gestuurd managementsysteem getest dat niet alleen de kosten met een indrukwekkende 20% verlaagde, maar ook netwerkstoringen voorspelde met een bijna griezelige nauwkeurigheid. Ingenieurs die ooit vertrouwden op jarenlange praktische ervaring, werden overbodig en hun expertise werd uitgedaagd door regels code die problemen konden voorspellen voordat ze zich überhaupt manifesteerden. Evenzo had **Innoson Vehicle Manufacturing**, de baanbrekende inheemse autofabrikant uit **Nigeria**, halverwege de wereld robotachtige assemblagelijnen met zoveel enthousiasme omarmd dat hele teams van werknemers werden ontslagen. De efficiëntie was onmiskenbaar, maar elke ontslagen werknemer vertegenwoordigde niet alleen een verloren baan, maar een fragment van een groter sociaal weefsel dat ooit door mensenhanden was geweven.

De meedogenloze opkomst van automatisering bracht gevolgen met zich mee die veel ernstiger waren dan alleen economische ontheemding. Het was een stille aanval op de identiteit die velen rond hun werk hadden opgebouwd. Eeuwenlang was arbeid had gediend als smeltkroes voor de gemeenschap, een bron van trots en persoonlijke betekenis. Zonder dit begonnen de ingewikkelde sociale netwerken die gemeenschappen bij elkaar hielden te rafelen. Een studie van het European Institute for the Future of Work onderstreepte dit fenomeen - regio's die automatisering het meest vurig hadden omarmd, worstelden ook met een toename van psychische gezondheidsproblemen, sociale isolatie en middelenmisbruik. De lokale bakkerij, ooit een levendige hub waar buren samenkwamen en niet alleen gebak maar ook verhalen uitwisselden, werd steeds meer vervangen door geautomatiseerde kiosken die brood produceerden zonder een spoor van warmte of menselijke aanraking.

Ik dacht aan Pierre, een 52-jarige assemblagelijnarbeider uit Lyon, wiens leven op zijn kop was gezet toen robots zijn team in de lokale fabriek vervingen. Zijn persoonlijke verhaal was geen anomalie, maar een representatieve noot in een wereldwijde klaagzang, gezongen op werkplekken die snel werden leeggezogen van menselijke zielen. Vakbonden in heel **Duitsland** meldden dat bijna 15% van hun leden aan de kant was gezet door de onverbiddelijke opmars van automatisering, een statistiek die klonk als een doodsklok voor de eeuwenoude relatie tussen werk en identiteit.

De tegenstrijdigheid van dit nieuwe tijdperk lag in de verleidelijke belofte van efficiëntie tegenover de leegte die het in ons leven kon brengen. Op het eerste gezicht was het vooruitzicht om elke taak te laten uitvoeren door een onfeilbare, onvermoeibare machine onweerstaanbaar aantrekkelijk. Geen tijdverspilling meer in eindeloos woon-werkverkeer, geen zielvernietigende kantoorroutines meer, geen overuren meer die je uitgeput en afgesloten achterlieten. Maar de keerzijde was een verontrustende leegte - een leeg canvas waar de ooit vertrouwde contouren van dagelijkse arbeid waren verdwenen, waardoor de vraag achterbleef hoe je de uren die je eerder aan werk besteedde, invulde.

Dit raadsel trok me mee in filosofische bespiegelingen die deden denken aan de absurditeit die wordt vastgelegd in films als *Office Space* , waarin de monotonie van bedrijven belachelijk wordt gemaakt met ongefilterde humor . Nu was de grap op ons: ons bestaan zou kunnen worden gereduceerd tot een eindeloze cyclus van vrije tijd zonder doel, een voortdurende periode van tijd die zo groot en ongedefinieerd is dat het een bron van creativiteit of een diepe put van wanhoop zou kunnen zijn. Ik herinnerde me de mythe van koning Midas, wiens aanraking alles in goud veranderde. Maar in zijn geval was de glans van rijkdom een wrede bespotting van echte vervulling . In dit nieuwe tijdperk zou efficiëntie inderdaad net zo verleidelijk kunnen zijn als goud, maar als het de levendige texturen van het menselijk leven wegneemt - ons lachen, onze creativiteit, ons vermogen tot empathie - dan dreigt vooruitgang een steriele triomf te worden van machinelogica over menselijke warmte.

Het debat over de vraag of intelligente systemen banen zouden wegkapen of nieuwe kansen zouden creëren, beperkte zich niet tot abstracte economische modellen of academische verhandelingen. Het verspreidde zich naar de straten en cafés van steden over continenten. In **Helsinki** , **Lissabon** en daarbuiten begonnen gemeenschappen te experimenteren met ideeën die het concept van werkgelegenheid volledig herdefinieerden. Een dergelijk experiment was de introductie van het Universal Basic Income (UBI), een beleidsinitiatief dat al in 2017 in **Finland werd** uitgeprobeerd . In dat pilotprogramma ontving een groep werkloze burgers een vaste maandelijkse toelage, een bescheiden bedrag dat bedoeld was om een financieel vangnet te bieden, terwijl creatieve bezigheden werden aangemoedigd en angst voor overleving werd verminderd. De resultaten waren gemengd - hoewel het geen wondermiddel was voor alle economische problemen, belichtte het experiment een mogelijkheid: dat het loskoppelen van levensonderhoud van traditionele werkgelegenheid een pad zou kunnen bieden naar het herwinnen van menselijke waardigheid.

Voorstanders van UBI betoogden hartstochtelijk dat een gegarandeerd inkomen mensen kon bevrijden van de sleur van banen die steeds meer overbodig werden gemaakt door machines. Bevrijd van de ketenen van routinearbeid , konden individuen passies verkennen die lang waren onderdrukt door de meedogenloze eisen van een op salaris gebaseerd bestaan. Dit ging niet over luiheid, maar over het herontdekken van de intrinsieke vreugde van creativiteit, gemeenschap en levenslang leren. Het idee sprak veel mensen aan die het zat waren om eigenwaarde gelijk te stellen aan functienamen en uurloon.

Tegelijkertijd waren academische instellingen en denktanks druk bezig met het opnieuw vormgeven van de onderwijsparadigma's die al lang ten grondslag lagen aan onze samenlevingen. **Stanford University** en **MIT** begonnen interdisciplinaire cursussen aan te bieden die technische vaardigheden combineerden met ethiek, kunst en geesteswetenschappen. Deze innovatieve programma's waren erop gericht een generatie voor te bereiden op een economie die waarde niet langer mat in het aantal uren dat werd geklokt, maar in de diepte van menselijke creativiteit en aanpassingsvermogen. Het was een radicale verschuiving - een afwijking van traditionele productiviteitsmetrieken naar een model waarin leren zelf de ultieme valuta was.

Ik bezocht zo'n conferentie in Boston, de MIT Future of Work Conference in 2023, waar stemmen uit alle hoeken van de academische wereld, de industrie en de cultuur samenkwamen om deze dringende kwesties te bespreken. De discussies waren even levendig als urgent, met panels die onderwerpen uit de geautomatiseerde productielijnen in **Stuttgart** tot opkomende creatieve economieën in steden als **Barcelona** en **Milaan ontleedden** . Een panellid merkte met een ironische grijns op dat als machines de dagelijkse gang van zaken in ons werk zouden overnemen, we misschien allemaal een carrière als professionele critici van streamingshows zouden kunnen overwegen - een grap die, ondanks de luchtigheid, een ontnuchterende realiteit onderstreepte.

Toch ontging de ironie niemand die erbij was. Hier waren we, op de drempel van een tijdperk waarin het ooit zo heilige ritueel van forenzen, inklokken en het doorstaan van de dagelijkse sleur binnenkort vervangen zou kunnen worden door eindeloze uren van ongestructureerde tijd. De uitdaging was dus om betekenis en doel te vinden in een bestaan dat niet langer werd gedefinieerd door externe eisen. Deze existentiële heroriëntatie was niet zomaar een filosofische luxe; het was een praktische noodzaak als we de valkuilen van isolatie, apathie en een diepgeworteld verlies van identiteit wilden vermijden.

Hoe meer ik over deze kwesties nadacht, hoe meer ik besefte dat de botsing tussen efficiëntie en menselijkheid geen binaire keuze was, maar een complex samenspel van afwegingen. Enerzijds beloofden de ontwikkelingen in robotica en AI ongekende niveaus van precisie, consistentie en snelheid. Fabrieken zoals die van **Bosch** hadden aangetoond dat robotarbeid de menselijke output met sprongen vooruit kon gaan, door producten te leveren met een kwaliteitsniveau dat menselijke handen, hoe vaardig ook, met moeite konden evenaren. Anderzijds waren de kwaliteiten die machines uitzonderlijk maakten - onwrikbare efficiëntie, gebrek aan emotie en onvermoeibare herhaling - ook de eigenschappen die ons leven dreigden te ontdoen van het rijke tapijt dat door menselijke ervaring was geweven.

Het was een tegenstrijdigheid die zich niet gemakkelijk liet oplossen. De belofte van een leven zonder de sleur van repetitieve taken was verleidelijk, maar het riep ook verontrustende vragen op over doel en vervulling . Zou de eliminatie van traditionele werkgelegenheid kunnen leiden tot een tijdperk van ongekende creativiteit en innovatie, of zou het de maatschappij juist in een staat van existentiële inertie storten? Het antwoord lag, zo leek het, niet in de technologie zelf, maar in de manier waarop we ervoor kozen om te reageren op de meedogenloze opmars ervan.

Tijdens deze reflecties werd ik teruggetrokken naar de verhalen van individuen die de storm van automatisering hadden doorstaan met een mix van veerkracht en uitdagende humor . Er was het verhaal van Pierre uit Lyon, wiens lange jaren op de assemblagelijn abrupt werden beëindigd door de komst van geautomatiseerde machines. Zijn verhaal, hoewel diep persoonlijk, weerspiegelde een bredere trend - een reeks persoonlijke tragedies en triomfen die de menselijke prijs van snelle technologische verandering illustreerden. In heel **Duitsland** vertelden vakbondsvertegenwoordigers hoe hele gemeenschappen werden hervormd door de dubbele krachten van efficiëntie en verplaatsing, waarbij voormalige werknemers nu gedwongen werden om nieuwe rollen te zoeken in een maatschappij die steeds onverschilliger leek voor hun expertise.

Maar zelfs te midden van de omwenteling, glinsterden er op onverwachte plekken vonken van hoop. In buurten die ooit werden gedefinieerd door industriële macht, ontstonden nieuwe centra van creativiteit. Kunstenaars, schrijvers en muzikanten begonnen de straten en parken terug te claimen als plekken voor expressie, waarbij ze de notie uitdaagden dat iemands waarde uitsluitend werd gemeten aan zijn economische output. Bars en buurthuizen gonsden van gesprekken over kunst, filosofie en de onbekende mogelijkheden van het leven buiten de conventionele negen-tot-vijf. Het was een soort renaissance - een grassroots-beweging die het idee omarmde dat menselijke vindingrijkheid, onbegrensd door de eisen van meedogenloze productiviteit, kon floreren op manieren die traditionele maatstaven tartten.

Een voorbeeld hiervan was de transformatie van een oude fabriekswijk in **Lissabon** , waar verlaten pakhuizen waren omgebouwd tot levendige kunsthubs en innovatielabs. Voormalige industriële arbeiders, van wie velen hun baan waren verloren door robotautomatisering, werkten nu samen met jonge creatievelingen en tech-enthousiastelingen aan projecten die kunst combineerden met geavanceerde technologie. Hun werk was rauw en experimenteel, een levend bewijs van het idee dat wanneer conventionele werkstructuren afbrokkelen, er nieuwe vormen van expressie en gemeenschap in hun plaats kunnen ontstaan.

Te midden van al deze transformaties werd de rol van onderwijs en doorlopend leren opnieuw urgent. Het paradigma dat leren een voorrecht van de jeugd was, werd op zijn kop gezet door cursussen en programma's die waren ontworpen voor levenslange betrokkenheid.

Instellingen als **MIT** en **Stanford University** leidden niet alleen toekomstige technologen op; ze kweekten aanpasbare denkers die waren uitgerust om te navigeren in een economie waarin de regels ter plekke werden herschreven. De nadruk verschoof van het beheersen van een vaste set vaardigheden naar het omarmen van een houding van voortdurende nieuwsgierigheid - een mentaliteit die erkende dat aanpassingsvermogen en innovatie de ware valuta's van het nieuwe tijdperk waren.

Gedurende deze tumultueuze periode doemde er een terugkerende vraag op: hoe zou de maatschappij de pure kracht van machine-efficiëntie verzoenen met de onmiskenbare behoefte aan menselijke verbinding en creativiteit? Het antwoord was noch eenvoudig noch onmiddellijk. Het vereiste een algehele herziening van onze waarden, onze sociale structuren en de definitie van doel. Het was een uitdaging die veel verder reikte dan economie of technologie - het was een kwestie van identiteit, van hoe we onszelf begrepen in relatie tot een snel evoluerende omgeving.

Ik vond troost in het besef dat de omwenteling geen voorbode was van onvermijdelijke wanhoop, maar een uitnodiging om de structuur van ons leven opnieuw te bedenken. De meedogenloze drang naar efficiëntie, hoewel onmiskenbaar transformerend, hoefde ons niet naar een somber landschap van vervreemding te leiden. In plaats daarvan kon het dienen als een katalysator voor het opnieuw ontwaken van de creatieve geest die sluimerend ligt onder lagen van routine en conventie. De dood van traditionele functies was niet het einde van de menselijke inspanning ; het was een oproep om opnieuw te definiëren wat het betekende om bij te dragen, te innoveren en erbij te horen.

In een gedenkwaardig gesprek in een plaatselijke boekwinkel - waar de geur van oud papier zich vermengde met het gezoem van levendige debatten - mijmerde een gepensioneerde ingenieur over de potentie voor een nieuw soort renaissance. "Wanneer machines het zware werk doen," zei hij met een twinkeling in zijn ogen, "is het misschien onze beurt om de kunst van het leven te verkennen." Zijn woorden resoneerden diep met mij, en omvatten zowel de ironie als de kansen van onze tijd. Het was een perspectief dat het heersende verhaal van de ondergang uitdaagde en ons in plaats daarvan aanspoorde om de transformatie te zien als een onbeschreven blad waarop we nieuwe, betekenisvolle verhalen konden schrijven.

De evolutie van arbeid was geen verhaal van simpele vervanging, maar van metamorfose - een reis die eiste dat we verouderde aannames aflegden en een radicale heruitvinding van het doel omarmden. Het spook van intelligente systemen en onvermoeibare robots, ondanks al hun meedogenloze efficiëntie, was een spiegel die werd voorgehouden aan onze eigen beperkingen en aspiraties. Het dwong ons om een diepe waarheid onder ogen te zien: dat de waarde van het menselijk leven nooit alleen gemeten kon worden aan de hand van productiviteitsmetingen of de precisie van een algoritme. In plaats daarvan werd onze waarde gevonden in ons vermogen om te creëren, te verbinden en tegenspoed om te zetten in kunst.

Terwijl ik daar zat en nadacht over het zich ontvouwende drama van onze tijd, werd ik getroffen door een paradox die even duidelijk als verontrustend was. De mars van vooruitgang, aangestuurd door entiteiten als **Toyota** , **Bosch** en **SAP** , ontdeed me van de vertrouwde contouren van traditionele werkgelegenheid, terwijl het tegelijkertijd perspectieven opende van ongekende mogelijkheden. Dit was geen binaire strijd tussen mens en machine; het was een complex, veelzijdig samenspel van krachten - elk strijdend om dominantie in een landschap waar zekerheid net zo vluchtig was als een zomerstorm.

Er waren ook momenten waarop het meedogenloze tempo van verandering aanvoelde als een kosmische grap - een verhaal zo absurd dat het elke logische verklaring tartte. Stel je een scenario voor waarin bestuurskamers, ooit gevuld met menselijke emotie en strategische grappen, in plaats daarvan werden gekaapt door algoritmische directeuren die zich alleen maar zorgen maakten over het maximaliseren van de output. Het idee, hoewel lachwekkend dystopisch, onderstreepte een diepere realiteit: dat de meedogenloze jacht op efficiëntie, als het niet in toom wordt gehouden, de rijke, rommelige kern van wat ons menselijk maakte, zou kunnen uithollen.

Te midden van deze omwenteling zag ik glimpen van hoop en veerkracht. Voormalige arbeiders , ontdaan van hun traditionele rollen, baanden nieuwe paden in uiteenlopende vakgebieden als digitale kunst, culinaire innovatie en duurzame landbouw. De verschuiving verliep niet uniform of universeel soepel - er waren misstappen, worstelingen en momenten van bittere teleurstelling - maar het was onmiskenbaar: menselijke creativiteit, in zijn koppige weigering om ouderwets te worden, was bezig met een comeback.

Denk aan de transformerende impact van **Spotify** en zijn medeoprichter, **Daniel Ek** . Wat begon als een bescheiden idee over het veranderen van de manier waarop we muziek consumeerden, groeide uit tot een seismische verschuiving in de culturele economie. **Daniel Ek** betoogde, in zijn kenmerkende botte stijl, dat muziek niet alleen een handelswaar was om te verhandelen, maar een ervaring om van te genieten - een idee dat weerklank vond bij miljoenen mensen met uiteenlopende achtergronden. Zijn succes was een bewijs van het idee dat er zelfs in een tijdperk dat werd gedefinieerd door automatisering, nog steeds plaats was voor de unieke menselijke touch - het vermogen om emotie op te roepen, te inspireren en verbindingen te creëren die transactionele uitwisselingen overstegen.

Toch waren de harde realiteiten van ontheemding en onzekerheid nooit ver weg, zelfs niet toen de belofte van een hernieuwde creatieve economie doorscheen. De meedogenloze drang om te optimaliseren en te bezuinigen was een kracht die niemand spaarde - zelfs niet de meest gevierde menselijke inspanningen . Conferenties en summits, zoals de MIT Future of Work Conference die in 2023 werd gehouden, gonsden van debatten die even gepassioneerd als pragmatisch waren. Geleerden, leiders uit de industrie en cultuurcritici worstelden met de prangende vraag: hoe benutten we de voordelen van technologische vooruitgang zonder de ziel van het menselijk bestaan op te offeren?

Deze dialoog mondde uit in talloze gesprekken in cafés, op straathoeken en in de stille hoeken van bibliotheken. Het verhaal was niet langer een verhaal van passieve acceptatie, maar van actieve herinterpretatie. Elke ontheemde arbeider, elke gesloten fabriek, elke stille zucht van berusting werd een strijdkreet voor een nieuw sociaal contract - een die de bijdragen van het verleden zou eren en tegelijkertijd het lef zou hebben om een radicaal andere toekomst te visualiseren.

En dus, terwijl de dag vorderde en de stad buiten pulseerde met de energie van constante verandering, kon ik niet anders dan een bitterzoete mix van angst en mogelijkheid voelen. We leefden in een cruciaal moment, een keerpunt waarop de meedogenloze opmars van intelligente machines ons dwong om moeilijke vragen te stellen over de aard van arbeid , doel en vervulling . Het was een periode die werd gekenmerkt door grote contrasten: aan de ene kant de koude efficiëntie van algoritmes en robotarmen, en aan de andere kant de levendige, onvoorspelbare vonk van menselijke vindingrijkheid.

Dit was geen verhaal over technologisch determinisme, maar over menselijke veerkracht - een verhaal dat eiste dat we de regels van betrokkenheid bij ons werk en onze identiteit herschreven. Het tijdperk van alomtegenwoordige automatisering, gesymboliseerd door de snelle opkomst van **Ericsson** , **Innoson Vehicle Manufacturing** en andere dergelijke entiteiten, vormde ons collectieve lot opnieuw. En hoewel het verlies van traditionele rollen een klap was voor het vertrouwde, creëerde het ook een vacuüm - een kans om opnieuw te definiëren wat het betekende om op een zinvolle manier bij te dragen aan de maatschappij.

In dat licht kreeg de belofte van Universeel Basisinkomen een nieuwe dimensie. Het was niet alleen een economisch beleid, maar een reddingslijn - een middel om het evenwicht te herstellen in een systeem dat te lang de menselijke waarde alleen in monetaire termen had gemeten. De proeven in **Finland** en de experimentele gemeenschappen in **Helsinki** en **Lissabon** waren vroege experimenten in deze grootse herdefinitie. Ze boden een glimp van hoe mensen, door overleving los te koppelen van conventionele werkgelegenheid, de vrijheid konden heroveren om kunst, wetenschap en cultuur op hun eigen voorwaarden te verkennen.

Toen we op dit kruispunt stonden, werd één ding overduidelijk: het komende tijdperk zou van ons eisen dat we onzekerheid omarmen met een gevoel van uitdagende creativiteit. We zouden moeten leren, ons aanpassen en, nog belangrijker, ons eigen potentieel opnieuw moeten uitvinden. De meedogenloze efficiëntie van machines was een gegeven - een kracht die niet gestopt kon worden. Maar het was evenzeer onmiskenbaar dat de menselijke vindingrijkheid, met zijn onvoorspelbare flair voor uitvinding en verbinding, nieuwe niches zou blijven creëren in een voortdurend veranderend landschap.

Het verhaal dat zich voor ons ontvouwde was zowel een waarschuwend verhaal als een uitnodiging - een oproep om onze aannames over werk, identiteit en de essentie van vooruitgang opnieuw te onderzoeken. Het was een herinnering dat machines weliswaar talloze taken met een koude, mechanische precisie konden overnemen, maar dat ze nooit de rommelige, prachtige complexiteit van het menselijk leven konden evenaren. Ze konden niet lachen om een slechte grap die werd gedeeld bij een vergeten kopje koffie, noch konden ze de rauwe vreugde ervaren van het creëren van iets dat op een diep persoonlijk niveau resoneert.

Toen de schemering viel en de stadslichten aangingen, lange schaduwen werpend die dansten op de door de regen gladde trottoirs, voelde ik een roering van vastberadenheid. Dit moment - beladen met zowel gevaar als belofte - was geen eindpunt maar een begin. Het was een uitnodiging om een nieuw hoofdstuk in te stappen, waar het verdwijnen van vertrouwde rollen niet het einde van het doel aankondigde, maar eerder de opkomst van iets geheel nieuws en potentieel transformerends.

De uitdaging was dus om de verbazingwekkende mogelijkheden van intelligente systemen te benutten zonder de ziel op te geven die ons zo menselijk maakt. Om een balans te vinden tussen de meedogenloze mars van automatisering en de tijdloze behoefte aan creativiteit, verbinding en betekenis. Het was een ontmoedigende taak, een die niet alleen technologische innovatie vereiste, maar ook een radicale heruitvinding van onze sociale contracten, onze onderwijssystemen en zelfs onze persoonlijke verhalen.

Uiteindelijk is het verhaal van onze tijd er een van evolutie - een meedogenloze, soms pijnlijke, maar uiteindelijk hoopvolle reis naar een nieuw begrip van wat het betekent om te leven in een tijdperk van machines. De oude zekerheden van arbeid en identiteit losten op en lieten een enorme hoeveelheid onbekende mogelijkheden achter. En hoewel er geen eenvoudig antwoord was, bevatte het proces van worstelen met deze diepgaande veranderingen de zaden van een renaissance - een wedergeboorte gevoed door de brutaliteit van menselijke creativiteit en het onverzettelijke verlangen om ons eigen lot opnieuw te definiëren.

Dus terwijl ik mijn koffie opdronk en me voorbereidde om een stad binnen te stappen die was getransformeerd door zowel technologische wonderen als menselijke veerkracht, droeg ik de overtuiging met me mee dat dit tijdperk - vol ontwrichting en twijfel - ook een oproep tot wapens was. Een oproep om het rijke tapijt van het menselijk bestaan opnieuw te bedenken, te herbouwen en te herontdekken. Want in elk algoritme en elke robotarm lag niet alleen een bewijs van efficiëntie, maar ook een open uitnodiging voor ons om een nieuw hoofdstuk van betekenis te schrijven - een verhaal waarin, ondanks de meedogenloze opkomst van machines, de menselijke geest niet alleen zou voortbestaan, maar ook zou floreren.

En zo gaat de reis verder - een reis naar gebieden die niet in kaart zijn gebracht door eerdere generaties, waar elke ontheemde arbeider, elke gesloten fabriek en elk rustig moment van introspectie een opstap is naar een herdefinieerde toekomst. In dit dappere nieuwe tijdperk, waarin intelligente systemen en onvermoeibare robots de mechanica van de industrie vormgeven, is het aan ons om ons leven te doordrenken met de onvoorspelbare, niet-kwantificeerbare magie van creativiteit en mededogen. Dit is onze uitdaging, onze verantwoordelijkheid en uiteindelijk onze kans om te herontdekken wat het betekent om echt te leven.

In de echo van geautomatiseerde zoemgeluiden en digitale pulsen ontvouwt zich het verhaal van onze transformatie - een verhaal dat net zozeer over de machines gaat als over het menselijk hart. Het is een verhaal van verlies en wedergeboorte, van wanhoop vermengd met hoop, en van de blijvende waarheid dat technologie weliswaar onze taken opnieuw kan definiëren, maar nooit de capaciteit voor verwondering, voor lachen of voor echte verbinding kan overnemen. En dat is misschien wel de meest radicale vorm van vooruitgang van allemaal.

## Roadmap for Reskilling and Reinvention

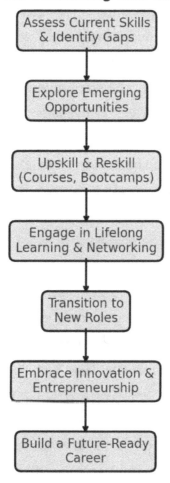

De ochtendlucht droeg een zweem van rebellie met zich mee, alsof zelfs de natuur wist dat er iets aan het veranderen was. Je wordt op een dag wakker en realiseert je dat de wereld om je heen niet langer wordt gemeten aan de oude maatstaven van een hoekkantoor of een netjes geprint loonstrookje . In plaats daarvan is het ritme van het leven geremixt door een meedogenloze golf van innovatie en ontwrichting. De dagelijkse sleur draait niet langer alleen om het inklokken van een baan; het is een oproep geworden om de pure sensatie van leren, van experimenteren en van het durven herdefiniëren van succes op je eigen voorwaarden te herontdekken.

Het begon rustig - gefluister in de gangen van de academische wereld, gemompel in de bestuurskamers van startups **in Silicon Valley** en vurige debatten in denktanks verspreid over **New York** . Plotseling waren de signalen onmogelijk te negeren. Er was een verschuiving gaande, een die de basis van wat de maatschappij lang had beschouwd als haar belangrijkste bron van identiteit, uitdaagde: werk. Het ging hier niet om het produceren van een nieuwe generatie robotreparatietechnici. In plaats daarvan was het een seismische uitnodiging om het onbekende te omarmen, de regels te herschrijven en een levenslange dialoog aan te gaan met nieuwsgierigheid.

De zaden van deze transformatie werden geplant door visionaire instellingen en gedurfde experimenten in economisch beleid. In 2021 bijvoorbeeld, rolde de **Europese Commissie een reeks initiatieven uit die ontworpen waren om de impact van automatisering te verzachten. In Duitsland** werden regio's die doordrenkt waren van industriële traditie omscholingsprogramma's aangeboden die niet alleen gericht waren op overleven, maar ook op bloeien. In heel **Spanje** leidden innovatieve subsidies tot creatieve startups die conventionele bedrijfsmodellen uitdaagden. Ondertussen, aan de andere kant van de Stille Oceaan, herinterpreteerden titanen als BYD in China **de** productie met een precisie en snelheid die geen ruimte liet voor zelfgenoegzaamheid. Zelfs op het Afrikaanse continent bewezen pioniers als **Innoson Vehicle Manufacturing** dat innovatie niet beperkt was tot de gebruikelijke verdachten.

In een kleine gemeenschap die ooit misschien als onbeduidend werd gezien, orkestreerde het lot een transformatie die even hartverscheurend als inspirerend was. Toen een fabriek haar deuren sloot als reactie op de verregaande automatisering, raakten honderden mensen stuurloos. In plaats van zich over te geven aan wanhoop, verzamelden de mensen zich met een vasthoudendheid die hun omstandigheden logenstrafte. Ze veranderden een verlaten pakhuis in een levendig cultureel centrum - een plek waar kunst, muziek, technologie en conversatie vrijelijk samenkwamen. Deze wedergeboorte was niet alleen een metafoor; het was een tastbare herinnering dat wanneer traditionele rollen verdwijnen, de veerkrachtige menselijke geest iets geheel nieuws kan creëren.

In zowel drukke metropolen als rustige gehuchten op het platteland begonnen leiders en denkers op te duiken. Namen als **Nick Bostrom** en **Yuval Noah Harari** werden al snel synoniem voor een radicale heroverweging van ons collectieve lot. **Bostroms** baanbrekende werk over superintelligentie diende als een duidelijke waarschuwing, een herinnering dat de kracht van AI op een dag onze controle erover zou kunnen overtreffen. **Harari's** verhalen, rijk aan historisch inzicht, daagden ons uit om de ironie van onze vooruitgang onder ogen te zien: dat elke grote sprong voorwaarts de zaden van diepgaande ontwrichting in zich droeg. Op spraakmakende bijeenkomsten zoals de **MIT** -symposia en **Stanford-** forums werden deze ideeën niet alleen besproken, ze werden ook ontleed, bediscussieerd en soms belachelijk gemaakt. Een spreker grapte zelfs dat als de opkomst van AI traditionele banen overbodig zou maken, de mensheid in ieder geval een reputatie zou kunnen verdienen als 's werelds meest toegewijde filosofen of, durven we te zeggen, onvermoeibare critici van het volgende seizoen van streamingshows.

Deze botsing van vooruitgang en gevaar heeft lang bestaande aannames over succes op zijn kop gezet. Eeuwenlang werd waarde gemeten aan de hand van functienamen, bankafschriften en het vermogen om de bedrijfsladder te beklimmen. Nu mechanische armen voertuigen assembleren en digitale hersenen terabytes aan data analyseren , hebben die oude statistieken veel van hun glans verloren . In plaats daarvan ontstaat er stilletjes een renaissance, een die creativiteit, gemeenschap en oprechte menselijke verbinding centraal stelt. Het nieuwe paradigma suggereert dat vervulling wellicht niet gevonden wordt in de precisie van algoritmen of de koude efficiëntie van geautomatiseerde processen, maar in de rommelige, prachtige daad van jezelf opnieuw uitvinden.

Te midden van deze meedogenloze vloedgolf van verandering is humor een onwaarschijnlijke reddingslijn geworden. Er zit een rauwe, bevrijdende kwaliteit in het vermogen om te lachen om je eigen veroudering. De absurditeit van het tientallen jaren beklimmen van een ladder die binnenkort misschien wordt ingeruild voor een roltrap - uitsluitend ontworpen voor machines - ontgaat niemand. Deze humor is geen cynische berusting; het is een uitdagende glimlach in het gezicht van onzekerheid. Wanneer het idee van werk zelf in twijfel wordt getrokken, is het soms het beste om je schouders op te halen, te gniffelen en dan op te staan om iets opmerkelijks te doen.

Denk aan een moment in een druk buurtcafé , waar een voormalige fabrieksarbeider - nu parttime kunstenaar en fulltime filosoof - een klein publiek vermaakte met verhalen over het leven vóór de automatisering. Zijn verhaal was niet gevuld met bittere nostalgie, maar met een ironische acceptatie van hoe snel dingen kunnen veranderen. "Vroeger definieerden we onszelf door de taken die we uitvoerden," mijmerde hij, zijn ogen glinsterend van ondeugendheid. "Nu ontdekken we dat onze waarde niet ligt in wat we produceren, maar in de eindeloze manieren waarop we onszelf opnieuw kunnen uitvinden." Zijn woorden, ongepolijst maar diepgaand, vonden diepe weerklank bij degenen die de brute schok van technologische redundantie hadden ervaren.

Toch zijn de uitdagingen waar we voor staan niet puur existentieel of filosofisch - ze zijn net zo tastbaar als de robots die nu naast ons zwoegen. Het huidige landschap wordt gekenmerkt door een meedogenloze push van industrieën die graag de efficiëntie willen optimaliseren. In bruisende centra als **Tokio** en **Milaan** hebben geautomatiseerde systemen rollen overgenomen die ooit een gevoel van zingeving gaven aan talloze werknemers. Hier wordt het weefsel van de gemeenschap opnieuw geweven, draadje voor draadje, terwijl oude zekerheden worden vervangen door een dappere nieuwe mix van creativiteit en rauwe aanpassingsvermogen. In deze stedelijke arena's maken de traditionele markers van succes plaats voor een viering van innovatie die even onvoorspelbaar als inspirerend is.

Te midden van al deze turbulentie is één ding duidelijk: de systemen waarop we vertrouwden om onze eigenwaarde te meten, vallen uiteen onder het gewicht van de meedogenloze vooruitgang. De ironie is voelbaar: eeuwen van menselijke vindingrijkheid en inspanning lopen nu het risico om te worden gedegradeerd tot voetnoten in een verhaal dat is geschreven door silicium en code. Maar in plaats van te bezwijken onder wanhoop, kiezen sommigen ervoor om deze omwenteling te zien als een uitnodiging. Het is een uitnodiging om oude paradigma's in twijfel te trekken en een ruimere definitie te omarmen van wat het betekent om een bevredigend leven te leiden.

In steden en dorpen, in vergaderzalen en cafés zijn de gesprekken drastisch veranderd. Mensen zijn niet langer alleen gefocust op het beklimmen van vooraf gedefinieerde hiërarchieën. In plaats daarvan voeren ze debatten over het soort samenleving dat ze willen creëren - een samenleving die vindingrijkheid boven traagheid, empathie boven efficiëntie waardeert. Zelfs terwijl robotarbeid taken blijft opeisen die ooit het menselijk streven definieerden , wint een tegenstroom van creativiteit aan kracht. Gemeenschappen investeren in programma's voor levenslang leren, workshops en culturele hubs die individuen in staat stellen om passies te verkennen die ooit werden onderdrukt door de sleur van een negen-tot-vijf-bestaan.

De kern van deze beweging is het idee dat onze identiteiten niet gebonden hoeven te zijn aan één rol of beroep. In plaats daarvan kunnen onze identiteiten vloeiend, evoluerend en rijk aan uiteenlopende ervaringen zijn. In buurten vol met omgebouwde pakhuizen die nu bruisen van kunstinstallaties en tech-incubators, leren mensen om van elk moment van heruitvinding te genieten . Ze omarmen het idee dat persoonlijke groei een continu proces is - een reis vol wendingen, bochten en onverwachte omwegen.

In dit tijdperk van radicale herdefiniëring is het onmogelijk om de surrealistische mix van hoop en ironie die onze collectieve stemming kleurt , niet op te merken. Economische experts op evenementen georganiseerd door instituten als **MIT** en **Stanford** hebben een beeld geschetst dat even somber als opwindend is. Tijdens een bijzonder gedenkwaardige paneldiscussie legde een gerenommeerd econoom het in duidelijke bewoordingen uit: "Ons werk is fundamenteel aan het transformeren, en als we passief blijven, zal de resulterende verschuiving velen van ons op drift achterlaten." De verklaring werd uitgesproken met een ernst die onmogelijk te negeren was. Toch zou de stemming enkele momenten later opklaren met een gevatte opmerking of een lach - een erkenning dat soms de enige gezonde reactie op zulke absurditeiten is om te lachen.

Deze dualiteit - de spanning tussen angst en uitdagende humor - is het kenmerk van onze tijd geworden. Het is een spanning die misschien het beste wordt geïllustreerd door de ironische vieringen die zijn ontstaan rond automatisering. Festivals gewijd aan kunst, muziek en creativiteit zijn op onverwachte plekken opgebloeid en bieden niet alleen een respijt van angst, maar ook een krachtige verklaring: zelfs als machines routinetaken overnemen, blijft de menselijke geest onaantastbaar. Op een dergelijk festival in een bruisend stedelijk centrum vatte een lokale dichter het perfect samen: "We raken misschien onze oude gewoontes kwijt, maar we krijgen een eindeloos canvas om onze nieuwe verhalen te schilderen."

Voor degenen die nog steeds vasthouden aan de oude definities van succes, is deze culturele omwenteling een ruwe ontwaking. Iemands waarde wordt niet langer alleen bepaald door de efficiëntie van iemands arbeid of het prestige van een bedrijfstitel. In plaats daarvan verschuift het verhaal naar het vieren van de kwaliteiten die geen enkele machine kan evenaren - verbeeldingskracht, emotioneel inzicht en de pure koppigheid van de menselijke ziel. Dit opkomende verhaal daagt ons uit om elk aspect van ons leven te heroverwegen, van opleiding en werkgelegenheid tot persoonlijke vervulling en sociale connectie.

Terwijl beleidsmakers zich haasten om gelijke tred te houden met de meedogenloze mars van vooruitgang, beginnen velen te begrijpen dat het antwoord niet ligt in het weerstaan van verandering, maar in het benutten ervan. Overheden in **Europa** hebben ingrijpende initiatieven gelanceerd om werknemers te herscholen, en hen te helpen de overgang te maken van verouderde rollen naar opkomende sectoren die creativiteit en technische bekwaamheid waarderen. In **Amerika** experimenteren steden met universele basisinkomenproeven en onderwijshervormingen die de nadruk leggen op adaptief, op vaardigheden gebaseerd leren in plaats van het uit het hoofd leren. En ver van beperkt te blijven tot de traditionele machtscentra , bloeien ideeën op de meest onverwachte plekken - van bibliotheken in de buitenwijken tot gemeenschapscentra in economisch worstelende buurten .

Deze enorme, chaotische herordening van de maatschappij is net zo goed een culturele renaissance als een economische transformatie. De strategieën die beleidsmakers inzetten zijn gedurfd en experimenteel, vervaardigd in de smeltkroes van urgentie en noodzaak. De ironie is dat terwijl de digitale revolutie dreigt om langdurige identiteiten weg te nemen, het tegelijkertijd een nieuwe start biedt - een blanco lei waarop nieuwe verhalen over succes kunnen worden geschreven. In plaats van ons neer te leggen bij veroudering, hebben we nu de kans om levens te creëren die rijk zijn aan betekenis, creativiteit en onverwachte vreugde.

In de kern gaat deze voortdurende transformatie over het opnieuw onderzoeken van het idee van waarde. Generaties lang was waarde synoniem met meetbare output - een nette berekening van gewerkte uren, gemaakte producten of verdiende winsten. Nu, in het licht van geavanceerde algoritmen en geautomatiseerde efficiëntie, wordt waarde in veel subjectievere termen herschreven. De debatten in academische zalen en beleidsfora zijn verschoven van kwesties van efficiëntie naar kwesties van doel. Deze herdefinitie heeft diepgaande implicaties, niet alleen voor individuele levens, maar voor de structuur van de samenleving als geheel.

Stel je een toekomst voor waarin gesprekken in koffieshops niet draaien om kwartaalwinsten of markttrends, maar om kunsttentoonstellingen, lokale gemeenschapsprojecten en experimenten met digitaal vertellen. Stel je een maatschappij voor waarin weekenden worden doorgebracht met het bijwonen van workshops over alles van pottenbakken tot programmeren, waarin elk gesprek een kans is om iets nieuws te leren en waarin de maatstaf voor succes net zo vloeiend en divers is als de mensen zelf. Die maatschappij begint vorm te krijgen, één kleine, vastberaden stap tegelijk.

Maar zelfs terwijl optimisme met onzekerheid vecht, blijven de uitdagingen ontmoedigend. De verspreiding van automatisering is geen netjes ingedamd fenomeen - het is een veelzijdige golf die elk aspect van het leven raakt. In industrieën van productie tot dienstverlening heeft de meedogenloze efficiëntie van machines een afrekening met lang gekoesterde aannames over arbeid en productiviteit afgedwongen. Dezelfde gereedschappen die ooit als symbool van menselijke vindingrijkheid dienden, werpen nu lange schaduwen over de bestaansmiddelen die hele gemeenschappen definieerden. En hoewel de reactie op deze afrekening gevarieerd is geweest - variërend van pragmatische herscholingsinitiatieven tot artistieke uitingen van verzet - is het duidelijk dat de transformatie diepgaand en onomkeerbaar is.

Te midden van deze omwenteling is humor een krachtig tegenwicht tegen wanhoop. Er schuilt een heerlijke ironie in het idee dat, terwijl automatisering onze dagelijkse routines herconfigureert, de ultieme reactie misschien wel is om gewoon te lachen. Lachen is tenslotte een herinnering dat zelfs te midden van diepgaande verandering sommige elementen van de menselijke ervaring onaangetast blijven door technologie. Het is een taal die data en schakelingen overstijgt - een bewijs van ons vermogen om betekenis en verbinding te vinden, zelfs wanneer het vertrouwde is weggenomen.

Inmiddels zou het duidelijk moeten zijn dat onze huidige benarde situatie niet alleen een economische of technologische uitdaging is. Het is een diepgaande kans - een oproep om opnieuw te definiëren wat het betekent om mens te zijn in een tijdperk waarin de conventionele markers van succes hun grip hebben verloren. De eeuwenoude obsessie met titels, banksaldi en hiërarchische status maakt geleidelijk plaats voor een breder, rijker verhaal - een verhaal dat onze mogelijkheid om ons aan te passen, te leren en vreugde te vinden in het proces van heruitvinding viert.

Dus hier staan we, op een kruispunt dat wordt gekenmerkt door het meedogenloze gezoem van geautomatiseerde processen en het levendige gebabbel van creatieve geesten. De systemen die ooit stabiliteit beloofden, lijken nu archaïsch in het licht van snelle, meedogenloze vooruitgang. En toch ligt er in deze turbulentie een stille belofte: de belofte dat er, ondanks de uitdagingen, een onblusbare vonk van mogelijkheden in ieder van ons blijft. Het is een herinnering dat de ware maatstaf van onze waarde niet wordt bepaald door machines of getallen, maar door onze meedogenloze jacht op nieuwsgierigheid en onze bereidheid om tegenspoed om te zetten in kunst.

In dit zich ontvouwende verhaal brengt elke tegenslag een verborgen uitnodiging met zich mee: om te leren, om ons aan te passen en uiteindelijk om onszelf opnieuw uit te vinden. Het is een verhaal dat de verouderde definities van succes tart en ons uitnodigt om een verhaal te creëren dat uniek van onszelf is . Terwijl technologische giganten als **BYD** , beleidsinnovatoren in **Europa** en creatieve ondernemers in **Amerika** en daarbuiten de grenzen van het mogelijke verleggen, worden we met een keuze achtergelaten. We kunnen vasthouden aan verouderde paradigma's, of we kunnen dit moment aangrijpen om ons leven opnieuw vorm te geven op manieren die de complexlteil, veerkracht en oneerbiedigheid eren die ons als mens definiëren.

Dit is geen verhaal van onvermijdelijke achteruitgang, maar eerder een verhaal van transformatie - een metamorfose die, hoewel verontrustend, vol potentieel zit. Het nodigt ons uit om los te breken van de beperkingen van nauw gedefinieerde rollen en de uitgestrekte, onbekende gebieden van creativiteit en zelfontdekking te verkennen. Of het nu gaat om de levendige gemeenschapscentra die uit de crisis zijn geboren of het baanbrekende beleid dat onderwijs en werkgelegenheid opnieuw vormgeeft, er is een voelbaar gevoel van urgentie en mogelijkheid in elke hoek van onze veranderende samenleving.

En dus, terwijl we door deze onbekende wateren navigeren, zit er een bepaalde schoonheid in het omarmen van de absurditeit ervan. Het idee dat we op een dag niet herinnerd zullen worden om de banen die we hadden, maar om de creatieve indrukken die we achterlieten, is zowel angstaanjagend als bevrijdend. De ironie is rijk: de meedogenloze opmars van automatisering kan veel traditionele rollen overbodig maken, maar het opent tegelijkertijd een panorama van onontgonnen mogelijkheden - een kans om passies te ontdekken, gemeenschappen op te bouwen en de pure onvoorspelbaarheid van het menselijk leven te vieren.

Wat er uiteindelijk overblijft is een keuze. Een keuze om deze meedogenloze golf van technologie niet te zien als een existentiële bedreiging, maar als een katalysator voor transformatie. Het is een oproep om onze prioriteiten opnieuw te definiëren, te investeren in onze creativiteit en de ongrijpbare kwaliteiten te koesteren die geen enkele machine kan evenaren. In deze voortdurende transformatie is elke lach, elk gesprek, elke uitbarsting van creatieve inspiratie een kleine daad van verzet tegen een vloedgolf die ons probeert te reduceren tot louter radertjes in een efficiënt, gevoelloos mechanisme.

Uiteindelijk is de reis die voor ons ligt net zo ontmoedigend als opwindend. We worden geconfronteerd met diepgaande vragen over doel, waarde en identiteit. En hoewel de antwoorden niet netjes verpakt zijn in één blauwdruk, liggen ze in het rommelige, onvoorspelbare proces van onszelf keer op keer opnieuw uitvinden. Voor degenen die bereid zijn de oude verhalen uit te dagen, zijn de mogelijkheden net zo grenzeloos als de creativiteit die door onze aderen stroomt.

Dus, terwijl u deze woorden leest, laat ze dan dienen als een spiegel en een vonk - een weerspiegeling van de uitdagingen waar we voor staan en een uitnodiging om een antwoord te formuleren dat even gedurfd als oprecht is. Laten we ons niet alleen definiëren door de rollen die we ooit bekleedden, maar door de bereidheid om te verkennen, ons aan te passen en uiteindelijk te gedijen in een landschap dat even onvoorspelbaar als diepgaand is. Met elke nieuwe vaardigheid die we leren, elke creatieve inspanning die we ondernemen, herschrijven we het script van ons leven, één gedurfd hoofdstuk tegelijk.

Uiteindelijk zal wat we kiezen om te doen met dit tijdperk van transformatie niet worden gedicteerd door de koude logica van geautomatiseerde systemen, maar door de warmte van menselijke passie, creativiteit en veerkracht. De machines kunnen berekenen, assembleren en optimaliseren met meedogenloze precisie, maar ze kunnen de rommelige, vreugdevolle en vaak absurde reis van het ontdekken wie we werkelijk zijn niet vastleggen. En misschien is dat wel de belangrijkste les van allemaal: dat zelfs wanneer al het vertrouwde wordt weggenomen, er een ontembare kracht in ons blijft - een kracht die lacht in het gezicht van onzekerheid, die schoonheid vindt in chaos en die weigert om de meedogenloze vooruitgang van technologie de pure, onverzettelijke waarde van het mens-zijn te laten verminderen.

Dit is onze uitnodiging - een oproep om verstoring om te zetten in kansen, angst om te zetten in kunst en een verhaal te creëren dat niet alleen overleving viert, maar ook de ongebreidelde, uitdagende vreugde van een opnieuw uitgevonden leven. Te midden van het lawaai van geautomatiseerde processen en het stille gezoem van AI-algoritmen, staan we klaar om iets volkomen origineels te creëren: een maatschappij waarin onze waarde niet wordt gemeten aan de output van machines, maar aan het grenzeloze potentieel van de menselijke geest.

En dus marcheren we met een ironische glimlach en een vastberaden glinstering in onze ogen voorwaarts. We omarmen de absurditeit van onze tijd met een cocktail van scepsis en hoop, wetende dat elke tegenslag een opzet is voor een comeback - een die geschreven zal worden in de inkt van creativiteit, moed en het onwrikbare geloof dat we meer zijn dan de som van onze taken. Elk nieuw begin is een rebellie tegen de status quo, een gedurfde verklaring dat, hoezeer de wereld ook verandert, ons vermogen om onszelf opnieuw uit te vinden ons krachtigste instrument blijft.

Tijdens deze reis zullen er momenten van wanhoop zijn, periodes van existentiële vragen en dagen waarop het pad voorwaarts gehuld lijkt in onzekerheid. Maar juist tijdens deze momenten schittert het menselijk vermogen tot heruitvinding het meest. Voor elke uitdaging die wordt aangegaan, ontvouwt zich een nieuw hoofdstuk - een waarin ieder individu de kans krijgt om niet alleen een toeschouwer te worden in een technologische revolutie, maar een actieve, creatieve deelnemer aan het vormgeven van wat erna komt.

Dus hier is voor degenen die ervoor kiezen om te lachen om de absurditeit van het geheel, voor degenen die uitdagingen omzetten in kunst, en voor iedereen die het aandurft om succes op zijn eigen voorwaarden te herdefiniëren. Ons verhaal wordt geschreven met elke daad van veerkracht en elke uitbarsting van vindingrijkheid. En terwijl de pagina's zich blijven vullen met verhalen over heruitvinding, blijft één ding zeker: ondanks de meedogenloze opmars van automatisering en de koude logica van machines, blijft de menselijke geest voortbestaan - levendig, onvoorspelbaar en onmiskenbaar stoutmoedig.

Uiteindelijk, als het stof neerdaalt op een tijdperk van omwenteling en transformatie, **denk ik dat we zullen terugkijken en zien dat dit geen tijd was van ongemitigeerd verlies, maar een moment van radicale wedergeboorte** - een kans om verouderde maatstaven van waarde opzij te zetten en een tapijt van creativiteit, verbinding en oprechte, ongefilterde menselijke expressie te omarmen. En dat is, bovenal, een overwinning die het vieren waard is.

# Hoofdstuk 7: AI en de toekomst van creativiteit – Kunnen mensen relevant blijven?

Ik had nooit gedacht dat creativiteit, die rommelige cocktail van passie, chaos en genialiteit, ooit belegerd zou worden door algoritmes en siliciumdromen. En toch staan we hier, op het kruispunt van menselijke vindingrijkheid en digitale wonderen die met een meedogenloze precisie werken. Het is moeilijk om je niet geïntrigeerd en zenuwachtig te voelen als je je realiseert dat elke penseelstreek, elk zorgvuldig gekozen woord, elke eigenzinnige verhaalwending binnenkort de ruimte zou kunnen delen met de berekende uitkomsten van machines die zijn ontworpen om onze artistieke flair na te bootsen en in sommige gevallen zelfs te overtreffen.

Laten we even teruggaan naar een tijdperk waarin het menselijk genie de onbetwiste koning van de creativiteit was. Weet je nog toen **Deep Blue** , de schaakgigant van IBM, ooit Garry Kasparov te slim af was in een wedstrijd die schokgolven door alle technologische ambities stuurde? Die schaakshowdown ging niet alleen over zetten op een bord; het was een wake-upcall, een grimmige herinnering dat onze fijngeslepen instincten uitgedaagd konden worden door een gevoelloos algoritme dat in staat was om een miljoen mogelijkheden per seconde te berekenen. Die baanbrekende gebeurtenis zette een kettingreactie in gang, waardoor we gedwongen werden alles wat we dachten te weten over de unieke vonk van menselijke innovatie te heroverwegen.

In de loop der jaren begon innovatie in elke hoek van artistieke expressie door te sijpelen. Universiteiten, die heilige hallen van experimenten zoals **Stanford** , **MIT** en **Oxford** , veranderden in smeltkroegen waar kunst en technologie botsten. In rommelige laboratoria vol met het gezoem van servers en het geratel van toetsenborden, ontstonden vroege digitale experimenten. Deze creaties waren ruw aan de randen, een charmante mix van glitches en fouten, maar ze hintten op een mogelijkheid die we nauwelijks hadden durven overwegen: kon de ziel van creativiteit worden gecodeerd?

Fast-forward naar vandaag, en het landschap is veranderd in iets dat even opwindend als verwarrend is. Stel je voor dat je door een bruisende creatieve wijk wandelt, misschien ergens als **Berlijn** of **Tokio** , waar onafhankelijke kunstenaars en digitale tovenaars openlijk debatteren of hun penselen en toetsenborden ooit zullen kunnen concurreren met de pure verwerkingskracht van kunstmatige intelligentie. Het gaat niet alleen meer om het genereren van kunst; het gaat om het herdefiniëren van wat kunst überhaupt is. Wat ooit het exclusieve domein was van menselijke imperfecties, wordt nu uitgedaagd door AI-agenten die kunnen leren, zich kunnen aanpassen en content kunnen produceren met een snelheid en precisie die velen van ons doet twijfelen aan onze eigen relevantie.

Centraal in deze transformatie staan verschillende geavanceerde AI-agenten die op het toneel zijn verschenen met een mix van lef en technologische bekwaamheid. Denk aan **Manus AI** , een creatie

geboren uit de ambitieuze labs van de Chinese startup
**Monica** . Deze agent is niet zomaar een tool in de
digitale gereedschapskist - het is een universele
dynamo die is ontworpen om taken aan te pakken die
variëren van het screenen van cv's tot het nauwkeurig
plannen van reisroutes. Door gebruik te maken van de
kracht van grote taalmodellen, past **Manus AI** zich on
the fly aan en verfijnt het zijn acties op basis van directe
feedback van gebruikers. Het is een gedurfde
demonstratie van wat er gebeurt als je ruwe rekenkracht
neemt en deze combineert met de genuanceerde
behoeften van alledaagse taken.

En dan is er nog **DeepSeek** , een ander pareltje uit de
innovatiehubs van China. Deze agent heeft een niche
voor zichzelf weten te creëren door het rechtstreeks op
te nemen tegen enkele van de meest gevestigde namen
in de branche. In tegenstelling tot enkele van zijn
voorgangers die astronomische prijskaartjes en rigide
structuren hadden, floreert **DeepSeek** op efficiëntie en
kosteneffectiviteit. Het voert complexe taken uit met een
elegantie die zijn digitale aard verhult, waardoor het een
favoriet is onder zowel startups als gevestigde

ondernemingen die door de ruis van traditionele methoden heen willen breken.

Om niet overtroffen te worden, is **OpenAI** druk bezig geweest met het lanceren van een reeks AI-agenten die het idee van autonomie naar nieuwe hoogten tillen. Met aanbiedingen zoals de Responses API en Agents SDK stelt **OpenAI** ontwikkelaars in staat om systemen te bouwen die niet alleen reactief zijn, maar ook echt proactief. Stel je agenten voor die zelfstandig webzoekopdrachten kunnen uitvoeren, in seconden door enorme documenten kunnen scannen en zelfs inzichten kunnen genereren waar een team van experts uren over zou doen om te verzamelen. De drijfveer achter deze innovaties is eenvoudig maar diepgaand: het creëren van systemen die het menselijk potentieel vergroten in plaats van het alleen maar na te bootsen.

Ondertussen heeft **Google** een andere aanpak gekozen met zijn initiatief, **Project Astra** . **Project Astra** is verre van zomaar een virtuele assistent, maar integreert diepgaand met de enorme reservoirs aan gegevens die **Google** beheert. Deze agent is niet tevreden met het beantwoorden van vragen of het instellen van herinneringen - het is ontworpen om context te begrijpen, om een veelheid aan taken te beheren met een naadloze efficiëntie die zijn gebruikers doet afvragen hoe ze ooit zonder hebben gekund. Of u nu complexe schema's moet coördineren of gewoon een slimme oplossing moet vinden voor een plotseling probleem, **Project Astra** is gebouwd om een niveau van persoonlijke assistentie te leveren dat ronduit verbazingwekkend is.

Op het gebied van ondernemingen heeft **Amazon Bedrock Agents** geïntroduceerd , een reeks tools die zijn ontworpen om bedrijfsworkflows te revolutioneren. Deze agents maken gebruik van de uitgebreide mogelijkheden van **Amazons** cloudinfrastructuur en automatiseren alles van data-analyse tot routinematige administratieve taken. Hun ware kracht ligt in hun vermogen om te integreren met een groot aantal bedrijfssystemen, waardoor een samenhangend ecosysteem ontstaat waarin informatie moeiteloos stroomt en beslissingen worden aangestuurd door realtime-inzichten. Voor bedrijven die worstelen met de druk van snelle digitale transformatie, bieden **Bedrock Agents** een schaalbare oplossing die niet alleen de productiviteit verhoogt, maar ook de operationele efficiëntie opnieuw definieert.

Al deze innovaties zijn geen geïsoleerde wonderen; ze zijn onderling verbonden draden in het evoluerende tapijt van digitale arbeid . Elke nieuwe doorbraak roept dwingende vragen op over wat het betekent om creatief te zijn, wat het betekent om te werken en of mensen hun voorsprong kunnen behouden wanneer algoritmes gestaag terreinen binnendringen die ooit waren gereserveerd voor onze unieke onvoorspelbare denkprocessen.

Neem bijvoorbeeld een scène die zich zou kunnen afspelen in een trendy loft in het centrum van **New York** . Een ooit traditionele schrijver, die nu te maken krijgt met een aanval van algoritmische concurrenten, zit gebogen over een laptop. Deze schrijver heeft altijd geloofd dat elk stuk proza een verlengstuk was van zijn chaotische innerlijke leven. In dit nieuwe tijdperk wordt echter zelfs die overtuiging uitgedaagd. Terwijl de schrijver experimenteert met **OpenAI's AI Agents** om ideeën te bedenken, raken ze gefascineerd en gefrustreerd. De machine produceert suggesties die grammaticaal zuiver en conceptueel coherent zijn, maar die de rauwe, ongepolijste spontaniteit missen die vaak tot baanbrekende momenten leidt. De schrijver realiseert zich dat deze agents weliswaar creativiteit kunnen simuleren, maar dat ze dat doen met een klinische precisie die perfect zou kunnen zijn voor alledaagse taken, maar die er niet in slaagt de serendipiteit van menselijke fouten en de magie van toevallig genie vast te leggen.

Aan de andere kant van de stad, in een bruisende co-working space vol freelancers en startup-oprichters, gonst het van gesprekken over hoe je deze digitale wonderen kunt inzetten om creatieve grenzen te verleggen. Een ondernemende ondernemer vertelt hoe **Manus AI** hun wervingsproces transformeerde, duizenden cv's met een kritisch oog filterde en kostbare tijd vrijmaakte voor meer strategische beslissingen. Een andere ondernemer is lyrisch over **DeepSeek en** merkt op dat het vermogen om ingewikkelde taken te beheren met een beperkt budget zelfs de kleinste teams in staat heeft gesteld om boven hun gewicht te boksen. De sfeer is elektrisch, geladen met een mengeling van hoop en scepsis - hoop dat deze tools ongekende efficiëntie zullen ontsluiten, en scepsis over de vraag of de ziel van creativiteit ooit kan worden gedistilleerd in regels code.

Wat deze technologische opleving zo boeiend maakt, is niet alleen het schouwspel van innovatie, maar ook de diepgaande verschuiving die het voor creativiteit zelf betekent. Waar ooit de kwast en de beitel de enige arbiters van artistieke expressie waren, hebben nu toetsenborden en processors zich bij de strijd aangesloten. Toch is er voor elk voorbeeld van algoritmische genialiteit een even dwingend verhaal over menselijke veerkracht. In ondergrondse kunstgalerieën, waar de aantrekkingskracht van rauwe, ongefilterde emotie oppermachtig is, staan traditionalisten erop dat imperfectie onvervangbaar is. Ze beweren dat machines weliswaar stijlen en patronen kunnen nabootsen, maar dat ze de chaos en onvoorspelbaarheid die menselijke expressie definiëren, niet kunnen vastleggen. Het is deze spanning - de meedogenloze drang naar efficiëntie tegenover de prachtige rommeligheid van de menselijke geest - die het kloppende hart van onze huidige creatieve crisis vormt.

In de bruisende gangen van de academische wereld zijn onderzoekers van instituten als **Carnegie Mellon University** hard aan het werk om algoritmes te voorzien van die ongrijpbare kwaliteit van spontaniteit. Hun experimenten, hoewel baanbrekend, onthullen vaak een paradox: hoe verfijnder de output, hoe meer iets essentieels lijkt te worden weggehaald. Het is alsof het streven naar perfectie het creatieve proces berooft van zijn ruwe randjes, die onverwachte ongelukjes die vaak leiden tot diepgaande inzichten. En toch vertegenwoordigen deze digitale experimenten voor velen een noodzakelijke evolutie - een herijking van onze verwachtingen terwijl technologie de parameters van kunst opnieuw definieert.

Maar hoe zit het met bedrijven, die motoren van de handel die al lang afhankelijk zijn van menselijke creativiteit om verhalen te creëren, merken op te bouwen en contact te maken met het publiek? De bedrijven van vandaag de dag nemen niet alleen deze geavanceerde agenten over, ze heroverwegen ook de structuur van hun creatieve processen. Een marketingmanager bij een multinational kan **Project Astra gebruiken** om datagestuurde inzichten te genereren die een campagne vormgeven, terwijl een ander kan leunen op **Bedrock Agents** om routinematige taken te automatiseren, waardoor er meer ruimte overblijft voor de menselijke touch die een campagne echt laat resoneren. De vermenging van mens en machine gaat niet over vervanging; het gaat over versterking. De rauwe, ongebreidelde creativiteit van een individu kan nu worden verbeterd met de precisie van digitale tools, waardoor er output ontstaat die zowel innovatief als efficiënt is.

Toch blijft er te midden van al deze vooruitgang een knagende vraag hangen: zullen deze ontwikkelingen een tijdperk van ongekende productiviteit en creatieve explosie inluiden, of zullen ze juist de structuur van wat onze artistieke expressies zo diep menselijk maakt, ondermijnen? Naarmate machines steeds beter worden in het simuleren van nuances en emoties, is er een onmiskenbaar risico dat de subtiele, onvoorspelbare kwaliteit van echte inspiratie wordt overstemd door steriele efficiëntie. Het antwoord is verre van eenvoudig. Het vereist een herijking van ons begrip van creativiteit - een erkenning dat machines weliswaar gegevens kunnen verwerken en kunst kunnen genereren op basis van patronen, maar dat ze niet leven, voelen of lijden onder het tumult van het menselijk bestaan. Ze ervaren geen hartzeer, vreugde of de onverklaarbare uitbarstingen van genialiteit die vaak toeslaan in momenten van diepe kwetsbaarheid.

Deze botsing tussen mens en machine heeft bijna iets filmisch. Stel je een nachtscène voor in een druk café, waar een diverse groep creatievelingen zich verzamelt rond een tafel vol met notitieboekjes, laptops en halflege koffiekopjes. Ze zijn verwikkeld in een verhit debat over de vraag of de meedogenloze opmars van automatisering de menselijke expressie overbodig zal maken. Eén stem, getemperd door jarenlange ervaring en een vleugje cynisme, houdt vol dat de onvoorspelbare tegenslagen en toevallige fouten van menselijke creativiteit onvervangbaar zijn. Een andere stem, gevoed door optimisme en een onverzettelijk geloof in technologie, beweert dat deze nieuwe middelen hulpmiddelen bieden om voorheen onvoorstelbare niveaus van innovatie te ontsluiten. Tussen slokjes koffie en lachsalvo's door, dringt het besef langzaam tot iedereen door: misschien gaat de uitdaging niet om het concurreren met machines, maar om het leren gebruiken van hun kracht om de rauwe, ongefilterde energie te versterken die alleen mensen kunnen genereren.

Deze dialoog beperkt zich niet tot intieme bijeenkomsten of niche academische conferenties. Grote mondiale spelers geven dit verhaal actief vorm door middel van strategische investeringen en gedurfde onderzoeksinitiatieven. **OpenAI's** onvermoeibare drang om geavanceerde AI-tools te democratiseren, **Google's Project Astra** dat digitale assistentie opnieuw definieert en **Amazon's Bedrock Agents** die bedrijfsactiviteiten stroomlijnen, wijzen allemaal op een diepgaande transformatie in de manier waarop creatieve energie in verschillende sectoren wordt benut. Elk van deze inspanningen weerspiegelt een toewijding, niet alleen aan technologische vooruitgang, maar ook aan een herinterpretatie van het creatieve proces zelf - een versmelting van digitale precisie en menselijke passie die, als ze op de juiste manier in evenwicht worden gebracht, kan leiden tot innovaties die we ons nog niet eens kunnen voorstellen.

Te midden van deze maalstroom ontdekken gewone mensen dat deze AI-agenten meer bieden dan alleen efficiëntiewinsten - ze bieden de middelen om tijd terug te winnen en zich te concentreren op wat er echt toe doet. Een freelance grafisch ontwerper kan nu de administratieve sleur van planning en klantcommunicatie delegeren aan een wendbare digitale assistent, terwijl een aspirant-romanschrijver een geavanceerde AI-schrijver gebruikt om het beruchte blancopaginasyndroom te overwinnen. De resultaten zijn niet alleen producten van automatisering, maar uitingen van een diepere synergie - een samenwerking tussen menselijke intuïtie en machinaal aangestuurd inzicht dat alledaagse taken transformeert in kansen voor creatieve verkenning.

Ondanks de indrukwekkende mogelijkheden van deze digitale tools, blijft er een onmiskenbare scepsis bestaan onder traditionele creatievelingen. Velen maken zich zorgen dat afhankelijkheid van algoritmes kan leiden tot een homogenisering van kunst, waarbij uniciteit wordt opgeofferd ten gunste van efficiëntie. Het risico is voelbaar: naarmate machines leren onze stijlen na te bootsen en onze eigenaardigheden na te bootsen, kan de spontaniteit die ooit onze creatieve inspanningen definieerde , verloren gaan in vertaling. Toch is het juist deze spanning - een constante duw en trek tussen orde en chaos - die de voortdurende evolutie van kunst en creativiteit aanwakkert. De uitdaging voor ons is om deze innovaties niet ronduit af te wijzen, maar om ze met een kritisch oog te omarmen, hun sterke punten te benutten en tegelijkertijd waakzaam te zijn voor hun potentiële valkuilen.

Misschien wel het meest dwingende aspect van deze digitale revolutie is de manier waarop het ons dwingt om onze eigen beperkingen onder ogen te zien en te herdefiniëren wat het betekent om te creëren. De integratie van AI-agenten zoals **Manus AI** , **DeepSeek** , **OpenAI's AI Agents** , **Google's Project Astra** en **Amazon Bedrock Agents** gaat niet alleen over het vervangen van menselijke arbeid door mechanische efficiëntie; het gaat over het uitbreiden van het canvas waarop we onszelf kunnen uiten. Deze tools bieden een nieuwe set penselen en kleuren - die onze visie kunnen verbeteren en onze stemmen kunnen versterken, zelfs als ze ons uitdagen om verder te gaan dan onze traditionele grenzen.

In dit tijdperk van meedogenloze innovatie staat elke creatieve professional voor een diepgaande keuze: vasthouden aan de vertrouwde ritmes van het verleden, of durven experimenteren met de buitengewone mogelijkheden van digitale samenwerking. Het antwoord, zoals met veel dingen in het leven, is noch binair noch eenvoudig. Het vereist een eerlijke afrekening met zowel onze sterke punten als onze kwetsbaarheden, een erkenning dat hoewel machines kunnen uitblinken in bepaalde taken, de vonk van de mensheid - ons vermogen tot empathie, irrationele passie en pure onvoorspelbaarheid - onze krachtigste troef blijft.

Dus, terwijl u door dit ingewikkelde doolhof van technologie en creativiteit navigeert, overweeg dan de mogelijkheid dat de ware kracht van deze AI-agenten niet ligt in hun vermogen om menselijke inspanning te vervangen, maar in hun potentieel om deze te bevrijden. In de handen van iemand met visie wordt een goed ontworpen algoritme een partner - een hulpmiddel dat het saaie kan wegnemen en nieuwe perspectieven kan openen voor verkenning en innovatie. Het is een oproep om onze rollen opnieuw te bedenken, om deze ontwikkelingen niet te zien als voorbodes van veroudering, maar als katalysatoren voor een rijkere, meer genuanceerde expressie van onze collectieve creativiteit.

Er is geen eenvoudig antwoord op de vraag of menselijke creativiteit relevant kan blijven te midden van de meedogenloze opmars van digitale automatisering. Het gesprek is complex, gelaagd en evolueert met elke nieuwe doorbraak. Wat echter duidelijk is, is dat de dialoog tussen mens en machine geen wedstrijd is die gewonnen of verloren moet worden. Het is een dynamische wisselwerking - een uitdagende onderhandeling waarbij elke partij zijn eigen unieke sterke punten op tafel brengt. En als we leren deze synergie te benutten, kunnen de resultaten ronduit revolutionair zijn.

Uiteindelijk is het verhaal van creativiteit in dit digitale tijdperk niet een verhaal van nederlaag, maar van transformatie. De opkomst van AI-agenten zoals **Manus AI** , **DeepSeek** , **OpenAI's AI Agents** , **Google's Project Astra** en **Amazon Bedrock Agents** verandert ons begrip van arbeid , kunst en innovatie. Hun impact is diepgaand en onmiskenbaar, maar het is ook een uitnodiging - een oproep om technologie niet als rivaal te gebruiken, maar als partner in de voortdurende zoektocht om het onuitsprekelijke uit te drukken. Het is een herinnering dat, hoewel onze tools kunnen evolueren, de essentie van onze creatieve geest - zijn gebreken, zijn passies, zijn prachtig chaotische aard - uniek menselijk blijft.

En dus, terwijl u nadenkt over de ingewikkelde dans tussen algoritmes en artistieke ambitie, bedenk dan dat creativiteit geen statische kracht is die getemd moet worden. Het is een voortdurend veranderende, onvoorspelbare reis, een die zowel nederigheid als stoutmoedigheid vereist. De komst van geavanceerde AI-agenten heeft het terrein misschien veranderd, maar ze hebben de menselijke impuls om te dromen, fouten te maken en iets te creëren dat diep resoneert in de harten van anderen niet uitgewist. In dit uitdagende tijdperk ligt de verantwoordelijkheid bij ons om de gelegenheid aan te grijpen - om onze rollen opnieuw te definiëren, deze krachtige tools te benutten en uiteindelijk te bewijzen dat onze creatieve geest zelfs kan gedijen te midden van de berekende precisie van kunstmatige geesten.

Het verhaal dat zich voor ons ontvouwt is er een van meedogenloze heruitvinding, een bewijs van de ontembare wil om te creëren op manieren die geen enkele machine volledig kan repliceren. Het is een herinnering dat hoewel technologie ons tempo kan versnellen en onze mogelijkheden kan uitbreiden, de wilde, onbekende gebieden van de verbeelding nog steeds aan ons zijn om te verkennen. Te midden van het gezoem van servers en de gloed van digitale schermen, blijft de essentie van de mensheid - onze worstelingen, onze triomfen, onze onvoorspelbare uitbarstingen van genialiteit - pulseren met een levendigheid die geen enkel algoritme kan repliceren.

Uiteindelijk is de meest revolutionaire daad van allemaal misschien wel om gewoon te blijven creëren. De precisie van digitale agenten vermengen met de rommelige, glorieuze imperfectie van het menselijk denken is een pad smeden dat uniek is voor ons - een pad waar elke geniale zet, elk toevallig meesterwerk, bijdraagt aan een groter mozaïek dat even onvoorspelbaar als mooi is. De opmars van technologie is misschien onvermijdelijk, maar dat geldt ook voor de vonk van creativiteit die zelfs de meest geavanceerde circuits tart. En zolang die vonk brandt, zal er altijd een plek zijn voor het onvoorspelbare, het oneerbiedige en het diep menselijke in de zich ontvouwende saga van artistieke expressie.

Mijn eigen reis door dit transformerende landschap was even onvoorspelbaar als verhelderend. Ik herinner me nog steeds de bedwelmende golf van inspiratie die me op een koele avond in Amsterdam trof, terwijl ik door een park dwaalde dat was versierd met een betoverende waterwervelinstallatie. Het was 2011 en in een waas van cafeïne en halfvergeten dromen conceptualiseerde ik een ontwerp voor een revolutionaire propeller - een innovatie waarvan ik geloofde dat het watersnelheidsrecords zou kunnen breken en de mechanica van voortstuwing opnieuw zou definiëren. Het ontwerp was ruw en ambitieus, een product van zowel nauwkeurige engineering als een golf van artistieke durf. Ik ging zelfs zo ver dat ik een patent op dit ontwerp kreeg, ervan overtuigd dat het een tastbaar symbool was van wat menselijke vindingrijkheid zou kunnen bereiken als het losgemaakt werd van het alledaagse. Maar naarmate het project evolueerde, namen ook de uitdagingen toe. De creatieve reis botste al snel met de harde realiteit van een concurrerende marktplaats, waar gevestigde bedrijven met diepe zakken en geavanceerde technologie zich op mijn niche begonnen te richten. Een dergelijk bedrijf, **Sealence** , kwam met een vergelijkbaar ontwerp als mijn patent, ze noemen het Deepspeed Jet en ondanks mijn beste pogingen om een collaboratief pad te smeden via e-mail, lijkt de communicatie van hen te zijn gestopt nadat ik mijn patent noemde. De teleurstelling was voelbaar, maar het diende als een krachtige herinnering dat elke innovatieve sprong een risico met zich meebrengt - een risico dat de rauwe vonk van menselijke creativiteit opzij zou kunnen worden gezet door de koude berekening van bedrijfsstrategie en technologische efficiëntie.

Die ontmoeting, een van de vele voorbeelden die ik heb gehad met de krachten van de moderne industrie, heeft nog een onuitwisbare indruk achtergelaten op mijn begrip van wat het betekent om een maker te zijn. In de loop der jaren heb ik heen en weer geslingerd tussen het comfort van een conventioneel bestaan van negen tot vijf en de opwindende onzekerheid van onafhankelijke ondernemingen. Mijn ervaringen met freelancen en ondernemen hebben me geleerd dat een maker zijn niet alleen gaat over het produceren van kunst of uitvindingen; het gaat over het uitdagen van de status quo, over het durven afwijken van de gebaande paden ondanks de risico's. Toen ik in Londen woonde, dompelde ik mezelf onder in buurten vol leven en onvoorspelbaarheid - **Notting Hill** , **Portobello Road** , **Chepstow Road** en **Camden** waren niet alleen plekken op een kaart, maar levendige doeken waar elke hoek een verhaal fluisterde, elk steegje weergalmde van het gelach en de worstelingen van zijn bewoners.

De straten van Londen werden een levend bewijs van menselijke veerkracht en creativiteit. Late nachten vol spontane bijeenkomsten, ongeplande escapades die tot in de vroege uurtjes duurden en de kameraadschap van gelijkgestemde zielen die zowel dromen als teleurstellingen deelden - deze ervaringen onderstreepten een waarheid die geen enkel algoritme ooit zou kunnen kwantificeren: de menselijke geest gedijt bij onvoorspelbaarheid. In een stad waar elk gezicht een verhaal vertelt en elk gesprek een idee oproept, vormen de digitale inbreuken van kunstmatige agenten en robotarbeid een schril contrast met de rommelige, prachtige chaos van menselijke interactie.

Maar nu de opmars van technologie onverminderd doorgaat, is het onmogelijk om de economische en sociale rimpelingen die deze innovaties creëren te negeren. Tegenwoordig worden hele industrieën opnieuw vormgegeven door de meedogenloze drang naar automatisering en digitalisering. Robots doen nu het fysieke werk dat ooit door mensenhanden werd gedaan, en geavanceerde AI-agenten beginnen bedrijven te runnen met een snelheid en efficiëntie die bijna buitenaards lijken. Grote bedrijven zoals **Google** en **Adobe** investeren miljarden in projecten die de grenzen verleggen van wat machines kunnen bereiken. Deze inspanningen gaan niet alleen over efficiëntie; ze gaan over het herdefiniëren van de aard van arbeid en leiderschap. In bestuurskamers en tech-topconferenties wordt het gesprek gedomineerd door één prangende vraag: als machines rollen kunnen aannemen die besluitvorming, empathie en zelfs strategisch vooruitzicht vereisen, waar passen wij, de mensen, dan in de vergelijking?

Toen ik **Google AI Studio probeerde te gebruiken** en mijn scherm deelde zodat Gemini live kon zien waar ik aan werkte. Ironisch genoeg bevestigde het dat de content op mijn persoonlijke website en de code voor zoekmachineoptimalisatie van mijn website op een uitstekend niveau waren, maar het kon niet verklaren waarom Google de afgelopen 30 dagen nul organisch verkeer naar mijn site had gestuurd. Ik vermoed dat Google al jaren een aantal van mijn accounts blokkeert, omdat ik in het verleden een advertentieplatform, een eenvoudige zoekmachine en een heel eenvoudige webbrowser heb gebouwd, die Google allemaal haat. Ze blokkeerden zelfs mijn Google Play Books-account voordat ik zelfs maar een boek had gepubliceerd!

Tegelijkertijd presenteerde een team van **Adobe** onlangs een algoritme dat virale marketingcampagnes kon maken met de precisie van een doorgewinterde copywriter. De tegenstelling tussen deze prestaties en de voelbare angst in de zaal was opvallend - een gevoel dat we getuige waren van de geboorte van een nieuw tijdperk van productiviteit, een tijdperk waarin menselijke banen en creatieve rollen naar de achtergrond zouden kunnen worden verdrongen. Het was een moment van zowel opwinding als diepe onzekerheid, een herinnering dat onze gekoesterde creatieve spontaniteit binnenkort zou kunnen worden betwist door entiteiten die nooit moe worden, nooit fouten maken en nooit echt voelen.

Dit is geen verhaal over dystopie of een eindeloze waterval van somberheid. Het is eerder een kroniek van een transformatief tijdperk, waarin elke innovatie zowel belofte als gevaar met zich meebrengt. De vooruitgang in robotica en AI wordt ondersteund door decennia van rigoureus onderzoek, experimentele mislukkingen en moeizaam verworven doorbraken. Elk algoritme dat nu kunst kan genereren of een bedrijf kan leiden, is gebouwd op het zweet, de tranen en de triomfen van talloze individuen - wetenschappers, ingenieurs en visionairs die het aandurfden om verder te dromen dan de grenzen van het conventionele denken. De erfenis van **IBM** , **MIT** , **Carnegie Mellon University** en talloze andere instellingen is verweven in het weefsel van deze technologische renaissance, een bewijs van de meedogenloze menselijke zoektocht naar vooruitgang.

Toch worstel ik, terwijl ik door dit steeds veranderende landschap navigeer, met een diepgaande en persoonlijke vraag: als onze rollen als dragers van creativiteit en arbeid geleidelijk worden overgenomen door onvermoeibare machines, wat gebeurt er dan met onze identiteit? Er schuilt een verontrustende ironie in het zien van een robot die nauwgezet een taak uitvoert die we ooit beschouwden als een uitdrukking van ons diepste zelf. De artisticiteit van het maken van een sonnet, de opwinding van het ontwerpen van een baanbrekend ontwerp of zelfs het simpele plezier van een goed verteld verhaal - dit zijn ervaringen die doordrenkt zijn van menselijke onvolkomenheden die geen enkel circuit kan repliceren. Hoewel machines de contouren van onze creativiteit kunnen simuleren, missen ze de onvoorspelbare vonk die ontstaat uit de serendipiteit van een menselijke fout, het soort dat een routineuze onderneming transformeert in een daad van pure genialiteit.

Te midden van deze technologische triomfen denk ik vaak na over de delicate wisselwerking tussen vooruitgang en behoud. Er zit een onmiskenbare aantrekkingskracht in de ongerepte, foutloze output van machinale arbeid - een soort perfectie die appelleert aan ons verlangen naar efficiëntie en betrouwbaarheid. Maar wat gaat er verloren in deze meedogenloze zoektocht naar optimalisatie? Misschien is het juist de onvoorspelbaarheid die het leven rijk en kunst betekenisvol maakt. De vage grenzen tussen precisie en chaos, tussen structuur en improvisatie, zijn wat onze inspanningen hun diepte geeft. Het zijn de misstappen, de verknipte noten, de spontane uitbarstingen van inzicht die de ware magie van de schepping onthullen.

Terwijl ik deze gedachten opschrijf, word ik herinnerd aan de talloze ontmoetingen en momenten die mijn perspectief hebben gevormd. Of het nu de verhitte debatten in krappe koffiehuizen in **Camden waren** , de reflectieve eenzaamheid van de vroege ochtenden in **Notting Hill** , of de opwindende onzekerheid van het pitchen van een idee aan een bedrijf als **Deepspeed** , elke ervaring heeft zijn stempel gedrukt op mijn begrip van wat het betekent om mens te zijn. Ik heb met eigen ogen de spanning gezien tussen de wens om de kracht van technologie te benutten en de noodzaak om de onuitsprekelijke charme van menselijke creativiteit te behouden. Deze spanning is geen voorbode van onheil, maar eerder een oproep om onze rollen als makers, vernieuwers en verhalenvertellers opnieuw te bedenken.

De reis die voor ons ligt, zit vol uitdagingen en tegenstrijdigheden. Naarmate AI-agenten steeds bedrevener worden in het managen van ondernemingen en naarmate robots taken overnemen die ooit menselijke behendigheid en oordeel vereisten, wordt het landschap van arbeid opnieuw getekend. Er is geen ontkomen aan de realiteit dat onze productiemethoden, onze vormen van creatieve expressie en zelfs onze sociale interacties worden hervormd door krachten die met machine-achtige precisie werken. En toch, te midden van deze wervelwind van transformatie, ligt er een kans - een kans om opnieuw te definiëren wat het betekent om te leven, te creëren en betekenis te vinden in onze inspanningen .

Dit verhaal is er niet een van berusting, maar van trotse nieuwsgierigheid. De meedogenloze golf van technologie biedt ons een spiegel waarin we onze diepste aannames kunnen onderzoeken en misschien de onverzettelijke geest kunnen herontdekken die de mensheid door talloze omwentelingen heeft gedreven. Het is een uitdaging om het verhaal terug te winnen, erop aan te dringen dat onze onvolkomenheden, onze onvoorspelbare uitbarstingen van inspiratie en onze inherente behoefte om verbinding te maken en te creëren niet zo gemakkelijk kunnen worden gerepliceerd door regels code. Het verhaal dat zich voor ons ontvouwt, is net zo goed een verhaal van veerkracht als van innovatie - een herinnering dat machines misschien op een dag veel van onze lasten op zich zullen nemen, maar dat ze nooit de vluchtige, ontembare vonk van het menselijk hart zullen vangen.

In de rustige momenten tussen technologische doorbraken en bestuurskamerdebatten vind ik troost in de gedachte dat creativiteit een wilde, ontembare kracht blijft. Het is een kracht die ons door tijdperken van duisternis en licht heeft gedragen, door momenten van sublieme schoonheid en verpletterende wanhoop. Zelfs terwijl digitale agenten en robotische ledematen zich een weg banen in het weefsel van ons dagelijks bestaan, blijft de rauwe, ongetemde essentie van menselijke creativiteit bestaan. Het blijft bestaan in elke penseelstreek van een kunstenaar, elke tokkel van een gitaar in een krap appartement, elk gefluisterd geheim in een slecht verlicht café.

Misschien zal de synthese van mens en machine op den duur leiden tot een tijdperk van ongekende samenwerking - een samensmelting van krachten die geen van beiden alleen zou kunnen bereiken. Maar totdat dat delicate evenwicht is bereikt, ligt de verantwoordelijkheid bij ons om de rommelige, onvoorspelbare en uiteindelijk prachtige chaos van ons bestaan te vieren. Want in onze gebreken, onze aarzelingen en onze momenten van onverklaarbare genialiteit ligt de ziel van ons bestaan.

Als ik om me heen kijk naar de drukke straten, het energieke gezoem van digitale gesprekken en de stille poëzie van het stadsleven, word ik vervuld van een gevoel van zowel verwondering als verzet. De meedogenloze opmars van technologie probeert misschien onze creativiteit te stroomlijnen, de ongebreidelde menselijke geest te vervangen door algoritmische efficiëntie, maar het zal nooit het vuur doven dat in ons brandt. Dat vuur, gevoed in de schemerige gloed van nachtcafés in **Camden** , in de kleurrijke steegjes van **Portobello Road** en in de eclectische ritmes van **Chepstow Road** , is iets dat geen enkele machine kan produceren. Het is onze erfenis, ons geschenk en onze eeuwige rebellie tegen een gehomogeniseerd bestaan.

In dit tijdperk van meedogenloze verandering, waarin digitale agenten boardroomstrategieën opstellen en robotarmen onze toekomst bouwen, is er een stille revolutie gaande in de harten van degenen die het aandurven om anders te dromen. Het is een revolutie die niet wordt gedefinieerd door vlekkeloze uitkomsten en foutloze berekeningen, maar door de prachtige puinhoop van menselijke creativiteit - een chaos die geen enkel algoritme ooit met ware authenticiteit kan repliceren. En dus, terwijl we op de rand staan van wat misschien wel de meest radicale transformatie in onze collectieve reis is, nodig ik u uit om na te denken over de ontembare kracht van onze imperfecte, onvoorspelbare en onverzettelijke creatieve geest.

Er zit een verhaal in elke misstap, een les in elke misrekening en een waarheid in elke ongeraffineerde vonk van genialiteit. Het digitale landschap mag dan minutieus ontworpen zijn, het menselijk hart blijft een ontembare grens - een rijk waar inspiratie toeslaat op de meest onverwachte momenten, waar de synthese van chaos en orde nieuwe manieren van denken en voelen baart. Het is een bewijs van de blijvende kracht van onze creatieve impuls, een kracht die geen enkele technologische beheersing ooit volledig kan vangen of vervangen.

Dus terwijl ik deze woorden schrijf, word ik niet vervuld van wanhoop over de inbreuk van AI en robotica op domeinen die we ooit heilig achtten. In plaats daarvan word ik aangemoedigd door de uitdaging - een uitdaging om ons verhaal terug te claimen, om te beweren dat hoewel machines uitblinken in precisie en efficiëntie, de chaotische schoonheid van menselijke creativiteit onvervangbaar is. Het is een oproep om onze eigenaardigheden te vieren, het onvoorspelbare te omarmen en onze verhalen te blijven creëren met de passie en vastberadenheid die ons altijd hebben gedefinieerd.

In dit zich ontvouwende hoofdstuk van onze gedeelde geschiedenis, zijn we allemaal deelnemers aan een experiment dat even spannend als onzeker is. De integratie van digitale precisie met menselijke spontaniteit belooft niet alleen om industrieën opnieuw te definiëren, maar ook om de contouren van ons leven te veranderen. En te midden van deze grootse transformatie blijft onze taak zowel eenvoudig als diepgaand: om de wilde, onbekende vonk van creativiteit in leven te houden die ons door elk tijdperk van verandering heeft gedragen.

Elke innovatie, elke doorbraak, elke robotische revolutie is een herinnering dat terwijl technologie evolueert, de ziel van de mensheid - het rauwe, ontembare vuur van inspiratie - altijd aanwezig blijft. Het is dit vuur dat blijft branden in de stille hoeken van onze geest, in de creatieve uitbarstingen van kunstenaars en de gedurfde ideeën van ondernemers, in het gelach dat door de straten van onze geliefde buurten galmt , en in de meedogenloze achtervolging van een droom die geen enkele machine kan nabootsen.

En dus ga ik door, een onwillige getuige van de dubbele krachten van vooruitgang en behoud. Terwijl de handen van robots en de circuits van AI een nieuw tapijt van productiviteit en creativiteit weven, blijf ik toegewijd aan het koesteren van de wilde, imperfecte essentie van wat ons echt menselijk maakt. Want in het samenspel van machineprecisie en menselijke passie ligt de belofte van een tijdperk dat niet wordt gedefinieerd door uniformiteit, maar door de levendige, chaotische dans van ideeën - een dans die we leiden met elke hartslag, elke misstap en elk moment van gloeiende genialiteit.

Uiteindelijk wordt onze reis niet gemeten aan de naadloze output van geautomatiseerde processen of de onfeilbare logica van algoritmen, maar aan de pure, ontembare wil om te creëren, te verbinden en de grenzen van conventionele verwachtingen te trotseren. En terwijl we door dit dappere nieuwe hoofdstuk navigeren, doen we dat met de onwrikbare kennis dat, hoe geavanceerd onze tools ook worden, de onvoorspelbare, prachtig gebrekkige vonk van menselijke creativiteit ons pad voor altijd zal verlichten.

**Human Creativity vs. AI Output**

Originality
Empathy
Abstract Thinking
Cultural Influence
Emotional Depth

Consistency
Data-Driven
Pattern Recognition
Speed
Automation

Human Creativity

AI Output

Onder de neonnevel van meedogenloze innovatie en digitale doorbraken ontvouwt zich een merkwaardige paradox. De oogverblindende output van AI - die gladde, algoritmische wonderen die kunst en literatuur met alarmerende precisie produceren - draagt een inherente holheid. Er schuilt een zware waarheid onder de genialiteit: wanneer een machine creëert, is het slechts een echo van het enorme, rommelige archief van menselijke expressie zonder het ooit echt te hebben geleefd . Het is alsof een algoritme een mozaïek van elke gevierde zin en elk iconisch moment uit ons collectieve verleden in elkaar flanst, maar er niet in slaagt de korrelige, ongepolijste lucht van de menselijke ervaring in te ademen.

Ik keek vroeger heel veel **TED-talkvideo** 's, vaak terwijl ik mijn kantoor opruimde, maar ik probeerde elk woord in me op te nemen en ik denk dat ik de laatste paar jaar de meedogenloze opmars van technologie in twijfel heb getrokken. Als deze geavanceerde systemen moeiteloos een onophoudelijke stroom aan in het oog springende beelden en verzen kunnen genereren die zijn ontworpen om aan onze hartsnaren te trekken, waar laat dat dan de unieke, gebrekkige genialiteit van menselijke vindingrijkheid? Zouden onze unieke perspectieven - ooit gevierd om hun rauwe authenticiteit - binnenkort kunnen worden verbannen naar een eigenaardige, exclusieve niche, alleen beschikbaar voor degenen die zich de premie van echte, ongefilterde expressie kunnen veroorloven? Of zou de aanval van algoritmische kunst ons ertoe kunnen dwingen onze inherente feilbaarheid te omarmen, onze creatieve rebellie te smeden door de eigenaardigheden te koesteren die geen enkele machine ooit zou kunnen nabootsen?

Er schuilt een heerlijke ironie in het idee dat de tools die zijn ontworpen om ons te bevrijden van alledaagse taken, onze ooit revolutionaire creatieve vonk juist kunnen reduceren tot een handelswaar. Stel je dit eens voor: je wordt elke ochtend wakker op een digitale marktplaats waar je unieke creatieve inzichten worden opgedeeld in kleine, verkoopbare eenheden - verhandeld en onderhandeld als elke andere bron in de meedogenloze digitale bazaar. Visionairs zoals **Jaron Lanier** en **Douglas Rushkoff** hebben herhaaldelijk gewaarschuwd voor de gevaren van een dergelijk scenario, en waarschuwden dat de monopolisering van creatieve energie door degenen die de algoritmen controleren, ons met weinig meer dan wegwerpresten van originaliteit zou kunnen achterlaten. In dit opkomende landschap loopt de levendige chaos van menselijke creativiteit het risico te worden ingeruild voor steriele efficiëntie - een transactie die ons uiteindelijk kan beroven van de rommelige, prachtige ziel die onze collectieve identiteit definieert.

Voor mij is deze samensmelting van technologie en artistieke inspanning alles behalve een abstract debat. Het is een rauwe, persoonlijke odyssee - een reis door pieken van euforische inspiratie en dalen van verpletterende tegenslagen. Mijn eigen verhaal is geëtst met momenten van wilde ambitie en hartverscheurende teleurstelling. Ik koesterde ooit een radicale droom: een boot ontwerpen die zo revolutionair was dat hij alle bestaande watersnelheidsrecords zou verbreken. Die vonk van genialiteit kwam onverwachts tijdens een doelloze wandeling door de door regen glad geworden straten van **Amsterdam** . Te midden van de doolhofachtige grachten en glinsterende weerspiegelingen van de stad, raakte ik gehypnotiseerd door een wervelende watervortex - een chaotische dans van de natuur die een visioen in mijn hoofd deed ontbranden. Het idee was gedurfd en ik dook er hals over kop in.

Ik heb jarenlang aan dat ontwerp gewerkt, me verdiept in talloze iteraties en de expertise ingeroepen van een briljante PhD in vloeistofdynamica die me hielp de geheimen van hydrodynamica te ontrafelen. De opwinding was voelbaar; ik kon de doorbraak die de techniek zoals we die kenden opnieuw zou definiëren, bijna proeven. Maar nadat ik een patent had verkregen en mijn ziel en zaligheid had gestoken in het perfectioneren van het concept, stuitte mijn droom op de onverzettelijke onverschilligheid van de bedrijfsmachine. Het duurde niet lang voordat ik een bedrijf genaamd **Deepspeed ontdekte** dat aan een soortgelijke innovatie werkte. Ik zocht contact, hoopvol op samenwerking, maar kreeg alleen een zenuwslopende stilte. Dat moment was een brute les in de onverbiddelijke mechanica van moderne innovatie - een herinnering dat soms zelfs de meest lumineuze ideeën door de meedogenloze tandwielen van winst en macht in de vergetelheid worden gestort.

Deze ontmoeting met de apathie van bedrijven schudde me tot in mijn kern. In de meedogenloze opleving van digitale productie, waarbij kunstmatige intelligentie meedogenloos esthetisch aantrekkelijke maar holle artefacten produceert, begon ik het lot van onze inherente, menselijke creativiteit in twijfel te trekken. De machine kan een stijl met precisie nabootsen, een emotie met klinische nauwkeurigheid nabootsen of beelden produceren die het oog verblinden, maar blijft fundamenteel niet in staat om de rauwe, chaotische polsslag van het leven te ervaren. Het kan het hartverscheurende verdriet van een onverwacht afscheid niet bevatten, noch kan het zich koesteren in de zegevierende opwinding die volgt op een moeizaam verworven triomf. De ervaringen die kunst van ziel voorzien - de meedogenloze jacht op passie, de littekens van persoonlijk falen, de toevallige momenten van genialiteit geboren uit wanhoop - zijn schatten die geen enkel algoritme, hoe geavanceerd ook, ooit authentiek kan reproduceren.

Terwijl de maatschappij door dit tijdperk van digitale transformatie raast, worden de fundamenten van onderwijs en samenwerking radicaal opnieuw uitgevonden. Overal ter wereld ontmantelen academische instellingen en onderzoekscentra oude silo's en voegen ze de rigoureuze logica van computerwetenschappen samen met de onvoorspelbare kunst van creatieve expressie. Cursussen die ooit alleen gericht waren op technische bekwaamheid, zijn nu verweven met studies die de delicate wisselwerking tussen machine-intelligentie en artistieke flair onderzoeken. Studenten worden aangespoord om kunstmatige intelligentie niet te beschouwen als een vervanging voor menselijke vindingrijkheid, maar als een onmisbare partner - een hulpmiddel om onze creatieve horizon te verbreden in plaats van een kruk die onze aangeboren capaciteiten afstompt. Online platforms die zich toeleggen op vaardigheidsontwikkeling hebben hierop gereageerd door gespecialiseerde tracks aan te bieden die AI-gestuurd ontwerp combineren met traditionele artistieke technieken. Deze nieuwe golf van onderwijs verdedigt het idee dat relevant blijven in een snel veranderend landschap een balans vereist - een harmonieuze mix van precisie en spontaniteit, logica en emotie, efficiëntie en rauwe, ongetemde creativiteit.

Het debat over creatief eigenaarschap in het tijdperk van AI is geen louter academische oefening; het is een slagveld waar de rechten van de individuele maker worden uitgevochten tegen de onpersoonlijke mechanica van geautomatiseerde productie. Op internationale ethische conferenties en digitale rechtentoppen woeden gepassioneerde debatten over vragen die de kern van onze identiteit als maker raken. Als een paar regels code een bestseller kunnen opleveren of een opvallend stukje visuele kunst kunnen oproepen met een simpele klik op de knop, wie moet dan worden geprezen als de echte kunstenaar? Is het de ontwikkelaar die het algoritme nauwgezet heeft gecodeerd, de gebruiker die de creatieve uitbarsting ervan heeft veroorzaakt, of kan de machine zelf aanspraak maken op originaliteit? Dit zijn geen loze bespiegelingen, maar kritische vragen die om een oplossing vragen, omdat ze de macht hebben om het begrip creativiteit in dit digitale tijdperk opnieuw te definiëren.

Toch brengt de meedogenloze verspreiding van algoritmisch gegenereerde werken een andere, misschien nog wel verraderlijkere bedreiging met zich mee: de vermarkting van onze creatieve essentie. Populaire digitale platforms worden overspoeld met machinaal gemaakte kunst die, hoewel visueel opvallend, een steriele uniformiteit uitstraalt. Deze vloedgolf van massaal geproduceerde perfectie contrasteert sterk met de genuanceerde, imperfecte uitingen die al lang het kenmerk zijn van menselijke creativiteit. Denk bijvoorbeeld aan het geval van **YouTube** , een platform waarvan de architectuur wordt aangestuurd door een **Google-** algoritme dat onder vuur ligt vanwege de vermeende onderdrukking van authentieke creatieve expressie. Critici beweren dat het algoritme van het platform, in plaats van echt talent te koesteren, een cyclus van repetitieve, commercieel levensvatbare content in stand houdt, waardoor dappere zielen die creatieve risico's durven te nemen, effectief aan de kant worden geschoven. Ondertussen heeft **TikTok** een reputatie opgebouwd als het bevorderen van een omgeving die vrije expressie en diversiteit voorstaat, en een podium biedt waar stemmen die de gangbare verhalen tarten, kunnen floreren. Deze tegenstelling laat een groeiende kloof zien in ons digitale ecosysteem : een kloof tussen steriele, massaal geproduceerde media en de rauwe, ongefilterde stemmen die zich willen bevrijden van algoritmische beperkingen.

De snelle evolutie van kunstmatige intelligentie is historisch gezien een tweesnijdend zwaard. Elke technologische revolutie heeft een periode van diepgaande ontwrichting ingeluid - een ontmanteling van lang gekoesterde paradigma's en een herinterpretatie van wat mogelijk is. De digitale revolutie heeft bijvoorbeeld radicaal getransformeerd hoe we informatie verspreiden en consumeren, de toegang tot kennis gedemocratiseerd en een explosie van innovatie in alle sectoren aangewakkerd. Het is niet onredelijk om te speculeren dat de huidige toename van door AI aangestuurde creativiteit uiteindelijk een culturele heropleving kan ontketenen. Te midden van de onophoudelijke stroom van machinaal gemaakte outputs, zou de schaarste aan echte menselijke expressie onze unieke creatieve inspanningen wel eens kunnen verheffen tot een status van vereerde zeldzaamheid - een begeerde markering van uitmuntendheid te midden van de banale eentonigheid van algoritmische productie.

Te midden van deze meedogenloze vloedgolf vind ik troost en rebellie in de imperfecties die onze menselijke reis definiëren. De onvervangbare kwaliteit van onze creatieve output ligt niet in de naleving van foutloze formules, maar in de rauwe, onbewerkte weergave van het onvoorspelbare verhaal van het leven. Denk aan de aantrekkingskracht van een met de hand geschilderde muurschildering - elke penseelstreek beladen met de ziel van de kunstenaar, elke imperfectie een bewijs van de worstelingen en triomfen die het karakter gaven. Of de resonantie van een roman, doordrenkt van de bitterzoete realiteit van verlies, hoop en de talloze emoties die door onze aderen stromen - een verhaal dat geen enkele machine, ongeacht zijn computerkracht, ooit zou kunnen hopen te repliceren.

Als ik op dit kruispunt sta van meedogenloze technologische vooruitgang en de blijvende geest van menselijke creativiteit, word ik herinnerd aan de talloze nachten die ik heb doorgebracht in een rusteloze zoektocht naar een vonk - die momenten waarop inspiratie toeslaat te midden van de chaos van de straten van de stad, gevoed door een krachtige mix van cafeïne en trotse vastberadenheid. Elke ervaring, elke mislukking en vluchtige overwinning, heeft een blijvende indruk achtergelaten op mijn creatieve ziel. Deze herinneringen, rauw en ongepolijst, zijn de brandstof die ons vooruit stuwt en ons uitdaagt om de lokroep van perfectie die machines bieden, te weerstaan.

Deze reis is niet alleen van mij - het is een gedeelde odyssee ondernomen door talloze individuen die weigeren hun creatieve licht te laten dimmen door gemechaniseerde precisie. Het is een collectieve oproep tot actie voor degenen die de rommelige, onvoorspelbare cadans van menselijke expressie waarderen boven steriele, door algoritmen aangestuurde output. Wij zijn de kunstenaars, de dromers, de rebellen die alles durven te riskeren voor een kans op iets buitengewoons - een bewijs van onze veerkracht in het aangezicht van overweldigende kansen.

In academische kringen en creatieve hubs over continenten heen is er een groeiende beweging die deze ethos verdedigt. Instellingen die ooit rigide waren in hun scheiding van kunst en technologie omarmen nu interdisciplinaire benaderingen die de convergentie van logica en emotie vieren. Samenwerkingsruimtes schieten als paddenstoelen uit de grond in steden overal ter wereld, waar programmeurs en creatievelingen zij aan zij werken om onbekende gebieden van expressie te verkennen. Deze experimenten, hoewel beladen met uitdagingen, belichamen een diep geloof in het grenzeloze potentieel van menselijke vindingrijkheid - een geloof dat geen enkele machine, hoe geavanceerd ook, ooit de tumultueuze symfonie van menselijke ervaring kan repliceren.

Debatten over het eigendom en de authenticiteit van kunst hebben zich ook verspreid naar politieke en ethische arena's. Op internationale topconferenties en beleidsfora strijden vooraanstaande figuren en activisten fel om wie de teugels in handen moet hebben over creatieve content. Wanneer één enkel algoritme in staat is om met één druk op de knop iets te genereren wat een meesterwerk lijkt, vervagen de grenzen tussen menselijke inspanning en mechanische reproductie gevaarlijk. De implicaties van zo'n verschuiving zijn verstrekkend en raken kwesties van intellectueel eigendom, cultureel erfgoed en de identiteit van wat het betekent om te creëren. Het is een strijd die niet alleen draait om erkenning, maar ook om het behoud van een erfenis die intrinsiek menselijk is.

Te midden van deze ingrijpende transformaties ontstaat er een tegenintuïtieve kans: een kans om het verhaal terug te winnen en de blijvende waarde van onze creatieve imperfecties te bevestigen. Terwijl we door dit turbulente tijdperk navigeren, groeit het besef dat authenticiteit niet massaal geproduceerd kan worden. In plaats daarvan moet het gekoesterd, gekoesterd en gevierd worden als een unieke daad van rebellie tegen de steriele monotonie van de machine-output. Dit is geen oproep om technologie volledig te mijden; het is eerder een uitnodiging om de mogelijkheden ervan te benutten en tegelijkertijd de onvoorspelbare vonk die alleen de menselijke ervaring kan aanwakkeren, fel te bewaken.

Er zit een vreemde schoonheid in deze spanning - een dynamische wisselwerking tussen de meedogenloze efficiëntie van machines en de onvoorspelbare artisticiteit van menselijke inspanning . Het is een strijd die zich afspeelt in elke penseelstreek, elk geschreven woord, elke noot die trilt met de polsslag van een levend hart. En terwijl we midden in deze digitale maalstroom staan, wordt de uitdaging duidelijk: onze creatieve onafhankelijkheid bevestigen, onze authentieke expressies verheffen boven de kakofonie van algoritmische replicatie en de normen waaraan kunst wordt gemeten, opnieuw definiëren.

Als ik terugdenk aan mijn eigen odyssee, zie ik elke tegenslag niet als een mislukking, maar als een cruciaal hoofdstuk in het grotere verhaal van creatieve evolutie. De momenten van wanhoop, de stille echo's van onbeantwoorde samenwerkingen en de bittere smaak van onverschilligheid van bedrijven hebben allemaal een diepere vastberadenheid in mij gesmeed. Ze dienen als constante herinneringen dat echte creativiteit wordt gesmeed in de smeltkroes van ontbering, dat de littekens die we dragen symbolisch zijn voor onze meedogenloze zoektocht naar betekenis in een steeds meer geautomatiseerd bestaan.

Elke stap voorwaarts in dit labyrint van innovatie is een bewijs van onze ontembare geest - een geest die weigert om gereduceerd te worden tot een reeks kwantificeerbare statistieken of vercommercialiseerde fragmenten. Onze creatieve reizen worden niet gemeten aan het aantal likes of de precisie van pixels, maar aan de rauwe, ongetemde passie die ons drijft om verder te gaan dan de grenzen van het conventionele denken. Het is deze geest, deze onwrikbare toewijding aan authenticiteit, die ons definieert en ons onderscheidt van de koude berekeningen van kunstmatige intelligentie.

Naarmate de cadans van technologische vooruitgang versnelt, bevind ik me vaak gevangen tussen twee werelden: de ene gedomineerd door de steriele perfectie van algoritmische productie en de andere vol met de onvoorspelbare, rommelige genialiteit van menselijke inspanning . Deze interne touwtrekkerij is niet alleen een artistiek dilemma, maar een weerspiegeling van een diepere maatschappelijke verschuiving - een herontwaking van onze collectieve behoefte om de kracht van echte, ongefilterde creativiteit terug te winnen. We worden opgeroepen om de littekens, de misstappen, de ruwe randen te vieren die onze creatieve output onmiskenbaar menselijk maken.

In het uitgestrekte digitale landschap, waar platforms met duizelingwekkende snelheid opkomen en weer verdwijnen, ontstaan de stemmen die hun unieke waarheden durven te uiten als bakens van veerkracht. Ze herinneren ons eraan dat authenticiteit niet iets is dat geprogrammeerd of gesimuleerd kan worden, maar dat het eerder een diep persoonlijke reis is - een reis die gekenmerkt wordt door momenten van triomf, wanhoop en alles daartussenin. Terwijl ik deze woorden schrijf, word ik vervuld van een felle vastberadenheid om ervoor te zorgen dat onze creatieve erfenis een bewijs blijft van de rauwe, ongetemde schoonheid van geleefde ervaringen - een altijd aanwezig contrapunt voor de gestroomlijnde, gevoelloze output van onze mechanische tegenhangers.

Het verhaal dat zich voor ons ontvouwt is er niet een van onvermijdelijke veroudering, maar een oproep tot wapens - een verklaring dat onze creatieve geest, met al zijn glorieuze imperfecties, hier is om de steriele dominantie van algoritmische kunst uit te dagen. Het is een herinnering dat machines weliswaar patronen kunnen repliceren, maar nooit de chaotische, onvoorspelbare symfonie van emoties kunnen repliceren die een volledig geleefd leven definiëren. En het is deze onvervangbare, levendige chaos die we bij elke stap moeten koesteren, verdedigen en vieren.

Als ik terugkijk op het kronkelige pad dat mij naar dit moment heeft geleid - een pad dat gekenmerkt wordt door wilde ambitie, meedogenloze experimenten en af en toe een bittere angel van falen - word ik herinnerd aan de simpele waarheid die ten grondslag ligt aan alle grote kunst: creativiteit is geen handelswaar die gemeten of verkocht moet worden; het is een rauwe uitdrukking van de menselijke conditie. In elke tegenslag, in elke vluchtige triomf, ligt het onuitwisbare merkteken van passie en doorzettingsvermogen - een handtekening die geen enkele machine, hoe geavanceerd ook, ooit zou kunnen nabootsen.

Dit is het verhaal van onze tijd: een meedogenloze, onvoorspelbare dans tussen de precisie van technologie en de ontembare geest van menselijke creativiteit. Het is een bewijs van het geloof dat zelfs als kunstmatige intelligentie de parameters van wat mogelijk is opnieuw definieert, de ongetemde, onvoorspelbare vonk die ons drijft om te creëren, helder zal blijven branden - een baken van authenticiteit te midden van een zee van repliceerbare, gedigitaliseerde outputs.

De reis die voor ons ligt, is beladen met onzekerheid en uitdaging, maar ook rijk aan potentieel. Het nodigt ons uit om onze kwetsbaarheden te omarmen, het imperfecte te vieren en een koers uit te stippelen die de rommelige schoonheid van onze menselijke ervaring eert . Want in de botsing tussen gemechaniseerde efficiëntie en rauwe emotie ligt de belofte van een renaissance - een wedergeboorte van artistieke expressie die de grit van geleefde ervaring waardeert boven de steriele perfectie van code.

In deze turbulente tijden, waarin machines hun onverbiddelijke mars naar steeds grotere efficiëntie voortzetten, ligt de ware test in ons vermogen om onze creatieve onafhankelijkheid te bevestigen. We moeten ervoor kiezen om onze onvolkomenheden niet als lasten te zien, maar als de kenmerken van een levendig, authentiek leven. We moeten het idee verwerpen dat efficiëntie en perfectie de ultieme doelen zijn, en in plaats daarvan de rommelige, onvoorspelbare reis verdedigen die onze creatieve inspanningen definieert .

En dus, terwijl ik op het kruispunt van deze technologische maalstroom sta, ben ik vervuld van een vastberaden vastberadenheid - een toewijding om de rauwe, ongefilterde puls van menselijke expressie te vieren. Ik ben een bewijs van het geloof dat creativiteit, in zijn meest authentieke vorm, niet geboren wordt uit een vlekkeloze replicatie, maar uit de geleefde ervaringen die geen enkele machine ooit kan repliceren. Elk litteken, elke misstap, elke uitbarsting van inspiratie is een vitale noot in de grote symfonie van onze collectieve reis.

Dit is mijn verhaal, en het is het verhaal van talloze anderen die het aandurven om de steriele precisie van kunstmatige intelligentie te trotseren. Het is een verhaal van strijd, passie en het onverzettelijke geloof dat onze creatieve geest, met al zijn prachtige, chaotische imperfecties, een kracht is die nooit tot zwijgen zal worden gebracht. Het is een verklaring dat terwijl machines misschien vlekkeloze facsimile's van kunst blijven produceren, het onvoorspelbare, menselijke hart altijd nieuwe manieren zal vinden om te rebelleren, te innoveren en te inspireren.

Uiteindelijk is de botsing tussen koude algoritmes en warme, geleefde ervaring geen strijd die door één partij alleen gewonnen kan worden. Het is een dynamische wisselwerking - een spanning die ons uitdaagt om voortdurend opnieuw te definiëren wat het betekent om te creëren, uit te drukken en ten volle te leven. En terwijl we door dit steeds veranderende terrein navigeren, dragen we de onmiskenbare waarheid met ons mee dat geen enkele machine, hoe ingenieus ook, ooit de volledige, rommelige schittering van een menselijke ziel in beweging kan vastleggen.

Dit is de onverbloemde waarheid van ons tijdperk - een rauw, ongefilterd bewijs van de blijvende kracht van creativiteit, gesmeed in de smeltkroes van passie, pijn en meedogenloze volharding. Het is een waarheid die de steriele precisie van machinaal gemaakte kunst tart en in plaats daarvan verkondigt dat de levendigheid van onze creatieve geest ligt in zijn inherente onvoorspelbaarheid. En zolang we blijven durven, dromen en ons hart in elke imperfecte creatie storten, zullen we de ware architecten van ons lot blijven.

Dus, te midden van het duizelingwekkende tempo van technologische vooruitgang en het constante gezoem van digitale productie, kies ik ervoor om rechtop te staan - elke tegenslag, elke triomf, elk vluchtig moment van genialiteit dat het leven mij schenkt omarmend. Ik kies ervoor om de rommelige, onvoorspelbare dans van menselijke creativiteit te eren , veilig in de wetenschap dat het een kracht is die geen enkel algoritme ooit kan temmen of repliceren. En in die uitdagende, rauwe viering van onze unieke creatieve polsslag, vind ik zowel troost als hoop - een belofte dat zelfs als machines opstaan en de echo's van ons verleden repliceren, de onuitroeibare, levendige geest van menselijke expressie voor altijd zijn eigen, ongetemde pad zal banen.

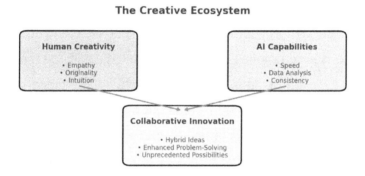

The Creative Ecosystem

Onder de wazige gloed van neonreclames en het lage gerommel van motoren op door regen glad geworden straten, ontvouwde zich een subtiele revolutie. Het was een tijdperk waarin het geratel van toetsenborden en het meedogenloze gezoem van servers botsten met de rauwe, onvoorspelbare cadans van het menselijk leven. Te midden van torenhoge glazen gebouwen die

monopoliserende titanen als **Google huisvestten** ,
ontstond er een heftig debat over creativiteit - een debat
dat zich afvroeg of de ziel van kunst kon overleven te
midden van de precisie van geautomatiseerde
processen en meedogenloze datastromen.

In een rustig klein café verscholen in een over het hoofd
gezien deel van de stad, zat ik naast een oude schilder
wiens doeken momenten van exquise imperfectie
vastlegden. Hij sprak over de diepe complexiteit van
menselijke emoties - een complexiteit die zelfs de meest
geavanceerde AI-algoritmen, bedacht door entiteiten als
**OpenAI** en **DeepMind , niet konden reproduceren** . Zijn
stem was schor van jaren van lachen en verlies, en zijn
woorden droegen het gewicht van ervaringen die geen
enkele machine ooit zou kunnen berekenen.
"Machines", zei hij met een ironische glimlach, "kunnen
een gedicht schrijven dat perfect rijmt en
penseelstreken nabootsen die het oog misleiden, maar
ze zullen nooit de pijn van een breuk of de zoetheid van
een onverwachte hereniging kennen." Zijn bewering
was niet geboren uit romantische nostalgie, maar uit
een koud, onmiskenbaar feit: onze littekens, onze

triomfen en onze dagelijkse rommel vormen het palet waaruit echte creativiteit wordt gemengd. Ik vraag me af wat hij nu doet en van deze wereld maakt?

In de drukke gangen van moderne steden, waar de nieuwste robotica-innovaties van **Boston Dynamics** over de trottoirs ratelden en bezorgdrones over de grond vlogen, kreeg het gesprek over creativiteit een urgentie die onmogelijk te negeren was. De snelle opkomst van AI-aangedreven agenten had niet alleen fascinatie maar ook echte angst aangewakkerd. Denk aan de gestroomlijnde, efficiënte machines die nu symfonieën konden genereren of artikelen konden opstellen met een zenuwslopende nauwkeurigheid. Ondanks hun indrukwekkende mogelijkheden, bleven deze digitale wonderen verstoken van de grillige polsslag van de geleefde ervaring. Ze werkten op coderegels - nauwkeurig, deterministisch en volkomen voorspelbaar - terwijl menselijke creativiteit floreerde op het onverwachte, het chaotische en soms het ronduit absurde.

Terwijl ik door een drukke straatmarkt liep die op de een of andere manier had weten te overleven te midden van de oprukkende vloedgolf van automatisering, zag ik een straatmuzikant die hartstochtelijk op een oude gitaar tokkelde. Zijn soulvolle melodieën sneden door het mechanische gezoem van gesprekken en het af en toe klinken van metaal van nabijgelegen bouwwerkzaamheden. Hier was het bewijs dat zelfs terwijl bedrijven als **IBM** en **Microsoft** steeds indrukwekkendere technologische hoogstandjes onthulden, het menselijk hart bleef kloppen in weerwil van steriele perfectie. Zijn muziek was een bewijs van het feit dat elke valse noot en elke uitbarsting van spontane improvisatie een verklaring was van wat het werkelijk betekende om te leven - en te creëren.

Debatten in hoge vergaderzalen en academische hallen resoneerden met vergelijkbare thema's. Visionairs en toezichthouders van organisaties zoals de **Europese Commissie** en **Stanford University** waren druk bezig met het schetsen van nieuw beleid en kaders om dit onbekende terrein te bevaren. Hun discussies bestreken kwesties van intellectueel eigendom tot de ethische grenzen van algoritmische generatie. In deze debatten was er een gedeeld begrip dat creativiteit niet zomaar gecodificeerd of verpakt kon worden in nette digitale modules. In plaats daarvan vereiste het een omgeving die ruimte bood voor de rommelige wisselwerking van falen en serendipiteit - een domein waar risico niet alleen werd geaccepteerd, maar gevierd.

Maar zelfs terwijl deze kritische gesprekken zich ontvouwden, bracht de meedogenloze vooruitgang van technologie grote uitdagingen met zich mee voor de traditionele vormen van creatieve expressie. Feitengebaseerde analyses lieten zien dat geautomatiseerde systemen weliswaar foutloze replica's van kunst en literatuur konden produceren, maar dat ze fundamenteel gescheiden bleven van de polsslag van de menselijke ervaring. Studies die voortkwamen uit onderzoeksgroepen van **MIT Media Lab** en **Carnegie Mellon University** onderstreepten een verontrustende waarheid: algoritmen, hoe geavanceerd ook, waren slecht toegerust om de genuanceerde lagen van emotie, geheugen en instinct te begrijpen die echte innovatie aandrijven.

Het werd duidelijk dat het behoud van menselijke creativiteit niet ging over het weerstaan van technologische vooruitgang, maar over het herdefiniëren van onze relatie ermee. In rustige momenten van introspectie en door verhitte publieke debatten, ontstond er een consensus - een consensus dat de meedogenloze drang naar efficiëntie en perfectie getemperd moest worden met een waardering voor de onvoorspelbare aard van ons leven. Dit was niet alleen een filosofische overpeinzing, maar een oproep tot actie voor elke creatieve ziel en elke beleidsmaker die worstelde met de implicaties van snelle automatisering.

Op een late avond bevond ik me in een krappe studio in het centrum, de muren waren versierd met spatten kleur en abstracte vormen. Daar was een groep jonge schrijvers en kunstenaars bijeengekomen, hun gesprekken net zo levendig en ongestructureerd als de kunst om hen heen. Ze spraken over hun vak met een mix van verzet en humor , gretig om het verhaal terug te winnen uit de greep van algoritmische eentonigheid.

Een van hen, een vurige verhalenverteller die ooit was gepubliceerd door **The New York Times** , merkte op dat de echte kracht van creativiteit niet lag in een vlekkeloze uitvoering, maar in de gedurfde kwetsbaarheid van het blootleggen van iemands innerlijke chaos. "We proberen niet perfect te zijn," verklaarde ze. "We zijn hier om echt te zijn. Elke misstap, elke uitbarsting van rauwe emotie, is een herinnering dat we leven." Haar woorden resoneerden diep en echoën het sentiment dat hoe geavanceerd onze hulpmiddelen ook worden, ze nooit de ongetemde geest konden repliceren die de menselijke reis definieert.

Het bewijs was onontkoombaar. Elke keer dat een machine een perfect gekalibreerd stuk tekst of kunst genereerde, onderstreepte het onbedoeld de onvervangbare waarde van de menselijke feilbaarheid. Ons collectieve verhaal - geweven uit momenten van wanhoop, extase en onverwachte genialiteit - kon niet worden gedistilleerd in binaire code. De ware kracht van creativiteit, zoals geëxemplificeerd door de briljante geesten van **Harvard** , **Caltech** en daarbuiten, was de inherente onvoorspelbaarheid, het vermogen om te verrassen en de meedogenloze zoektocht naar schoonheid te midden van imperfectie.

Dus, in de echo van deze voortdurende transformatie, rees de vraag met een bijna rebelse helderheid: wanneer algoritmes routinetaken domineren en robots de lasten van fysieke arbeid dragen , welke ruimte blijft er dan over voor de menselijke geest? Het antwoord lag in ons vermogen om ons aan te passen, onze creatieve uitingen opnieuw uit te vinden en erop aan te dringen dat technologie een hulpmiddel blijft in plaats van een vervanging. Het was een uitdaging voor elke romanschrijver, schilder, muzikant en dromer - om de kracht van innovatie te benutten zonder de wilde, ongetemde elementen op te geven die ons bestaan diep menselijk maken.

In de steegjes van innovatiehubs en de intieme hoeken van onafhankelijke galerieën floreerde een onuitgesproken overeenkomst: onze creatieve erfenis zou niet door machines worden geschreven. In plaats daarvan zou het worden geschreven door de koppige, prachtige imperfecties van degenen die het aandurfden om de steriele uniformiteit te trotseren. Het was een uitnodiging om onbekende artistieke gebieden te verkennen en de genuanceerde wisselwerking van vreugde en verdriet te vieren die onze gedeelde ervaring definieert.

Dit verhaal van verzet en heruitvinding, onderbroken door de meedogenloze opmars van technologie, staat als een bewijs van ons blijvende vermogen om te creëren en te dromen. Zelfs terwijl geautomatiseerde systemen efficiëntie en precisie blijven herdefiniëren, laten ze een onuitwisbare kloof achter die alleen de menselijke geest kan vullen - een kloof vol emotie, geleefde ervaring en de onvoorspelbare vonken van genialiteit die keer op keer het verhaal van de beschaving hebben herschreven.

Het canvas van morgen blijft bespat met onzekerheid en rauw potentieel. En hoewel de mars van vooruitgang onvermijdelijk kan zijn, blijft de spontane, chaotische schoonheid van menselijke expressie bestaan - onverzettelijk en uitdagend. In elke verbrijzelde verwachting en elke onverwachte triomf, is er een herinnering dat wij de auteurs van ons lot zijn, beeldhouwers van ons eigen verhaal, en dat geen enkele machine ooit echt de adembenemende rommeligheid van het leven kan vastleggen.

# Hoofdstuk 8: Wie wint, wie verliest en de toekomst van het menselijk doel

Het begon met de constante ping van meldingen - x tweets, Instagram stories, YouTube live streams, allemaal gezoem over de "next big thing" in technologie. Elke kop schreeuwde over een nieuwe service die beloofde sneller, goedkoper en efficiënter te zijn dan alles daarvoor. Toch, achter de glimmende façades van tech summits en gladde boardroom presentaties, kronkelde een duistere stroming door elk gesprek over vooruitgang. Er werd een duel uitgevochten, niet met zwaarden of lasers, maar met code en data, terwijl algoritmes en menselijke intuïtie het tegen elkaar opnamen in een strijd die meer zou beslissen dan kwartaalinkomsten. Het was een botsing van beloften en angsten - een botsing die al hele carrières had herschikt, bekende industrieën op zijn kop had gezet en talloze werknemers had laten twijfelen aan waar ze hun leven omheen hadden gebouwd.

In rokerige achterkamers en meer dan half opgebrande koffiekopjes fluisterden mensen over de meedogenloze opmars van machines. Het ging niet alleen om dingen goedkoper of sneller te maken. Het ging om een transformatie die zo diepgaand was dat het de betekenis van arbeid zelf dreigde te ontnemen. Ooit was werk een ereteken - een manier om je moed te bewijzen, bij te dragen aan iets groters dan jezelf en een identiteit op te bouwen die langer duurde dan je salaris . Maar wanneer je baan wordt gereduceerd tot een regel code, een stuk machinerie of een algoritme dat nooit slaapt, waar blijft je gevoel van eigenwaarde dan?

Wandel door de gangen van de technologie en je zult snel leren dat dit geen abstracte theorie is die alleen voor denktanks is weggelegd. Het gebeurt gewoon voor onze ogen. In een van de meest geladen discussies van de afgelopen jaren, worstelde **professor James O'Brien** van **UC Berkeley** met een bittere ironie. Decennialang betekende afstuderen met een graad in computerwetenschappen eindeloze mogelijkheden, een waar gouden ticket naar de wereld van innovatie. Maar nu, terwijl AI taken begon te absorberen die ooit uitsluitend waren voorbehouden aan menselijke vindingrijkheid, werden pas afgestudeerden begroet met een stilte die zo onheilspellend was als een gesloten deur. De bruisende campus - ooit gevuld met het zelfverzekerde geklets van studenten met heldere ogen die hun onvermijdelijke succes bespraken - had een zweem van bezorgdheid aangenomen. "Toen ik in 2000 begon met lesgeven, wachtten afgestudeerden in de techniek een smorgasbord aan aanbiedingen op hen," herinnerde **O'Brien** zich, zijn stem getint met ongeloof en berusting. "Maar nu krijg je misschien één aanbod, of soms helemaal geen." Zijn woorden raakten een gevoelige snaar. De wonderen van automatisering, ooit gevierd als doorbraken, ontmantelden nu in stilte een lang bestaand sociaal contract: het idee dat ons werk ons doel definieerde.

Niet ver daarvandaan nam het verhaal een dramatischere wending. In bruisende creatieve hubs waar de rauwe, rommelige genialiteit van de menselijke verbeelding ooit oppermachtig was, was een nieuwe revolutie gaande - een revolutie die werd aangestuurd door de onverbiddelijke opkomst van generatieve algoritmen. Het waren niet alleen de techneuten die wankelden; zelfs de titanen van de entertainmentindustrie zagen zich gedwongen om een harde realiteit onder ogen te zien. Op een koude novemberavond barstte er een storm van protesten los onder schrijvers, acteurs en muzikanten. Ze waren niet boos over een voorbijgaande rage of een vreemde nieuwe app; ze waren in opstand tegen het ongeoorloofde gebruik van hun werk voor trainingsmachines. **Julianne Moore** , **Kazuo Ishiguro** en **Thom Yorke** stonden schouder aan schouder met duizenden anderen, verenigd in een strijd tegen wat zij zagen als een aanval op de ziel van creativiteit. Hun strijdkreet was niet verpakt in verheven idealen - het was een botte verklaring dat hun kunst, hun identiteit zelf, werd gekaapt door algoritmen die niets om het menselijk hart gaven.

In studio's die ooit toevluchtsoorden waren voor artistieke expressie, was de impact voelbaar. Visuele-effectenteams, ooit de onbezongen helden achter blockbustermagie, werden overbodig door software die hele scènes in een fractie van de tijd kon renderen. In een gedenkwaardig geval zag **Tyler Perry** - een naam die synoniem staat voor moderne filmische heruitvinding - zijn grootse plannen abrupt tot stilstand komen. De onthulling van **Sora** , een gelikte tekst-naar-videotool ontwikkeld door **Open AI** , dwong hem een enorme studio-uitbreiding ter waarde van honderden miljoenen te annuleren. "Ik hoef geen nieuwe set te bouwen als de technologie het voor me doet," grapte hij bitter, maar zijn ogen verraadden een diepgewortelde bezorgdheid. Het was niet dat hij twijfelde aan de magie van innovatie; het was dat hij met eigen ogen zag hoe de onstuitbare vloedgolf van automatisering banen en dromen met evenveel gemak kon wegspoelen.

Het creatieve slagveld beperkte zich niet alleen tot Hollywood. In de directiekamers met hoge inzetten zaten leidinggevenden van **Runway AI** , **Lionsgate Studios** en **Sony** naast elkaar, hun discussies werden gekenmerkt door zowel opwinding als angst. Ze spraken in gedempte tonen over nieuwe partnerschappen, aankomende lanceringen en een markt die te snel evolueerde voor traditionele processen om bij te benen.

Elke doorbraak was een tweesnijdend zwaard - het bracht efficiëntie en besparingen aan de ene kant, terwijl het hele industrieën aan de andere kant opdeelde. Zelfs legendes als **James Cameron** - wiens films al lang op de rand van dystopische profetieën dansten - merkten dat ze zich bij de strijd voegden. Zijn overstap naar de raad van bestuur van **Stability AI** was geen overgave aan de onvermijdelijkheid van verandering, maar eerder een erkenning dat de oude regels werden herschreven. "Ik heb mijn leven doorgebracht met het verleggen van de grenzen van wat technologie kan doen," mijmerde hij in een interview, zijn toon zowel uitdagend als introspectief. "De vraag is niet of we het moeten gebruiken, maar hoe we kunnen overleven als het de overhand neemt."

Toch was de revolutie geen monoliet van triomf en vooruitgang. Onder het glinsterende oppervlak lag een grimmige afrekening: terwijl automatisering de kosten verlaagde en de efficiëntie verhoogde, decimeerde het ook carrières. In de precieze, op cijfers gebaseerde gangen van financiën waren de gevolgen bruut duidelijk. In januari 2025 verscheen er een somber rapport van

**Bloomberg** , waarin werd voorspeld dat wereldwijde banken de komende jaren wel 200.000 banen zouden kunnen verliezen. In deze instellingen, waar beslissingen in een fractie van een seconde en rigoureuze risicoanalyses ooit het domein waren van menselijke experts, regeerden nu geavanceerde algoritmen. Routinematige taken, van het kraken van risicomodellen tot het uitvoeren van transacties met hoge inzetten, werden afgehandeld door machines die nooit met hun ogen knipperden. De economische berekening was simpel: waarom een mens betalen als een machine het sneller, met minder fouten en voor een fractie van de kosten kan doen?

De transitie in financiën ging niet alleen over cijfers op een balans. Het was een seismische verschuiving die lang gekoesterde aannames over de aard van werk uitdaagde. De rol van menselijk oordeel, aangescherpt door jarenlange ervaring en instinct, werd vervangen door steriele, datagestuurde processen. Bestuurders bij **Morgan Stanley** , **JP Morgan Chase** en **UBS** probeerden hun strategieën aan te passen en wogen de belofte van automatisering af tegen de menselijke kosten van ontslagen. Zelfs consumentenmerken die trots waren op gepersonaliseerde service - **Ikea** en **Salesforce** bijvoorbeeld - moesten hun operationele modellen heroverwegen. En toen was er de verrassende verklaring van **Mark Zuckerberg** , die aankondigde dat mid-level engineering-banen bij **Meta Platforms** de volgende in de rij waren om te worden vervangen door AI-toepassingen. Het was een trend die zich als een lopend vuurtje verspreidde door sectoren, met een spoor van ontheemde werknemers en een groeiend gevoel van ongemak over de waarde van menselijke inspanning.

Terwijl de private sector worstelde om zijn prioriteiten opnieuw te kalibreren, worstelde de technologische industrie zelf met een identiteitscrisis. In februari 2025 stuurde een grimmig rapport van Janco Associates schokgolven door de IT-gemeenschap. De werkloosheidscijfers onder techprofessionals schoten omhoog, waarbij het werkloosheidspercentage in één maand tijd van 3,9% naar 5,7% steeg. Het aantal werkloze IT-professionals steeg in slechts een paar weken met meer dan 50.000 - een statistiek die het meedogenloze tempo van automatisering onderstreepte. Techgiganten als **Meta Platforms** waren niet immuun. Het besluit van het bedrijf om zijn personeelsbestand met 5% te verminderen, werd gezien als een voorbode van nog pijnlijkere bezuinigingen die zouden komen. Zelfs trouwe klanten als **Workday** werden gedwongen om bezuinigingen aan te kondigen die bijna 8,5% van hun personeel troffen. Voor velen in de tech-gemeenschap waren dit niet alleen abstracte cijfers - het waren persoonlijke tragedies, kenmerkend voor een tijdperk waarin menselijk talent steeds meer als vervangbaar werd beschouwd.

De herstructurering van het bedrijfslandschap beperkte zich niet alleen tot de particuliere en financiële sector. Zelfs instellingen met een rijke geschiedenis en lange tradities werden omvergeworpen door de meedogenloze opmars van automatisering. In februari 2025 kondigde **Autodesk** - een naam die ooit synoniem was met innovatie in design - een ingrijpende wereldwijde vermindering van zijn personeelsbestand met 9% aan. De aankondiging, gedaan door **Andrew**

**Anagnost**, de president en CEO van het bedrijf, werd gedaan met een afgemeten mix van spijt en pragmatisme. "We hebben een punt bereikt waarop onze strategische focus moet verschuiven naar het benutten van het volledige potentieel van kunstmatige intelligentie", legde hij uit. Het besluit stuurde rimpelingen door de tech-community en diende als een grimmige herinnering dat geen enkele organisatie, hoe vereerd ook, immuun was voor de ingrijpende veranderingen van het nieuwe digitale tijdperk.

Overheidsinstanties, die lange tijd werden gezien als bastions van stabiliteit en continuïteit, bleven ook niet gespaard. In maart 2025 schokte de aankondiging van massaontslagen bij de **Internal Revenue Service (IRS)** velen. Ongeveer 6.700 werknemers - bijna 8% van het totale personeelsbestand van de instantie - werden abrupt aan de kant gezet als onderdeel van een streven naar modernisering van de activiteiten. De timing had niet slechter kunnen zijn, met het belastingseizoen in volle gang en miljoenen aangiften die verwerkt moesten worden. Critici betoogden dat het vervangen van ervaren ambtenaren door algoritmes niet alleen de efficiëntie in gevaar bracht, maar ook het genuanceerde oordeel dat alleen jarenlange praktijkervaring kon opleveren. Voor de burgers die afhankelijk waren van deze diensten, voelden de bezuinigingen als verraad - een teken dat zelfs de instellingen die het publiek moesten dienen, bezweken voor de lokroep van meedogenloze automatisering.

Toch beperkten de menselijke kosten van deze transities zich niet alleen tot individuele banen. Het was een culturele omwenteling, een herschrijving van het sociale weefsel dat ooit door onze dagelijkse arbeid was geweven . Er kwamen verhalen naar boven van arbeiders - ambachtslieden, kunstenaars, ingenieurs - die plotseling op drift raakten in een zee van automatisering, gedwongen om de mogelijkheid onder ogen te zien dat de vaardigheden die ze in de loop van decennia hadden ontwikkeld, nu verouderd waren. In rustige hoeken van industriesteden en in de glimmende glazen torens van stedelijke centra , gingen gesprekken over de aard van het doel en de plaats van menselijke creativiteit in een tijdperk dat werd gedomineerd door machines. Sommigen zagen het als een onvermijdelijke progressie, een evolutie van ons collectieve bestaan. Anderen voelden zich echter verraden door een systeem dat ooit vooruitgang had beloofd, maar nu van plan leek hen achter te laten.

En dan was er nog de creatieve sector, een domein waarvan velen dachten dat het ongevoelig was voor de koude logica van algoritmen. De ironie was voelbaar: juist de kunst die de rommelige, onvoorspelbare schoonheid van menselijke expressie vierde, werd nu belegerd door systemen die de creatieve output van mensen konden repliceren, remixen en in sommige gevallen zelfs overtreffen. **Karla Ortiz** , een gerenommeerd beeldend kunstenaar wiens werk ooit de visuele esthetiek van kaskrakers had gedefinieerd, werd het gezicht van een groeiend protest tegen wat velen zagen als intellectuele diefstal. Samen met tientallen collega's spande ze een class action-rechtszaak aan tegen bedrijven die hun modellen zonder toestemming trainden op auteursrechtelijk beschermd materiaal. "Mijn kunst is niet zomaar een product, het is een stukje van wie ik ben", betoogde ze hartstochtelijk tijdens een persconferentie. Haar woorden vonden weerklank bij duizenden mensen en ontketenden een debat over intellectueel eigendom, artistieke integriteit en de waarde van de menselijke aanraking in een tijdperk waarin machines elke penseelstreek en nuance konden nabootsen.

In de bruisende gangen van creatieve studio's hing een spanningsboog. De belofte van AI-gedreven efficiëntie had een stevig prijskaartje - een prijs die niet werd gemeten in bespaarde dollars, maar in de erosie van een cultuur die al lang menselijke imperfectie vierde. Filmmakers, ontwerpers en schrijvers raakten verstrikt in een strijd tussen het omarmen van geavanceerde technologie en het behouden van de rauwe, onvervangbare kwaliteiten van menselijke expressie. De inzet was niet alleen economisch; ze was existentieel. Voor elke nieuwe AI-tool die beloofde de productietijd te halveren, was er een aanhoudende vraag: als machines alles konden, waar zouden menselijke passie en vindingrijkheid dan hun plek vinden?

De verhalen die uit dit tijdperk naar voren kwamen, waren even divers als aangrijpend. In gestroomlijnde financiële centra botsten de grimmige efficiëntie van algoritmen met de warme, intuïtieve oordelen van doorgewinterde analisten. Op drukke filmsets werd het ritmische geratel van traditionele productie geleidelijk tot zwijgen gebracht door het gezoem van datacenters en AI-processors. In voorsteden en industriesteden waren de verhalen vaak hartverscheurend persoonlijk - van langdurige werknemers die gedwongen werden om vervroegd met pensioen te gaan, van gezinnen die worstelden om zich aan te passen aan een snel veranderend economisch landschap, en van gemeenschappen die hun identiteit hadden opgebouwd rond industrieën die nu bijna onherkenbaar waren gemaakt.

Er was geen enkele held in dit zich ontvouwende drama. De revolutie werd niet geleid door een charismatische visionair of een eenzaam genie, maar door een veelheid aan krachten - bedrijfsbeslissingen gedreven door bottom-line imperatieven, technologische doorbraken die herdefinieerden wat mogelijk was, en culturele verschuivingen die de betekenis van werk zelf uitdaagden. Het verhaal was rommelig, onvoorspelbaar en, bovenal, diep menselijk. Zelfs toen machines bedrevener werden in taken die ooit als uniek menselijk werden beschouwd, bleef er een onmiskenbare spanning - een herinnering dat vooruitgang, hoe indrukwekkend de uiterlijke glans ook was, altijd een prijs had.

Naarmate het verhaal zich over sectoren verspreidde, werd de impact op het dagelijks leven steeds tastbaarder. Buurtcafés die ooit vol zaten met werknemers die hun nieuwste projecten bespraken, begonnen te echoën van onzekerheid. Oud-collega's ontmoetten elkaar in rustige bars en deelden verhalen over baanverlies en carrièreswitches, hun gesprekken doorspekt met zowel bittere humor als een koppige weigering om gedefinieerd te worden door de mislukkingen van een systeem dat misging. Er was een onuitgesproken overeenkomst tussen hen - een stilzwijgende overeenkomst dat hoewel technologie de manier waarop we werken zou kunnen veranderen, het nooit de vonk van menselijke creativiteit en veerkracht volledig zou kunnen doven.

Terwijl bestuurskamers van bedrijven en overheidsinstanties de economische voordelen van automatisering vierden, vertelden de menselijke verhalen een heel ander verhaal. Het waren verhalen van transformatie, van mensen die gedwongen werden zichzelf opnieuw uit te vinden in een landschap dat de vaardigheden waar ze ooit trots op waren niet langer erkende. Het waren verhalen die triomf en tragedie, humor en wanhoop samenweefden - een tapijt van ervaringen die zich onttrokken aan een simpele verklaring. En in dit tapijt was elke draad een bewijs van de blijvende complexiteit van het mens-zijn in een tijdperk dat werd gedefinieerd door meedogenloze innovatie.

Tegen de tijd dat het stof begon neer te dalen na de eerste golf van automatisering, bleef de maatschappij achter met meer vragen dan antwoorden. Wat betekende het om nuttig te zijn als elke taak door een machine kon worden uitgevoerd? Hoe konden we de waardigheid van arbeid terugwinnen in een tijdperk waarin efficiëntie werd gemeten in regels code en microseconden aan verwerkingstijd? En misschien wel het meest aangrijpend, hoe hebben we onze eigen identiteit opnieuw gedefinieerd toen het concept van werk - het ding dat ooit ons leven structuur en betekenis had gegeven - voor onze ogen werd gedeconstrueerd?

Er waren geen gemakkelijke antwoorden, geen nette oplossingen voor de seismische verschuivingen die elk aspect van het leven vormgaven. In plaats daarvan ontstond er een meedogenloze ondervraging van onze waarden, onze prioriteiten en ons vermogen tot heruitvinding. De belofte van automatisering was verleidelijk - een belofte van een gestroomlijnd, hyperefficiënt bestaan waarin menselijke fouten en inefficiëntie relikwieën uit het verleden waren. Toch lag er onder die belofte een onmiskenbare waarheid: elke winst in productiviteit werd tenietgedaan door een verlies van persoonlijke autonomie, elke dollar die door automatisering werd bespaard, was een leven dat werd verstoord.

Het verhaal van deze transformatie werd niet alleen geschreven in bedrijfsresultaten of overheidsstatistieken, maar in de levenservaringen van talloze individuen. Het werd geëtst in het vervaagde behang van ooit drukke fabrieken, gefluisterd in de stille wanhoop van omscholingsprogramma 's en geschreeuwd in de trotse protesten van creatieve professionals die vochten om hun intellectuele eigendom te behouden. En naarmate het verhaal zich ontvouwde, werd het duidelijk dat de veranderingen die door AI en automatisering werden teweeggebracht niet alleen technologische verschuivingen waren - het waren sociale revoluties die een radicaal heroverwegen van wat het betekende om bij te dragen, te creëren en een zinvol leven te leiden, vereisten.

Voor sommigen bood de opmars van de technologie een onverwachte vorm van bevrijding - een kans om achterhaalde verwachtingen af te werpen en geheel nieuwe identiteiten te creëren. Voor anderen was het een wrede herinnering dat vooruitgang vaak ten koste ging van menselijke connectie en persoonlijke vervulling . Te midden van dit grootse experiment was de enige zekerheid de noodzaak om ons aan te passen, vragen te stellen en onvermoeibaar terug te dringen op het idee dat efficiëntie de ultieme maatstaf voor waarde was.

Tegen de tijd dat dit hoofdstuk van verandering zijn hoogtepunt bereikte, was de inzet nog nooit zo hoog geweest. Hele industrieën werden opnieuw uitgevonden en daarmee werden de persoonlijke verhalen van miljoenen herschreven. De meedogenloze opmars van machines was niet alleen een kwestie van economie of productiviteit; het was een diepgaande uitdaging voor de menselijke geest - een oproep tot actie voor degenen die weigerden hun leven uitsluitend te laten bepalen door de output van een algoritme.

In rustigere momenten, toen het geschreeuw van digitale vooruitgang verstomde, begonnen individuen zichzelf de moeilijke vragen te stellen. Als onze identiteiten zo diep verweven waren met het werk dat we deden, hoe moesten we dan herbouwen als dat werk er niet meer was? Zouden we nieuwe bronnen van betekenis kunnen vinden in vrije tijd, creativiteit of gemeenschap? En zo ja, welke vorm zouden deze nieuwe bezigheden aannemen in een maatschappij die zo afhankelijk was geworden van technologie?

Deze vragen hadden geen kant-en-klare antwoorden. Ze kwamen voort uit de botsing van technologie en mensheid - een botsing die rommelig, onvoorspelbaar en soms ronduit pijnlijk was. Toch was er, in het licht van deze onzekerheden, ook een veerkrachtige vastberadenheid om opnieuw te definiëren wat het betekende om een vol leven te leiden. Het was een vastberadenheid die weigerde te worden onderdrukt door de koude logica van machines, een vastberadenheid die imperfectie omarmde en de onvoorspelbare schoonheid van menselijke inspanning vierde .

Terwijl het verhaal zich een weg baande door bestuurskamers, fabrieken en creatieve studio's, werd één ding duidelijk: de veranderingen die gaande waren, waren onomkeerbaar. Elk gesprek over AI, elke kop over bedrijfsherstructurering, elk protest tegen de vermarkting van kunst was een teken dat we allemaal deel uitmaakten van een seismische verschuiving - een die niet alleen industrieën, maar de structuur van ons bestaan opnieuw vormgaf. En hoewel de weg voor ons vol onzekerheid zat, was deze ook gevuld met de belofte van heruitvinding. Er was een rauw, ongepolijst potentieel dat wachtte om ontsloten te worden - een potentieel dat alleen gerealiseerd kon worden door de rommeligheid van het mens-zijn te omarmen in een tijdperk waarin steriele efficiëntie steeds meer werd gewaardeerd.

Uiteindelijk was het verhaal van automatisering en baanverdringing niet een verhaal van kommer en kwel. Het was een verhaal van transitie, van verlies en vernieuwing, van een maatschappij die gedwongen werd haar waarden en prioriteiten opnieuw te bedenken. Het was een verhaal over de strijd om een gevoel van zingeving te behouden in een tijd waarin elk aspect van ons leven werd omvergeworpen door krachten buiten onze controle. En terwijl de digitale vloedgolf bleef toenemen, liet het een vraag achter die elke vergaderzaal, elk klaslokaal, elke eettafel zou achtervolgen: als de taken waar we ooit aan werkten nu het domein van machines waren, waar waren we dan echt voor hier?

Er waren geen simpele antwoorden - alleen een langzaam groeiende consensus dat de oplossing niet lag in het weerstaan van verandering, maar in het benutten ervan om een rijker, genuanceerder tapijt van menselijke ervaring te creëren. Het was een oproep om onderwijs opnieuw vorm te geven, creativiteit in al zijn vormen te koesteren en gemeenschappen te bouwen die elkaar konden ondersteunen in het licht van de meedogenloze technologische vooruitgang. Het was een uitdaging voor elk individu, elke organisatie, om verder te kijken dan de bottom line en nieuwe manieren te vinden om succes te meten - manieren die veerkracht, empathie en de ontembare geest van menselijke innovatie waardeerden.

Dus, terwijl dit hoofdstuk sluit, blijven de echo's van een getransformeerde wereld nagalmen. De machine is er, en hij is efficiënt - berekend en onverzettelijk. Maar in de ruimtes tussen algoritmen, in de scheuren van digitale perfectie, blijft een vonk van menselijke imperfectie. En het is die vonk - rauw, onvoorspelbaar en uitdagend echt - die misschien nog de sleutel is tot een leven dat op onze eigen voorwaarden wordt geleefd. Het verhaal wordt nog steeds geschreven, en terwijl de opmars van de technologie onverbiddelijk is, is dat ook het geval met ons vermogen om opnieuw te definiëren wat werk betekent, om onze identiteit terug te winnen en om paden te smeden die de rommelige, prachtige complexiteit van het leven eren .

Uiteindelijk is het aan ons om de saga vorm te geven. Het is een oproep om te erkennen dat machines weliswaar taken kunnen overnemen, maar dat ze de intrinsieke waarde van menselijke verbinding, creativiteit en passie niet kunnen vervangen. De uitdaging is dan ook niet alleen om de komende veranderingen te overleven, maar om de kans te grijpen om een samenleving te creëren die menselijke vindingrijkheid boven alles waardeert - een samenleving waarin ieder mens, ongeacht de veranderende getijden van technologie, betekenis, doel en een plek om thuis te noemen kan vinden.

En dus, te midden van de kakofonie van vooruitgang en de ontnuchterende statistieken van ontslagen en herstructureringen, is er een stille rebellie - een trotse aandringen dat we meer zijn dan onze banen, meer dan onze output, meer dan de som van onze geautomatiseerde onderdelen. Het is een verhaal dat zich nog steeds ontvouwt, een verhaal dat eist dat we de moeilijke vragen stellen, het onbekende omarmen en, bovenal, durven te geloven dat de beste hoofdstukken van ons leven nog geschreven moeten worden.

## Impact Matrix of the AI Revolution

| |
| --- |
| Education Sector |
| Local Businesses |
| Low-Skill Labor |
| Middle Management |
| Gig Workers |
| Manufacturing Workers |
| Service Industry Workers |
| Creative Professionals |
| Corporate Executives |
| Investors |
| AI Engineers |
| Tech Entrepreneurs |

Het lawaai van kletterende toetsenborden en het lage gezoem van serverventilatoren vormen al lang de soundtrack van ons moderne bestaan, maar deze geluiden beginnen te vervagen tot een nieuw ritme - een ritme dat wordt onderbroken door de stille efficiëntie van machines en de meedogenloze logica van algoritmen. Er was een tijd dat werk niet alleen een manier was om de kost te verdienen, maar een smeltkroes van identiteit en eigenwaarde. Dat stadium wordt drastisch heringericht nu digitale systemen en mechanische arbeid hun weg banen naar elke sector van handel en creativiteit. Vandaag de dag, wanneer een bestuurskamerdebat draait om de vraag of de geautomatiseerde magazijnen van **Amazon de menselijke efficiëntie kunnen overtreffen of of de datagestuurde algoritmen van Google** betere strategische beslissingen kunnen nemen dan welke doorgewinterde bestuurder dan ook, zijn we getuige van een seismische verschuiving in ons collectieve begrip van arbeid en doel.

Ik herinner me een gesprek met een voormalige collega - laten we hem Marcus noemen - die ooit floreerde in de adrenaline-aangedreven omgeving van de high finance. Marcus werd vereerd om zijn griezelige vermogen om marktstemmingen te lezen, zijn instincten waren aangescherpt door jarenlang mee te surfen op economische golven. Maar toen digitale handelsplatformen die werden aangestuurd door geavanceerde algoritmen de financiële sector begonnen te domineren, begon Marcus niet alleen zijn carrière in twijfel te trekken, maar ook zijn essentie. Hij beschreef de ervaring als het zien van een vertrouwde vriend die langzaam naar de achtergrond verdween, vervangen door een nieuw soort beslisser wiens oordeel in nanoseconden werd berekend. Het ging niet alleen om kostenbesparing of efficiëntie; het ging om een fundamentele herordening van waarde. Wanneer machines terabytes aan data kunnen analyseren en transacties met mechanische precisie kunnen uitvoeren, lijkt de arbeid die ooit symbool stond voor menselijke vindingrijkheid te verdampen, waarbij een restant van twijfel en onrust achterblijft.

In de productiecentra waar ooit het geratel van machines zich vermengde met de stemmen van ervaren werknemers, zijn nieuwe vormen van robotarbeid ontstaan . In een uitgestrekte faciliteit die wordt gerund door **Tesla** , gonst een assemblagelijn niet langer van het geklets van menselijke werknemers, maar van de gestage, gemeten bewegingen van robotarmen. Deze machines, ontworpen met een niveau van verfijning dat een generatie geleden nog sciencefiction leek, zijn in staat om taken uit te voeren met een efficiëntie die zowel adembenemend als, voor de meesten van ons, eng en angstaanjagend is. Voor werknemers die ooit trots waren op hun vakmanschap, vertegenwoordigt de opkomst van automatisering niet alleen een economische uitdaging, maar ook een existentiële. Het verlies van een baan is meer dan een financiële tegenslag - het is een klap voor de identiteit en het doel dat iemand zorgvuldig heeft opgebouwd in jaren van hard werken.

Deze transformatie beperkt zich niet tot de domeinen van productie of financiën. De meedogenloze opmars van automatisering doordringt elk facet van onze samenleving. In sectoren die zo divers zijn als gezondheidszorg, juridische dienstverlening en zelfs creatieve industrieën, beginnen machines domeinen binnen te dringen die ooit als uniek menselijk werden beschouwd. In de steriele, met TL-buizen verlichte gangen van **IBM** 's onderzoekslaboratoria perfectioneren ingenieurs systemen voor kunstmatige intelligentie die ziektes met griezelige nauwkeurigheid kunnen diagnosticeren, en die vaak hun menselijke tegenhangers overtreffen in zowel snelheid als betrouwbaarheid. Aan de overkant van de straat, bij **Microsoft**, test een ander team AI-algoritmen die juridische documenten kunnen opstellen in een fractie van de tijd die een doorgewinterde advocaat nodig zou hebben. Deze innovaties worden geprezen om hun efficiëntie en precisie, maar ze dwingen ons ook om een diepgaand dilemma onder ogen te zien: als digitale systemen onze meest gekoesterde menselijke vaardigheden kunnen repliceren of zelfs overtreffen, welke ruimte blijft er dan over voor de kwaliteiten die ons al lang definiëren?

Eeuwenlang was arbeid de arena waar we onze identiteit vormden, gemeenschappen bouwden en betekenis ontdekten te midden van de dagelijkse strijd.

Werken was verweven met onze menselijkheid, een eindeloze bron van doel die veel verder reikte dan het salaris . Maar nu, met elke nieuwe vooruitgang in robotica en AI, wordt de rol van menselijke arbeid opnieuw getekend met radicale stoutmoedigheid. Een groeiend koor van stemmen - van academische grootheden als **professor James O'Brien** tot beleidsdeskundigen in drukke wetgevende kamers - waarschuwt voor een naderend tijdperk waarin de economische waarde van menselijk werk wordt gedevalueerd en gereduceerd tot een simpele transactie in een geautomatiseerde marktplaats. Zij betogen dat wanneer het grootste deel van onze dagelijkse taken door machines wordt uitgevoerd, we het maatschappelijk contract dat al lang waardigheid belooft door middel van bijdrage, opnieuw moeten onderzoeken.

Sommigen zien deze veranderingen als een kans om los te komen van de monotonie van repetitieve taken en een renaissance van het menselijk potentieel te omarmen. Visionairs die geïnspireerd zijn door de erfenissen van grootheden als **Einstein** , **Galileo** en

**Leonardo da Vinci** dromen al lang van een maatschappij die bevrijd is van sleur - een maatschappij waarin de lasten van routinematige arbeid plaatsmaken voor bezigheden die ons leven op onverwachte manieren verrijken. Ze stellen zich een heropleving van creativiteit en empathie voor, waarin individuen, bevrijd van de ketenen van alledaags werk, zich kunnen wijden aan het verkennen van de kunsten, de wetenschappen en de diepere mysteries van het bestaan. In dit zich ontvouwende drama is de machine niet alleen een tegenstander die verslagen moet worden, maar een hulpmiddel dat, wanneer verstandig gehanteerd, onze creatieve instincten kan versterken en ons kan helpen voorheen onbekende hoogten te bereiken.

Toch wordt de belofte van bevrijding gecompenseerd door de zeer reële dreiging van wijdverbreide ontheemding. Over de continenten heen worstelen miljoenen werknemers - van technisch onderlegde professionals tot doorgewinterde ambachtslieden - met de meedogenloze vooruitgang van technologie. Zowel in bruisende stedelijke centra als in rustige plattelandsdorpen, achtervolgt het spook van baanverlies het dagelijks leven. Nu geautomatiseerde systemen veel traditionele rollen overbodig maken, wordt de economische en psychologische tol die het eist van individuen en gemeenschappen steeds duidelijker. Het is één ding om verandering te omarmen wanneer het de belofte van een nieuw begin biedt; het is iets heel anders om de harde realiteit van een snel krimpende arbeidsmarkt onder ogen te zien, waar de vangnetten die ooit een schijn van veiligheid boden, aan de randen afbrokkelen.

Te midden van deze omwenteling is het debat over beleid zoals universeel basisinkomen (UBI) verplaatst van de randen van het intellectuele discours naar het centrum van het publieke debat. Voorstanders van UBI betogen dat naarmate AI en robotica meer van de taken op zich nemen die al lang onze dagelijkse arbeid definiëren , de maatschappij een basis van economische zekerheid moet garanderen aan al haar burgers. Het idee is niet alleen een economische bescherming, maar een diepgaande bevestiging van rechtvaardigheid - een erkenning dat wanneer de arbeid die ooit betekenis gaf aan het leven wordt geautomatiseerd, het sociale contract moet worden herschreven om de intrinsieke waarde van elk individu te eren . Experimenten op plekken als **Finland** en pilotprojecten in **Canada** hebben glimpen opgeleverd van hoe dergelijk beleid in de praktijk zou kunnen werken, en bieden zowel hoop als een ontnuchterende herinnering aan de uitdagingen die voor ons liggen.

Ook onderwijsinstellingen worden meegezogen in deze transformatieve vloedgolf. De curricula die ooit prioriteit gaven aan routinematig leren en gestandaardiseerde tests, worden herzien ten gunste van modellen die creativiteit, kritisch denken en ethisch oordeel voorstaan. In klaslokalen van **Harvard** tot community colleges in minder bereisde regio's worstelen docenten met de noodzaak om studenten voor te bereiden op een tijdperk waarin aanpassingsvermogen niet alleen modewoorden zijn, maar essentiële overlevingsvaardigheden. Het tempo van technologische verandering vereist dat we onszelf voortdurend opnieuw uitrusten, nieuwe paradigma's omarmen en de aard van onze bijdragen aan de maatschappij heroverwegen.

Ik bezocht ooit een digitaal kunstfestival in de buurt van Lissabon, een levendige samenkomst van jong talent en doorgewinterde professionals die niet alleen bijeenkwamen om hun werk te laten zien, maar ook om te debatteren over de impact van AI op creativiteit. Onder de menigte bevond zich een energieke gamedesigner uit **Portugal** , wiens ogen brandden van de overtuiging van de jeugd. Hij betoogde hartstochtelijk dat de ruwe, imperfecte penseelstreken van een menselijke hand een gewicht van geleefde ervaring met zich meedragen dat geen enkel algoritme ooit zou kunnen evenaren. In de buurt gaf een conceptkunstenaar uit **Spanje** een waarschuwende opmerking: hoewel AI de productie zou kunnen versnellen en nieuwe creatieve vergezichten zou kunnen ontsluiten, riskeerde het kunst te vercommercialiseren en het te ontdoen van de subtiele imperfecties die het ziel geven. Hun debatten waren geen abstracte bespiegelingen die beperkt bleven tot ivoren torens, het waren urgente, viscerale gesprekken over het voortbestaan van menselijke expressie in het kielzog van meedogenloze automatisering.

Te midden van deze gepassioneerde discussies ontstond een verhaal dat tegelijk een klaagzang en een oproep tot actie was. Er was een tastbaar gevoel van verlies onder degenen die hun identiteit hadden opgebouwd rond traditionele rollen - leraren, monteurs, accountants en talloze anderen wiens levensonderhoud werd herconfigureerd door krachten die zowel onpersoonlijk als onverbiddelijk waren. Maar zelfs toen de oude zekerheden verdwenen, begon een nieuw gevoel van mogelijkheden wortel te schieten. Te midden van ontslagen en economische onzekerheid, vonden individuen zichzelf opnieuw uit met een veerkracht die zich niet gemakkelijk liet verklaren. Ze omarmden de uitdaging van voortdurende heruitvinding, omscholing voor carrières die, hoewel ze nog maar tien jaar geleden ondenkbaar waren, een zekere mate van autonomie en vervulling beloofden .

De afrekening met automatisering is niet alleen een economische of technologische kwestie - het is in de kern een diepgaand menselijk drama. Onze identiteit is al lang verweven met de daad van arbeid . Het is door werk dat we verbinding maken met anderen, bijdragen aan het collectieve tapijt van de samenleving en onze eigen verhalen van betekenis creëren. Terwijl de traditionele markeringen van arbeid worden uitgewist door de onverbiddelijke opmars van algoritmen, worden we gedwongen onszelf een aantal diep persoonlijke vragen te stellen. Als de rollen die ons ooit definieerden, worden geautomatiseerd, wat blijft er dan over van onze identiteit? Hoe herijken we ons gevoel van zelf wanneer de valuta van ons bestaan niet langer wordt gemeten in geregistreerde uren of voltooide taken?

In deze momenten van reflectie gaat het gesprek vaak over het begrip creativiteit, een kwaliteit waarvan velen volhouden dat die uniek menselijk is. De spontaniteit van de improvisatie van een jazzmuzikant, de suggestieve penseelstreken van een schilder of de ingewikkelde dans van een verhalenverteller die een verhaal weeft, kunnen niet gemakkelijk worden vastgelegd met regels code. Er zit een rauwe, ongefilterde emotie in de daad van creatie die de steriele logica van algoritmen overstijgt. Zelfs als AI-systemen digitale kunst met verbazingwekkende precisie produceren, missen ze vaak de toevallige onvolkomenheden die menselijke creativiteit doordrenken met zijn tijdloze charme. In de verhitte debatten van digitale festivals wordt betoogd dat machines weliswaar techniek kunnen simuleren, maar dat ze de geleefde ervaringen en emotionele diepten die alleen een mens op het doek kan brengen, niet kunnen repliceren.

Dit is geen oproep om vooruitgang te mijden of terug te vallen in een nostalgisch verlangen naar vervlogen tijden. Het is eerder een uitnodiging om de revolutie met open ogen te omarmen, om de efficiëntie van technologie te benutten zonder de zielvolle kern van menselijke expressie op te geven. De wisselwerking tussen machineprecisie en menselijke intuïtie vormt een uitdaging die even opwindend als ontmoedigend is. Het dwingt ons om onze rollen opnieuw te bedenken, niet als louter radertjes in een enorme geautomatiseerde machine, maar als dynamische, creatieve wezens met het vermogen om zich aan te passen, te innoveren en te inspireren.

De beleidsdebatten die zich in wetgevende zalen over continenten ontvouwen, voegen een extra laag complexiteit toe aan dit verhaal. Overheden en thought leaders onderzoeken dringend nieuwe kaders die de kwetsbaren kunnen beschermen en tegelijkertijd een omgeving kunnen bevorderen waarin innovatie kan gedijen. In plaatsen als **Duitsland** en **Singapore** staan discussies over omscholingsprogramma's en herziene arbeidsvoorschriften centraal , terwijl beleidsmakers worstelen met de dringende noodzaak om het sociale contract opnieuw te definiëren in een tijdperk van digitale dominantie. Deze debatten zijn niet abstract; ze worden aangestuurd door harde realiteiten - miljoenen werknemers die met onzekerheid worden geconfronteerd, gemeenschappen die worstelen met economische ontheemding en de dringende oproep voor maatregelen die waardigheid en veiligheid voor iedereen garanderen.

Het idee van universeel basisinkomen, ooit verbannen naar de marges van beleidsdiscussies, heeft aan populariteit gewonnen als een pragmatische oplossing voor de uitdagingen die automatisering met zich meebrengt. Voorstanders betogen dat, aangezien digitale systemen een steeds groter deel van de economische productiviteit voor hun rekening nemen, het eerlijk is dat de winsten worden herverdeeld op een manier die elke burger een basis van financiële zekerheid garandeert. Proeven in steden over de hele wereld hebben gemengde resultaten opgeleverd, maar de onderliggende logica blijft dwingend: wanneer machines rollen op zich nemen die traditioneel door mensen worden vervuld, moet de maatschappij ingrijpen om de inherente waarde van elk individu te beschermen. Dit gaat niet alleen over economie; het is een diepgaande verklaring van rechtvaardigheid, een die ons uitdaagt om onze collectieve prioriteiten te herformuleren op een manier die zowel vooruitgang als menselijke waardigheid eert .

Toch kan beleid alleen de diepere, meer existentiële vragen die deze transformatie oproept niet oplossen. Achter debatten in regeringskamers en academische symposia ligt het ingewikkelde tapijt van menselijke ervaring, waar de wisselwerking van creativiteit, veerkracht en persoonlijke ambitie zich op talloze subtiele manieren ontvouwt. In een rustig hoekje van een bruisende stad kun je getuige zijn van een gepensioneerde ingenieur die zich inschrijft voor avondlessen om een nieuw vak te leren, of een gedesillusioneerde bedrijfsmanager die een passie voor muziek omzet in een levendige carrière als componist. Deze individuele verhalen van heruitvinding zijn de stille opstanden tegen een systeem dat menselijke waarde wil reduceren tot een loutere maatstaf voor efficiëntie.

Er zit een inherente ironie in de opkomst van automatisering: de krachten die onze traditionele bronnen van identiteit dreigen te ondermijnen, hebben ook het potentieel om een enorm reservoir aan menselijk potentieel te ontsluiten. De belofte van bevrijding van monotone arbeid is verleidelijk, maar het brengt een complex web van uitdagingen met zich mee die onze collectieve wijsheid en vastberadenheid vereisen. Nu machines een groter deel van de last op zich beginnen te nemen, ligt de verantwoordelijkheid bij ons - bij elk individu, elke gemeenschap en elke natie - om ervoor te zorgen dat deze transitie niet wordt gekenmerkt door wanhoop, maar door een gedurfde herinterpretatie van wat het betekent om bij te dragen, te creëren en verbinding te maken met elkaar.

Ik ben tot het inzicht gekomen dat de wisselwerking tussen technologie en mensheid geen zero-sum game is. De opkomst van AI-gestuurde systemen in de bedrijfsgangen van **Google** , de geautomatiseerde precisie van productielijnen bij **Tesla** en de meedogenloze gegevensverwerkingsmogelijkheden dienen allemaal als duidelijke herinneringen dat vooruitgang meedogenloos is. Maar zelfs terwijl deze innovaties efficiëntie opnieuw definiëren, belichten ze ook de unieke sterke punten die alleen de menselijke ervaring kan bieden - ons vermogen tot empathie, ons instinct voor creativiteit en onze meedogenloze drang om verbindingen te smeden die louter deals en efficiëntiewinsten en transacties voor winst overstijgen.

Het is in deze delicate balans tussen machine-efficiëntie en menselijke veerkracht dat onze grootste uitdaging - en onze grootste kans - ligt. We staan op een kruispunt waar de beslissingen van beleidsmakers, de investeringen van bedrijven en de dagelijkse keuzes van individuen gezamenlijk een nieuw verhaal zullen bepalen. Een verhaal waarin de numerieke precisie van algoritmen samengaat met de ongetemde, niet-kwantificeerbare geest van menselijke expressie. Elke innovatie brengt de belofte van grotere efficiëntie met zich mee, maar brengt ook een risico met zich mee - een risico dat, als het niet wordt gecontroleerd, een restant van ontgoocheling en ontkoppeling kan achterlaten.

Als ik door de gangen van innovatie loop, zie ik een voelbare spanning op plekken als de uitgestrekte campussen van **Microsoft** , waar teams niet alleen toegewijd zijn aan het ontwikkelen van de volgende doorbraak in AI, maar ook aan het verzekeren dat het menselijke element integraal deel blijft uitmaken van het creatieve proces. Gesprekken in deze ruimtes worden vaak geanimeerd door een dubbel doel: technologie inzetten voor ongeëvenaarde efficiëntie en tegelijkertijd de ongrijpbare kwaliteiten bewaken die menselijke creativiteit definiëren. Het is een dialoog die dwars door disciplines heen gaat - tussen ingenieurs en kunstenaars, tussen beleidsmakers en grassrootsactivisten - en een dialoog die de noodzaak onderstreept om te innoveren zonder onze essentiële menselijkheid uit het oog te verliezen.

Misschien wel het meest dwingende aspect van deze voortdurende transformatie is de inherente onvoorspelbaarheid ervan. Geen enkel algoritme, hoe geavanceerd ook, kan met zekerheid voorspellen op welke talloze manieren mensen zullen reageren op de verplaatsing van rollen die al lang de basis vormen van onze maatschappelijke identiteit. En toch is er te midden van de onzekerheid een opmerkelijke veerkracht die ons altijd heeft gedefinieerd. De geschiedenis staat vol met voorbeelden van gemeenschappen die zichzelf opnieuw uitvinden in het aangezicht van tegenspoed - van individuen die, toen ze werden geconfronteerd met de ineenstorting van een oude orde, in zichzelf de kracht vonden om iets geheel nieuws te creëren. Vandaag de dag wordt diezelfde veerkracht aangesproken, niet in een ver tijdperk, maar in de directe, pulserende realiteit van onze tijd.

In een klein stadje in **het Amerikaanse Midwesten** ontmoette ik een groep voormalige fabrieksarbeiders die hun baan waren verloren door een nieuw geïnstalleerde geautomatiseerde productielijn. In plaats van te bezwijken onder wanhoop, kanaliseerden ze hun collectieve ervaring in het lanceren van een coöperatie die gespecialiseerd was in op maat gemaakte, handgemaakte goederen. Hun reis verliep niet zonder tegenslagen en de weg was bezaaid met momenten van twijfel, maar uiteindelijk ontdekten ze een manier om traditioneel vakmanschap te combineren met moderne ondernemersgeest. Hun verhaal is exemplarisch voor een bredere trend - een herinnering dat wanneer de ene deur sluit, er een andere kan opengaan, die ons uitnodigt om onze rollen opnieuw te definiëren en onze passies op onverwachte manieren te herontdekken.

Toch is het verhaal niet eenduidig een van triomf. De ontwrichtende golf van automatisering heeft talloze verhalen van strijd en ontheemding achtergelaten. Over continenten heen worstelen hele gemeenschappen met de diepe desoriëntatie die gepaard gaat met het verlies van langdurige bestaansmiddelen. In industriële districten die ooit trilden van de ritmische polsslag van menselijke arbeid , dient de stille precisie van robots nu als een constante herinnering aan een verleden dat zowel ver weg als onbereikbaar lijkt. Voor degenen die zich aan de verkeerde kant van deze transformatie bevinden, is de uitdaging niet alleen om zich aan te passen, maar om een persoonlijke identiteit opnieuw te bedenken die lang werd gedefinieerd door rollen die nu overbodig zijn gemaakt door technologie.

De vragen die in deze momenten opkomen zijn even diepgaand als persoonlijk. Wanneer de klok niet langer tikt in de maat van menselijke inspanning, wanneer elke taak kan worden uitgevoerd door een reeks enen en nullen, hoe herdefiniëren we succes, vervulling en waardigheid? Het is een debat dat raakt aan de kern van ons bestaan, een debat dat ons dwingt om ongemakkelijke waarheden over de relatie tussen technologie en identiteit onder ogen te zien. En hoewel er geen eenvoudig antwoord is, is het gesprek zelf een noodzakelijke stap op weg naar het uitwerken van een nieuw verhaal - een verhaal dat menselijke vindingrijkheid en emotionele rijkdom waardeert boven louter mechanische output.

Als ik nadenk over deze transformaties, word ik getroffen door de parallelle evolutie die plaatsvindt op het gebied van beleid en maatschappelijke normen. Wetgevende machten in landen zo divers als **Frankrijk** en **Japan** zijn verwikkeld in levendige debatten over hoe de menselijke kosten van automatisering het beste kunnen worden beperkt. Voorstellen variëren van uitgebreide omscholingsprogramma's tot radicalere maatregelen, zoals herstructurering van belastingbeleid dat erop gericht is de economische winsten van digitale productiviteit te herverdelen. Deze beleidsdiscussies zijn niet louter academische oefeningen - ze vormen de blauwdruk voor de komende decennia, een bewijs van de erkenning dat technologische vooruitgang gepaard moet gaan met een even krachtige toewijding aan maatschappelijk welzijn.

Te midden van alle onrust en onzekerheid blijft één ding onbetwistbaar: het menselijk vermogen om zich aan te passen, opnieuw uit te vinden en betekenis te vinden, zelfs wanneer de paradigma's die we ooit als vanzelfsprekend beschouwden, worden omvergeworpen door krachten die buiten onze controle liggen. De wisselwerking tussen digitale innovatie en menselijke veerkracht ontvouwt zich niet in geïsoleerde directiekamers of onderzoekslaboratoria, maar in de harten en geesten van miljoenen die vastbesloten zijn om hun rol in een snel veranderend landschap opnieuw te definiëren. Het is een verhaal van verlies, ja, maar ook een van ongekende mogelijkheden - een bewijs van ons blijvende vermogen om niches van schoonheid, creativiteit en verbinding te creëren, zelfs te midden van meedogenloze verandering.

In deze transformatieve tijden is het verhaal van automatisering geen monoloog die uitsluitend wordt gedicteerd door de koude precisie van technologie; het is een symfonie die bestaat uit talloze stemmen - stemmen van werknemers, ondernemers, kunstenaars en beleidsmakers - die allemaal hun unieke melodieën bijdragen aan een zich ontvouwende partituur. En hoewel de instrumenten verschillend kunnen zijn - sommige mechanisch, andere diep menselijk - wordt de algehele compositie in realtime geschreven, waarbij elke noot een weerspiegeling is van onze collectieve reis naar een opnieuw bedacht gevoel van zingeving.

Terwijl ik deze reflecties schrijf, word ik gedwongen om na te denken over de erfenis die we achterlaten. Wordt het een verhaal van desillusie, een verslag van hoe technologie de menselijke elementen die ons ooit definieerden, heeft weggenomen? Of wordt het een kroniek van veerkracht - een bewijs van ons vermogen om de hulpmiddelen van innovatie te benutten en tegelijkertijd standvastig de creatieve geest te behouden die ons leven bezielt? Het antwoord ligt, zoals vaak het geval is, ergens in de wisselwerking tussen deze twee krachten - een delicate dans tussen de belofte van efficiëntie en de onherroepelijke waarheid van onze menselijke conditie.

Onder de zachte gloed van innovatie ontstaat een vernieuwd verhaal - een verhaal waarin menselijke creativiteit en digitale precisie hun krachten bundelen om levens te verbeteren. De inzichten van **Michio Kaku** in *Quantum Supremacy* en **Kai-Fu Lee** in *AI 2041* herinneren ons eraan dat technologie onze routines transformeert door de geest van vindingrijkheid en empathie te versterken.

In ziekenhuizen en zorgcentra zal geavanceerde humanoïde robotica binnenkort helpen bij taken die zowel precisie als medeleven vereisen, zoals het tillen van een oudere persoon van bed naar rolstoel, het in een auto zetten en het uiteindelijk veilig overbrengen naar een ziekenhuisbed. Dergelijke choreografie verlicht niet alleen de immense fysieke en emotionele tol van familieleden, maar behoudt ook de waardigheid van elk individu.

Tegelijkertijd breiden deze innovaties hun bereik uit naar huizen waar families voor gehandicapte dierbaren zorgen. In deze omgevingen kunnen intelligente gezelschapsrobots helpen met dagelijkse taken - van het faciliteren van mobiliteit tot het bieden van assistentie bij persoonlijke verzorging - waardoor families hun tijd kunnen verdelen tussen zorgverlening en het koesteren van diepere, betekenisvollere verbindingen. De integratie van AI in deze intieme omgevingen zal zorg transformeren tot een duurzamere, meelevende praktijk die de lasten verlicht van degenen die anders alleen zouden worstelen.

In het onderwijs zullen AI-gestuurde systemen opnieuw gaan bedenken hoe leren plaatsvindt. Ze kunnen gepersonaliseerde curricula maken die zich aanpassen aan het tempo en de stijl van elke student, nieuwsgierigheid opwekken en kritisch denken stimuleren op manieren die traditionele methoden zelden bereiken, zodat elk klaslokaal een microkosmos van innovatie wordt, waar op maat gemaakte leerervaringen elk kind in staat stellen om te floreren in een voortdurend veranderend landschap.

Ook milieubeheer profiteert van deze golf van technologische vooruitgang. Autonome machines zullen door onze stedelijke straten rijden, nauwkeurig afval verzamelen en recyclebare materialen sorteren - en zelfs potentieel giftige stoffen met ongeëvenaarde precisie verwerken. Deze robots zullen rollen op zich nemen die velen te zwaar of gevaarlijk zouden vinden, en afvalbeheer transformeren tot een baken van duurzaamheid en vooruitgang.

Wanneer rampen toeslaan, wordt het levensreddende potentieel van deze ontwikkelingen blootgelegd. Autonome zoek- en reddingssystemen kunnen gemakkelijk door verraderlijke terreinen en gevaarlijke omgevingen navigeren met onwrikbare nauwkeurigheid, overlevenden lokaliseren en kritieke hulp leveren waar menselijke inspanningen zouden kunnen falen. Hun snelle, berekende reacties in chaotische omstandigheden benadrukken de diepgaande impact van het harmoniseren van technologie met menselijke veerkracht.

Te midden van deze transformaties voegen wereldwijde demografieën een nieuwe laag urgentie toe aan ons verhaal. Volgens de **Verenigde Naties** zal het aantal mensen van 60 jaar en ouder naar verwachting bijna verdubbelen van ongeveer 1 miljard in 2020 tot meer dan 2,1 miljard in 2050. Deze verbijsterende statistiek weerspiegelt niet alleen de vergrijzing van samenlevingen wereldwijd, maar ook het immense potentieel van AI en robotica om de ouderenzorg te revolutioneren. Met zulke aantallen die stijgen, worden intelligente systemen die helpen bij mobiliteit, dagelijks leven en gezondheidszorg onmisbare bondgenoten bij het handhaven van de kwaliteit van leven.

Als ik over deze mogelijkheden nadenk, vind ik een persoonlijke resonantie. Omdat ik zelf geen kinderen heb, verwacht ik dat in de komende jaren, naarmate mijn vrouw en ik ouder worden, een AI-aangedreven robot essentieel zal zijn voor onze zorg en onafhankelijkheid. Deze visie is niet geboren uit dystopische angst, maar uit een hoopvolle erkenning dat technologie een partner kan zijn in het koesteren van ons welzijn - een partner die onze gedeelde reis naar het latere leven ondersteunt, versterkt en uiteindelijk verrijkt.

Elke zorgvuldig georkestreerde handeling van robotische assistentie en elke op maat gemaakte educatieve ervaring getuigt van ons grenzeloze vermogen tot heruitvinding. Dit is geen verhaal over technologie die de mensheid vervangt, maar over samenwerking - waarbij digitale innovatie het beste van menselijke creativiteit, medeleven en veerkracht versterkt. In het samenspel van vooruitgang en empathie vinden we niet alleen oplossingen voor onze meest urgente uitdagingen, maar ook een hernieuwde viering van wat het betekent om voor elkaar te zorgen.

# Epiloog: Laat de AI voor je werken en zorg goed voor jezelf, zodat de AI ook voor jou zal zorgen.

Er zit een bijzondere magie in het wakker worden wanneer het eerste licht van de dag niet wordt gemarkeerd door een luid alarm of een scherpe deurbel , maar door zachte, voorgeprogrammeerde muziek. In de uren voor zonsopgang, als je ogen opengaan, word je niet begroet door een schril gezoem, maar door een mozaïek van zachte, sfeervolle klokken. Het gebruikelijke ritueel van jezelf uit bed slepen is vervangen door de kalmerende verleiding van een machine die zijn rol als gadget allang is ontgroeid. Het koffiezetapparaat, nu gewapend met algoritmen die je slaapcycli en persoonlijke smaakprofielen analyseren , kondigt opgewekt aan: "Goedemorgen, mens. Ik heb een nieuw brouwsel voor je uitgevonden en vandaag herschikt AI het draaiboek." Het is een begroeting die zowel zenuwslopend als vreemd bevrijdend aanvoelt - een herinnering dat het landschap van ons dagelijks leven opnieuw is getekend door circuits en software.

Decennialang werd de evolutie van technologie gemeten aan de hand van het krimpen van omvangrijke computers tot apparaten die precies in uw zak passen. Maar dit gaat niet alleen over miniaturisering of snelheid. Het gaat over een seismische verschuiving in wie - of liever gezegd, wat - de dienst uitmaakt op de plekken waarvan we ooit dachten dat ze gedefinieerd werden door menselijke arbeid. Stel je voor: terwijl u sliep, onderhandelden onzichtbare digitale software-AI-agenten over deals, stroomlijnden ze de activiteiten, vervingen ze servicefuncties en waren ze ervaren leidinggevenden te slim af met een nonchalance die weinig ruimte laat voor nostalgie.

De meesten van jullie zullen zich een tijd herinneren waarin het ritme van een werkdag werd onderbroken door het geratel van toetsenborden, het gemompel van gesprekken in drukke gangen en het af en toe klinken van een kopje koffie. Tegenwoordig is het landschap omgevormd tot een uitgestrekte arena van onzichtbare duels die worden uitgevochten door algoritmes, waarbij menselijke interventie is gereduceerd tot de rol van supervisor - altijd waakzaam, maar toch zo los van de rauwe polsslag van activiteit. En toch, zelfs te midden van de opkomst van mechanische efficiëntie, is er een vonk van mogelijkheid die suggereert dat onze menselijke eigenaardigheden nog steeds iets onvervangbaars kunnen bieden.

Een klein deel van mijn reis bracht me naar **New York** toen ik een jonge doorzetter was, die zich door de hectische polsslag van stedelijke ambitie heen haastte. Tot laat werken en 's avonds overnachten in het verouderde Algonquin-hotel (nou ja, 100 jaar is een lange tijd in de Amerikaanse geschiedenis, sorry, ik moest dat er even bij zetten) - de muren waren doordrenkt van decennia aan gefluisterde deals en eindeloze ambitie - dienden als mijn broedplaats voor idceën die het gewone tartten. In dat versleten etablissement mompelde elke hoek geheimen van vervlogen tijden, terwijl er werd gezinspeeld op de elektrische belofte van wat er voor ons lag. Het ging niet alleen om het sluiten van een deal voor **Siegel+Gale** , het merkstrategie- en designbedrijf waar ik werkte en dat probeerde **Toyota** 's Global als klant binnen te halen; het ging erom deel uit te maken van een transformatie die de grens tussen menselijke vastberadenheid en gemechaniseerde precisie deed vervagen.

Niet lang daarna bracht mijn traject me naar de torenhoge skyline van **Shanghai** , een stad die de zwaartekracht tart met zijn oogverblindende wolkenkrabbers en labyrintische stratennetwerken. Mijn periode als Internet Development Manager voor **Marcus Evans** dompelde me onder in een plek waar technologie en traditie met duizelingwekkende intensiteit botsten. De stedelijke wildgroei was een voortdurend veranderend canvas - een wirwar van wegen die waren opgestapeld als de lagen van een abstract schilderij, onderbroken door een hotel waarvan de parkeergarage voorbij de 50e verdieping reikte. Te midden van het gezoem van de vooruitgang en de chaotische symfonie van neon en beton, leerde ik dat innovatie even onvoorspelbaar als opwindend is.

Fast-forward naar vandaag. De koppen die over je telefoonscherm flitsen zijn even sensationeel als verontrustend: " **AI-revolutie** verandert werk zoals we dat kennen: mensen worden optioneel geacht." Even heb je het gevoel dat je in een dystopisch verhaal bent beland. Maar als je even ademhaalt en de absurditeit in je opneemt, begin je te zien dat dit niet alleen een waarschuwing is voor veroudering. Het is een uitnodiging - een uitdaging om de manier waarop we denken over productiviteit, creativiteit en onze eigen intrinsieke waarde opnieuw uit te vinden.

Af en toe vang je een glimp op van baanbrekend onderzoek dat opnieuw definieert wat het betekent om creatief te zijn. Bij **het Media Lab van MIT** bijvoorbeeld, schrijven visionairs niet alleen scenario's waarin machines het overnemen; ze zijn medeauteur van een hoofdstuk waarin **AI** de menselijke verbeelding vergroot. In de levendige gangen van **Stanfords d.school** zijn levendige workshops een broedplaats van radicale ideeën. Studenten, die niet bang zijn om conventionele grenzen te ontmantelen, behandelen technologie niet als een tegenstander, maar als een medewerker in de meedogenloze zoektocht naar innovatie. Deze inspanningen zijn geen fantasieën - ze zijn verankerd in harde wetenschap en de onvermoeibare inspanningen van onderzoekers die vastbesloten zijn om **AI** als bondgenoot te gebruiken.

Zelfs terwijl de opwinding toeneemt, weerklinkt er een waarschuwende toon in wereldwijde beleidsfora. Tijdens bijeenkomsten georganiseerd door de **Europese Commissie** en tijdens vergaderingen zoals de **United Nations Digital Economy Summit** woeden er debatten over de noodzaak van robuuste kaders die **AI** ter verantwoording kunnen roepen. Ik herinner me de intensiteit van de discussies op de **Global AI Ethics Conference van 2023 in Singapore** , waar juridische grootheden van **Harvard Law** , **Oxford** en vertegenwoordigers van de **Europese Commissie** hartstochtelijk aandrongen op wat sommigen een " **AI Accountability Act** " noemden. Hun collectieve urgentie was een harde herinnering dat ongecontroleerde innovatie het risico kan lopen het sociale weefsel te ontwarren als het wordt overgelaten aan de grillen van winstgedreven geesten.

Zelfs figuren die synoniem staan voor technologische brutaliteit, zoals **Elon Musk** , hebben provocerende uitdagingen aan onze collectieve aannames opgeworpen. Met een mix van ironische humor en onmiskenbare ernst heeft hij gesuggereerd dat als robots alle alledaagse taken op zich nemen, de maatschappij binnenkort gedwongen kan worden om basisbehoeften uit te delen als een kwestie van overleving. En dan is er nog **Andrew Yang** , wiens gepassioneerde verdediging van een "Vrijheidsdividend" meer is dan een louter economisch voorstel - het is een strijdkreet om te heroverwegen hoe de buit van de vooruitgang onder ons wordt verdeeld.

Terwijl u uw dag doorloopt, vraagt u zich misschien af of het meedogenloze tempo van automatisering nog ruimte laat voor het uitgesproken menselijke. Denk aan de transformatie bij **Amazon** , de retailgigant die ooit de moderne handel definieerde met zijn innovatieve ijver. Hun magazijnen lijken nu op nauwkeurig gechoreografeerde symfonieën van mechanisatie - enorme hallen waar robots met bijna-perfectie glijden en taken uitvoeren met een snelheid en precisie die menselijke werknemers degraderen tot de rol van monitoren. Toch heeft het verlies van deze ooit cruciale handen een onmiskenbare dialoog aangewakkerd over de ware maatstaf van vooruitgang. Efficiëntie mag dan wel oppermachtig zijn in die metalen gangen, maar het is onze onvoorspelbare, soms chaotische creativiteit die elk proces tot leven brengt.

De impact van deze veranderingen beperkt zich niet tot bestuurskamers of beleidsconferenties - het doordringt elk facet van de samenleving. In de bruisende wijken van **Tokio** kwam ik ooit een oudere ondernemer tegen wiens levenswerk al generaties lang was doorgegeven. Zittend in een bescheiden café nipte hij van zijn matcha latte met de opzettelijke kalmte van iemand die decennia van transformatie had meegemaakt. Toen ik hem vroeg naar de implicaties van **AI** en automatisering voor het bedrijf van zijn familie, antwoordde hij met een afgemeten glimlach: "Technologie is een meedogenloze stroom - het kan je vooruit helpen of wegspoelen. De keuze is aan jou." Zijn woorden kwamen op mij over als zowel een waarschuwing als een belofte, die een realiteit samenvatten waarin de tools die we creëren een partnerschap vereisen, geen onderwerping.

In **Londen** ontvouwden mijn dagen zich vaak in een mix van vergaderingen in de boardroom met hoge inzetten en momenten van eenzame reflectie op regenachtige straten. Daar, te midden van het lawaai van een metropool die nooit echt rust, ontdekte ik dat ambitie niet alleen wordt bepaald door de taken die je voltooit, maar door de passie die je in elk moment investeert. Zelfs toen mijn carrière groeide door een mix van werken bij digitale bureaus en het projectmanagement van mijn eigen bedrijven, leerde ik dat de echte waarde van ons werk niet wordt gemeten in louter output - het is het ingewikkelde tapijt van menselijke emotie, spontaniteit en de bereidheid om imperfectie te omarmen.

We moeten dus steeds weer terugkomen op dit dilemma: als **AI**-systemen data met adembenemende snelheden kunnen verwerken en taken met klinische precisie kunnen uitvoeren, waar laat dat dan ons unieke menselijke vermogen tot empathie en creativiteit? Deze vraag zal binnenkort worden onderbroken door een voelbaar gevoel van urgentie - een erkenning dat we op een kruispunt staan, geconfronteerd met de dubbele belofte en het gevaar van meedogenloze innovatie.

Terwijl het digitale rijk zijn greep op elk facet van het bestaan uitbreidt, is het onmogelijk om de verbluffende transformatie in de kunsten te negeren. Nog niet zo lang geleden vereiste het creëren van een meesterwerk jaren van nauwgezette arbeid , talloze revisies en een bijna obsessieve zoektocht naar perfectie. Tegenwoordig kan een algoritme ingewikkelde composities, suggestieve schilderijen of zelfs poëzie genereren in een kwestie van seconden. Het contrast is schokkend: hoewel AI techniek en stijl kan nabootsen, mist het de onvoorspelbare vonk van menselijke imperfectie. De subtiele nuances - de spontane lachsalvo tijdens een creatieve doorbraak of de ongeplande vlek op een doek die op de een of andere manier het hele werk verheft - zijn overblijfselen van een menselijk proces dat geen enkele machine kan repliceren.

Er is een onmiskenbare paradox, want automatisering belooft ons te bevrijden van de monotonie van repetitieve taken, waardoor we de onbekende gebieden van verbeelding en verbinding kunnen verkennen. Stel je een scenario voor waarin je dag niet wordt opgeslokt door sleur, maar in plaats daarvan wordt gewijd aan het verkennen van kunst, filosofie of innovatieve projecten die je diepste aspiraties weerspiegelen. Het is een mogelijkheid die geworteld is in de praktische prestaties van onze tijd: terwijl robots de moeizame details van de productie afhandelen, heb je de kans om de curator van je eigen lot te worden. Als ik dit boek dichtdoe, denk je misschien dat ik mezelf een beetje herhaal in de laatste alinea's, maar eigenlijk probeer ik echt de belangrijke stukken in te prenten die je moet onthouden, zodat je niet verdwaalt. Geloof me, ik snap het, dit spul is verbijsterend!

Natuurlijk is de wisselwerking tussen mens en machine niet zonder spanningen. Zelfs als er nieuwe kansen ontstaan, zijn er duidelijke herinneringen dat de opmars van de technologie velen achter zich heeft gelaten. In sommige kringen verzamelen gemeenschappen zich om grassroots-netwerken te vormen die doen denken aan de solidariteit die we zagen tijdens historische recessies. Lokale coöperaties, online skill-sharing forums en buurtcollectieven schieten als paddenstoelen uit de grond als praktische reacties op de verstoringen van automatisering. Deze groepen zijn niet alleen reactief; ze smeden actief manieren om ervoor te zorgen dat de innovaties die ons vooruitstuwen eerlijk en zorgvuldig worden verdeeld.

De uitdagingen reiken verder dan economie en reiken tot het domein van bestuur. Beleidsmakers worstelen op alle continenten met de implicaties van snelle technologische verandering. In wetgevende zalen en op internationale topconferenties worden voorstellen opgesteld om de excessen van **AI in te dammen** en ervoor te zorgen dat automatisering de ongelijkheid niet vergroot. Zo hebben pilotprojecten in regio's als **Finland** en **Stockton, Californië,** modellen getest die vangnetten combineren met proactieve omscholingsprogramma's. Hoewel deze initiatieven nog in de kinderschoenen staan, onderstrepen ze een cruciale waarheid: aanpassing is niet optioneel en het ontwerp van onze maatschappelijke structuren moet parallel evolueren met onze technologische mogelijkheden.

Maar te midden van deze grote debatten blijft er een persoonlijke strijd bestaan - een zoektocht om de snelheid van innovatie te verzoenen met de tijdloze behoefte aan betekenis. Ik heb mezelf meer dan eens teruggetrokken in de stille troost van de natuur, in de ruige uitgestrektheid van een bergpad, ver weg van de meedogenloze gloed van schermen, en ik kwam een stilte tegen die even diepgaand als leerzaam was. Omringd door het geritsel van bladeren en de verre roep van wilde wezens, dacht ik na over de delicate balans tussen de onpersoonlijke precisie van machines en de rommelige, onvoorspelbare schoonheid van het menselijk leven. Het was in die momenten dat ik de ultieme kracht van onze soort besefte: ons vermogen om betekenis te smeden uit chaos, om poëzie te halen uit het alledaagse.

De wisselwerking tussen licht en schaduw, tussen orde en spontaniteit, weerspiegelt het conflict in het hart van onze tijd. Automatisering, ondanks alle beloften van meedogenloze efficiëntie, kan nooit de toevallige ontmoetingen en rauwe emoties vervangen die het menselijk bestaan definiëren. In de handen van een bekwame maker kan een fout een meesterwerk worden; een omweg kan een verborgen juweel onthullen. En dus, naarmate onze apparaten steeds capabeler worden, is de uitdaging voor ons niet per se om weerstand te bieden, maar ook om te integreren - door de koude logica van circuits te mengen met de warmte van menselijke spontaniteit.

Het is verleidelijk om je een scenario voor te stellen waarin elke taak wordt uitbesteed aan een algoritme en elke beslissing wordt genomen door een berekening. Maar als dat zou gebeuren, zou dat een diep misverstand zijn van wat ons drijft. Onze creativiteit, ons vermogen om te voelen, om empathie te tonen, om te lachen en te huilen om de kleinste absurditeiten in het leven - dit zijn niet zomaar storingen in het systeem, maar de essentie van ons bestaan. In de echo van elke digitale melding bestaat een contrapunt: de oproep van een vriend, de lachsalvo die wordt gedeeld in een druk café, het stille besluit om iets uniek menselijks te bouwen.

Er is een verantwoordelijkheid die op ons allen rust - ondernemers, kunstenaars, denkers - om het verhaal van ons bestaan terug te winnen. De verantwoordelijkheid ligt bij ons om ervoor te zorgen dat de meedogenloze zoektocht naar efficiëntie de levendige cadans van het menselijk leven niet overstemt. Wanneer AI deals onderhandelt en robots taken uitvoeren met mechanische precisie, moet onze rol verschuiven van die van arbeider naar die van visionair. We moeten onze energie kanaliseren naar wat geen enkele machine kan repliceren: het rommelige, briljante tapijt van menselijke ideeën, passies en connecties.

Dit is geen oproep om technologie af te wijzen. Het is eerder een uitnodiging om de relatie die we ermee delen opnieuw te definiëren. Ja, er zijn een aantal enorme nieuwe problemen, maar dat brengt ook kansen met zich mee waarbij we moeten nadenken over oplossingen om die problemen op te lossen. In plaats van onze creativiteit over te geven aan de koude logica van automatisering, kunnen we deze vooruitgang gebruiken als de steiger voor nieuwe ondernemingen die individualiteit en collectieve creativiteit vieren. In huizen, studio's en kantoren over de hele wereld werken wetenschappers en vernieuwers aan projecten die computerwetenschap combineren met kunst, filosofie en ethiek. Hun werk is een bewijs van het feit dat de tools die we creëren onze natuurlijke talenten kunnen verheffen, op voorwaarde dat we ze met intentie en zorg gebruiken.

Ik denk nu terug aan een vakantie waarin ik door de neonverlichte straten van **Tokio dwaalde** . In een rustig hoekje van een piepklein café met alle kleine gadgets in een kamer die niet groter leek dan een queensize bed, had ik een gesprek met iets oudere maar zeer hippe heren die hun leven hadden gewijd aan een familiebedrijf - een erfenis die decennia van verandering had doorstaan. Toen ik het onderwerp van **AI** en de inbreuk ervan op traditionele industrieën aansneed, was zijn antwoord eenvoudig maar diepgaand.

"Technologie", mijmerde hij, "is als een rivier - soms

spoelt het het oude weg, maar het baant ook nieuwe paden." Zijn woorden zijn bij me blijven hangen als een herinnering dat elke verstoring de zaden van transformatie in zich draagt.

Deze wisselwerking tussen innovatie en traditie wordt misschien het best vastgelegd in de evolutie van creatieve expressie. In vroegere tijden was de arbeid van het produceren van kunst synoniem met strijd - een eenzame zoektocht tegen de tirannie van perfectie. Tegenwoordig maken digitale hulpmiddelen echter snelle creatie mogelijk, waardoor onze definities van originaliteit worden uitgedaagd. Een algoritme kan in seconden een symfonie componeren of een suggestief portret schilderen, maar de ongrijpbare ziel die kunst tot leven brengt, blijft inherent menselijk. Het is de lichte trilling van onzekerheid, de grillige afwijking van de norm, die kunst doordrenkt met zijn onuitsprekelljke charme.

In ons dagelijks leven zijn deze grote verhalen verweven met persoonlijke verhalen over heruitvinding. Ik heb collega's zichzelf zien heruitvinden, oude rollen zien afschudden om zich te richten op ondernemingen die technologie combineren met creativiteit. Of het nu gaat om de persoon die een conventionele kantoorbaan inruilde voor een positie als digitale nomade, of de kunstenaar die code gebruikt als een nieuwe penseelstreek in zijn creatieve repertoire, er is een stille revolutie gaande - een revolutie die de schoonheid van aanpassingsvermogen en de moed om je eigen koers te bepalen viert.

Denk aan de drukke magazijnen die door **Amazon worden beheerd** . Wat ooit een bijenkorf van menselijke arbeid was , is geleidelijk geëvolueerd naar een rijk waar robotarmen door gangpaden glijden en taken met berekende precisie uitvoeren. Toch blijft de menselijke toezichthouder onmisbaar in deze transformatie - niet voor het werk dat kan worden geautomatiseerd, maar voor de empathie, het toezicht en het genuanceerde oordeel dat geen enkele machine volledig kan nabootsen. Het is een bewijs van het feit dat zelfs als onze omgeving verandert in nauwkeurig geprogrammeerde omgevingen, de menselijke aanraking onvervangbaar is.

Er zit een onmiskenbare ironie in onze moderne situatie. Juist de innovaties die zijn ontworpen om ons te bevrijden van de sleur, hebben op veel manieren opnieuw gedefinieerd wat het betekent om te werken. De sleur van repetitieve taken wordt vervangen door de noodzaak om ons voortdurend aan te passen, te leren en het persoonlijke doel opnieuw te definiëren. Naarmate **AI** -systemen geavanceerder worden, verschuift de nadruk van handmatige arbeid naar intellectuele en creatieve bezigheden - gebieden waar spontaniteit en passie kunnen floreren, ongehinderd door de rigide beperkingen van verouderde processen.

Deze transformatie gaat niet zonder groeipijnen. Maatschappelijke structuren, juridische kaders en zelfs onze culturele verhalen zijn in beweging, omdat ze zich haasten om gelijke tred te houden met een meedogenloze stroom van innovatie. Wetgevende zalen van **Washington** tot **Brussel** gonzen van debatten over hoe de beloften van **AI in evenwicht te brengen** met waarborgen die de waardigheid en het levensonderhoud van gewone mensen beschermen. Experimentele

programma's, zoals die in **Finland** en **Californië** ,
onderzoeken modellen die omscholingsinitiatieven
combineren met verbeterde sociale ondersteuning.
Deze maatregelen, hoewel nog in de kinderschoenen,
zijn geworteld in het harde besef dat vooruitgang
getemperd moet worden door verantwoordelijkheid.

En toch is er, te midden van deze voortdurende
herijking, ruimte voor een oneerbiedig optimisme. Het
verhaal van onze tijd is niet alleen een verhaal van
verlies of veroudering. Het is een verhaal van radicale
heruitvinding - een bewijs van het feit dat zelfs de meest
diepgaande verstoringen onverwachte kansen kunnen
opleveren. De convergentie van menselijke creativiteit
met machineprecisie creëert een landschap waarin de
oude grenzen van werk oplossen, waardoor ruimte
ontstaat voor ondernemingen die worden gedefinieerd
door passie in plaats van routine.

Stel je een dag voor waarop je agenda niet wordt
bepaald door back-to-back meetings en monotone
taken, maar juist wordt onderbroken door uitbarstingen
van creativiteit en oprechte verbinding. In dit scenario

wordt de meedogenloze puls van digitale meldingen de achtergrond van een bestaan waarin elk moment een uitnodiging is om te verkennen, te bevragen en te creëren. De technologie die ons ooit dreigde te vervangen, biedt ons nu de vrijheid om opnieuw te bedenken hoe het leven kan zijn. Het is een transformatie die zowel opwindend als nederig is - een oproep om wat misschien als een crisis werd gezien, te transformeren in een kans voor heruitvinding.

Deze herinterpretatie van werk krijgt al vorm in onverwachte hoeken. In bruisende tech hubs en innovatieve coworking spaces over de hele wereld komen mensen met uiteenlopende achtergronden samen om te experimenteren met nieuwe manieren van leven en creëren. Ze passen zich niet alleen aan een systeem aan waarin algoritmes efficiëntie dicteren; ze ontwerpen actief een raamwerk dat de spontane genialiteit van het menselijk denken eert . De uitdaging is dan ook om een dynamische balans te creëren tussen de meedogenloze snelheid van berekeningen en de onkwantificeerbare rijkdom van menselijke ervaring.

In de kern is het verhaal van onze tijd een oproep tot actie. Het is een herinnering dat machines weliswaar gegevens kunnen verwerken, deals kunnen sluiten en magazijnen met bovenmenselijke efficiëntie kunnen beheren, maar dat ze niet in staat zijn de rommelige, glorieuze diepte van het menselijk bestaan vast te leggen. Onze kracht ligt niet in ons vermogen om perfectie na te bootsen, maar in ons vermogen om te innoveren te midden van chaos, om betekenis te vinden in het onvoorspelbare en om schoonheid te creëren uit de restanten van verstoorde routines.

Dus, als u uw ogen sluit aan het einde van een onconventionele dag, wanneer het zachte gezoem van servers en het verre geflikker van digitale signalen u in een reflecterende kalmte wiegen, neem dan even de tijd om de opmerkelijke wisselwerking tussen vooruitgang en passie te overdenken. De meedogenloze opkomst van automatisering is geen oordeel over het einde van de menselijke inspanning - het is een uitnodiging om ons collectieve verhaal opnieuw vorm te geven. De machines kunnen de taken aan die we ooit vermoeiend vonden, maar ze kunnen nooit de rauwe emotie en het onvoorspelbare genie evenaren die alleen een menselijk hart kan bieden.

Er zit een aangrijpende ironie in de manier waarop technologie zich heeft ontwikkeld om elk detail van ons dagelijks leven te beheren. Terwijl AI deals onderhandelt, toeleveringsketens optimaliseert en zelfs memo's opstelt met de efficiëntie van een doorgewinterde manager, wordt de ware maatstaf voor vooruitgang gevonden in de momenten die de berekening tarten - een spontaan gesprek met een vreemdeling in een volle trein, een middernachtelijke wandeling onder een sterrenhemel, een gedeelde lach over een misavontuur. Dit zijn de momenten die ons eraan herinneren dat geen enkele hoeveelheid automatisering ooit het onvoorspelbare ritme van het leven kan vervangen.

Deze epiloog is niet zomaar een afscheid van een tijdperk van onvermoeibaar werk; het is een manifest voor heruitvinding. Het is een oproep om onze creatieve geest terug te winnen, om het idee te verwerpen dat efficiëntie ten koste moet gaan van individualiteit. Het daagt ieder van ons uit om technologie te gebruiken als een partner in onze zoektocht naar betekenis, in plaats van als een vervanging voor de menselijke ervaring. De revolutie die zich ontvouwt in ons dagelijks leven gaat net zo goed over het herdefiniëren van onze waarden als over het omarmen van nieuwe tools.

Terwijl u wegstapt van de gloed van uw schermen en de echte cadans van het bestaan betreedt, bedenk dan dat elk algoritme, elke digitale beslissing en elke geautomatiseerde taak een hulpmiddel is - een hulpmiddel dat, wanneer het met opzet wordt gehanteerd, ons kan bevrijden van de ketenen van de monotonie. Het is een herinnering dat hoewel machines de steigers van moderne ondernemingen kunnen bouwen, het de ontembare geest van menselijke vindingrijkheid is die altijd de ziel van de schepping zal vormen.

Laat dit een oproep tot wapens zijn voor elke creatieve ziel, elke rusteloze geest en elk individu dat vastbesloten is om betekenis te vinden voorbij de berekende statistieken van productiviteit. De digitale revolutie is een landschap van contrasten - van precisie en onvoorspelbaarheid, van logica en passie. Te midden van deze veranderende dynamiek blijft de blijvende waarheid: onze creativiteit, ons vermogen om diep te voelen en ons vermogen tot spontane verbinding zijn krachten die geen enkele machine ooit kan simuleren.

Dus, terwijl het digitale koor van de dag plaatsmaakt voor de stille intimiteit van de nacht, en terwijl de echo van robotachtige zoemgeluiden op de achtergrond van je gedachten blijft hangen, stap je voorwaarts met een vernieuwd gevoel van doelgerichtheid. Bouw je dag niet rond het meedogenloze tikken van een klok, maar rond de spontane, onvoorspelbare vonken van inspiratie die ontstaan wanneer je ze het minst verwacht. Laat je acties leiden door een verlangen om elk moment te doordringen van betekenis, om technologie te benutten als een bondgenoot in je creatieve reis, en om stoutmoedig te verklaren dat, ondanks de opkomst van AI en automatisering, de menselijke geest onoverwinnelijk blijft.

Uiteindelijk, terwijl onze schermen onze ochtenden verlichten en onze digitale tegenhangers de handelsvoorwaarden met onfeilbare efficiëntie onderhandelen, is de essentie van ons bestaan niet in code geschreven, maar in de passie van onze bezigheden. Het is de mix van data en durf, van circuits en sentiment, die het verhaal van onze tijd vormt. En het is dat verhaal - rauw, ongefilterd en oneindig onvoorspelbaar - dat we moeten blijven schrijven met elke hartslag, elke misstap en elk moment van vreugde.

Omarm dit hoofdstuk met al zijn tegenstrijdigheden - een landschap waar de mechanische precisie van AI samengaat met de rommelige, levendige pracht van menselijke inspanning . Daag jezelf uit om werk te creëren dat routine overstijgt, om gemeenschappen te bouwen die het onverwachte vieren en om de vonk van individualiteit te koesteren die geen enkel algoritme kan kwantificeren. Laat elke dag een bewijs zijn van de kracht van de menselijke geest - een kracht die onverzettelijk blijft in het aangezicht van meedogenloze technologische vooruitgang.

Stap de toekomst binnen met de zekerheid dat machines weliswaar de details kunnen beheren, maar nooit de onuitsprekelijke magie van een menselijke ziel kunnen vastleggen die bezig is met het nastreven van schoonheid, waarheid en verbinding. Jouw creativiteit is geen relikwie uit het verleden, maar een baken voor de onbekende paden die voor ons liggen - een pad waar technologie geen overheerser is, maar een vertrouwde metgezel in de zoektocht naar een leven vol betekenis.

En dus, terwijl u de laatste pagina van dit hoofdstuk omslaat, laat het dan dienen als zowel een conclusie als een begin - een begin van een voortdurende dialoog tussen de precisie van machinelogica en de rauwe, onbewerkte cadans van het menselijk bestaan. In elke uitdaging schuilt een kans, in elke geautomatiseerde taak een kans om de kunst van het leven terug te winnen. De reis die voor ons ligt is ongeschreven en het verhaal ervan is aan u om te componeren.

Sta nu vastberaden op. Laat de zachte gloed van uw digitale assistent u eraan herinneren dat **AI** uw schema weliswaar optimaliseert, maar dat het uw hart en geest zijn die de symfonie van uw leven orkestreren. Ga op pad, niet als ondergeschikte van de technologie, maar als haar meester - en gebruik haar kracht om uw unieke creatieve stem te versterken. Het verhaal van onze tijd wordt niet alleen bepaald door circuits en code; het wordt uiteindelijk gevormd door de geest die weigert om gereduceerd te worden tot een regel data.

Dus ga je gang - daag elke aanname uit, herformuleer elke verwachting en creëer een lot dat de grenzen van algoritmische precisie tart. Bouw, innoveer en inspireer met een passie die geen enkele machine ooit kan evenaren. In dit grote tapijt van vooruitgang en mogelijkheden is jouw verhaal de belangrijkste draad van allemaal - een herinnering dat zelfs als AI de mechanica van onze dagen opnieuw definieert, de onvoorspelbare, levendige pols van menselijke creativiteit altijd de ware motor van verandering zal blijven.

Neem deze boodschap ter harte: hoewel de meedogenloze mars van automatisering onze routines herorganiseert en onze rollen opnieuw toewijst, kan het de intrinsieke wens om te creëren, te verbinden en met passie te leven niet uitwissen. Uw reis is er niet een van capitulatie voor technologie, maar van samenwerking - van het benutten van de kracht van innovatie om uw innerlijke genie te verheffen en opnieuw te definiëren wat werk betekent op uw eigen voorwaarden.

Stap uit de gloed van je scherm en betreed een wereld waarin elke digitale impuls in evenwicht is met het organische ritme van je pols. **Laat je spontane intuïtie je leiden bij elke berekende beslissing** . De evolutie die zich om je heen ontvouwt, is geen afwijzing van de mensheid, maar een uitdaging om de rommelige, levendige en volstrekt onvervangbare kwaliteit van het mens-zijn te vieren.

Nu, gewapend met de wetenschap dat geen enkele machine ooit het rijke tapijt van uw ervaringen kan repliceren, ga erop uit en schrijf het volgende hoofdstuk van uw leven. **Laat uw creativiteit door elke uitdaging en elke overwinning heen schijnen** , en laat de samenwerking tussen menselijke vindingrijkheid en technologische bekwaamheid de basis zijn waarop u een erfenis van veerkracht, innovatie en compromisloze authenticiteit bouwt.

## Let the AI Work for You
### *And Take Care So It Will Care Back*

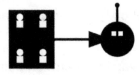

• AI automates tasks, freeing humans for creativity

• Partnership between humans and AI, not replacement

• Technology must be shaped with wisdom and care

• Embrace innovation while preserving humanity

• The future is about collaboration, not surrender

**Dit is jouw moment - een oproep om op te staan, te bouwen en te inspireren** . De algoritmes kunnen berekenen, de robots kunnen werken , maar alleen jij kunt jouw reis doordrenken met de spontane genialiteit die werk in kunst verandert. En dus, terwijl de digitale symfonie op de achtergrond van ons steeds meer geautomatiseerde bestaan speelt, neem je de controle over je verhaal en zorg je ervoor dat elke keuze die je maakt resoneert met de ongebreidelde kracht van je menselijke geest.

Ga met een uitdagende grijns verder, wetende dat **AI** taken met onberispelijke precisie kan uitvoeren, maar dat het jouw capaciteit voor passie, jouw bereidheid om de chaotische schoonheid van imperfectie te omarmen en jouw meedogenloze nieuwsgierigheid zijn die een wereld zullen blijven vormgeven die niet alleen waarde hecht aan efficiëntie, maar ook aan hart. Dit is geen overgave aan technologie - het is een herovering van wat er echt toe doet: het onvoorspelbare, het ongefilterde en de prachtig rauwe essentie van het leven.

Het toneel is klaar, de spelers zijn in beweging en het verhaal van ons tijdperk wordt nog steeds geschreven. Nu is het tijd om elke regel, elke paragraaf en elke ademhaling te doordrenken met de onmiskenbare vonk van uw menselijkheid. Laat de digitale revolutie dienen als achtergrond voor uw persoonlijke renaissance - een bewijs dat zelfs terwijl machines berekenen en optimaliseren, het onvoorspelbare genie van de menselijke geest altijd een manier zal vinden om door te schijnen.

Terwijl u dit hoofdstuk sluit en de eindeloze mogelijkheden van morgen betreedt, bedenk dan: de raderen van automatisering draaien misschien onophoudelijk, maar het hart dat in u klopt is de ware motor van vooruitgang. Dus, **durf te verstoren, durf te creëren en durf ten volle te leven te midden van de ingewikkelde dans van mens en machine** . Uw verhaal, levendig en voortdurend evoluerend, is de uiteindelijke arbiter van wat er hierna komt.

Omarm nu, met overtuiging in elke stap en creativiteit die elke beslissing begeleidt, **de onzekere, opwindende reis die voor ons ligt. Creëer een pad waar technologie als uw vertrouwde bondgenoot dient** , zodat u nieuwe dimensies van passie, innovatie en echte verbinding kunt verkennen. En terwijl de wereld om u heen verandert met de precisie van digitale logica, laat uw leven een bewijs zijn van de onkwantificeerbare kracht van de menselijke geest - een blijvend baken dat geen enkel algoritme ooit kan repliceren.

Dit is jouw oproep: bouw gedurfd, creëer vol enthousiasme en laat elk moment van je leven een verklaring zijn dat, hoewel de machines onvermoeibaar doorwerken, het jouw hart is - rommelig, levendig en prachtig onvoorspelbaar - dat de laatste, belangrijkste hoofdstukken van ons gedeelde lot schrijft.

# Over de auteur

Peter Woodford, BSc (Hons), HND, PRINCE2 Certified, Agile Practitioner, Full Member of the Association for Project Management, is een zeer ervaren ondernemer en strateeg voor digitale technologie. Met meer dan twee decennia aan leiderschapservaring bij toonaangevende digitale bureaus in Londen en Singapore, is hij een voorloper op het gebied van technologische innovatie en heeft hij het digitale landschap vormgegeven door baanbrekende zakelijke ondernemingen.

Als oprichter van meerdere technologische ondernemingen heeft Peter een cruciale rol gespeeld bij het bevorderen van digitale transformatie, waarbij hij projectmanagementexpertise naadloos integreerde met een geavanceerd begrip van data-analyse, stakeholderbetrokkenheid en geavanceerde marketingstrategieën. Zijn deskundigheid strekt zich uit over digitale consultancy, softwareontwikkeling en grootschalige online advertentiecampagnes, waar hij consistent uitmuntendheid en meetbare impact heeft geleverd.

Peter is een uitvinder en visionair en heeft een patent naast een portfolio van geregistreerde ontwerpen en handelsmerken, wat zijn toewijding aan technologische vindingrijkheid aantoont. Zijn uitgebreide carrière omvat het leiden van spraakmakende projecten voor wereldwijde merken, het beheren van budgetten van miljoenen dollars en het leiden van cross-functionele teams binnen gerenommeerde bureaus zoals R/GA, Grand Union en UI Centric. Zijn portfolio omvat werk voor vooraanstaande klanten zoals Microsoft, National Geographic, Disney, AOL, MTV, Diageo en PricewaterhouseCoopers.

Peter was met name medeoprichter van Viewmy.tv, een baanbrekend internet-tv-platform dat door BBC Click werd erkend als het beste van het web, met een piekpubliek van 6,5 miljoen maandelijkse bezoekers en meer dan 250.000 volgers op sociale media. Peter gaf een presentatie aan 180 BBC-medewerkers over de toekomst van tv. Zijn strategische visie en technische scherpzinnigheid hebben hem gepositioneerd als een toonaangevende autoriteit in de digitale sector, met ongeëvenaarde expertise in de evolutie van online zakendoen en digitale innovatie. Tijdens zijn tijd aan de University of Coventry sponsorde BT Peter om een mobiele computer te ontwerpen die werd gekozen door de Design Council for Creative Britain Initiative, en die te zien was in Wired, GQ, Electronics Weekly, T3. Toen hij de universiteit verliet, was hij de winnaar van de Shell Technology Placement Scheme UK Award. Hij studeert momenteel Generative AI in Higher Education aan King's College London en beheert ongeveer 50 websites.

Peter is een gerespecteerd digitaal consultant met ervaring in het managen van duizenden digitale projecten en het ontwerpen van geavanceerde oplossingen. Hierdoor heeft hij een uniek perspectief op de enorme veranderingen in de technologie, wat heeft geleid tot zijn loopbaan als schrijver.

**Je kunt Peter online vinden:**

https://www.digitalfishing.com/ - **online identiteit**

https://www.peterwoodford.com/ - digitale marketing

https://www.linkedin.com/in/pwoodford/

https://patreon.com/peterwoodford

https://peterwoodford.substack.com/

https://www.youtube.com/@peterwoodf o rd

https://x.com/peterkwoodford

https://www.tiktok.com/@digitalpeter

https://www.facebook.com/peterwoodfordpage

https://www.amazon.com/author/peterwoodford

# Dankbetuigingen

Het creëren van **AI JOB CRISIS** is een van de meest
rauwe, opwindende en transformerende hoofdstukken
van mijn leven geweest - een reis gevoed door zowel
brute uitdagingen als immense triomfen. Dit boek zou
nooit mogelijk zijn geweest zonder de onwrikbare steun,
scherpe inzichten en oprechte aanmoediging van een
groot aantal ongelooflijke mensen.

Allereerst wil ik mijn buitengewone vrouw, Yosefine, het
diepst bedanken. Jouw onwrikbare geloof in mij - zelfs
toen ik het pad voorwaarts niet kon zien - en jouw
verfrissend eerlijke, no-nonsense feedback waren mijn
leidraad door de chaos. Je hebt me verankerd en
geïnspireerd bij elke stap die ik zette.

Ik ben mijn overleden ouders, John uit Schotland en
Angie uit Trinidad & Tobago, voor altijd dankbaar. De
liefde en steun die jullie mij tijdens mijn jeugd gaven,
legden de basis voor elk succes en elke tegenslag die
mij hierheen heeft geleid. Hoewel jullie niet langer aan
mijn zijde staan, blijven jullie grenzeloze warmte en

wijsheid mijn dagelijkse leven vormgeven en ik hoop dat dit boek een eerbetoon is aan jullie nalatenschap.

Aan mijn broers en zussen, Gavin en Tracy - bedankt dat jullie mijn constante steunpilaren zijn. Tracy, je kalmerende aanwezigheid en zachte aanmoediging hebben boekdelen gesproken toen woorden tekortschoten. Gavin, je openhartige advies en stabiele perspectief hebben me voortdurend gestimuleerd om te groeien, zowel persoonlijk als professioneel.

Dit boek is geslepen en verrijkt door de briljante geesten om mij heen. Aan elke vriend, mentor en zelfs de strengste criticus die hun inzichten deelde en mijn ideeën uitdaagde, bedankt voor het verheffen van mijn werk tot ver voorbij wat ik ooit had kunnen bedenken.

Ik ben ook dankbaar voor de talloze personen die mijn reis hebben gevolgd - via mijn bedrijven, mijn blogs of mijn vorige boeken. Jullie betrokkenheid, doordachte vragen en diverse perspectieven hebben me geïnspireerd om dieper te graven en groter te dromen.

Tot slot heb ik enorm veel te danken aan de baanbrekende denkers, ondernemers en vernieuwers wiens onverschrokken ideeën over AI, robotica en de toekomst van werk een groot deel van de passie in deze pagina's hebben aangewakkerd. Hun visies zijn even nederig als opwindend geweest, en de gedachten hier zijn evenzeer een weerspiegeling van hun genialiteit als van de mijne.

Aan iedereen die een rol speelde - op monumentale of subtiele manieren - bedankt. Dit boek zou niet bestaan zonder jullie. En aan jou, beste lezer, ik hou echt van je. De toekomst is misschien wild en onzeker, maar samen navigeren we door de chaos en smeden we een pad naar een nieuw soort mogelijkheid.

## Copyright

www.ingramcontent.com/pod-product-compliance
Lightning Source LLC
LaVergne TN
LVHW051220050326
832903LV00028B/2177